二つの宗教改革

ルターとカルヴァン

The Two Reformations:

The Journey from the Last Days to the New World

Heiko A. Oberman

H・A・オーバーマン

日本ルター学会
日本カルヴァン研究会［訳］

教文館

編者序文

ドナルド・ワインスタイン

ハイコ・オーバーマンは、二〇〇一年四月二二日に亡くなる数日前まで、二冊の本を書き続けていた。一冊は、カルヴァンの生涯と思想の新たな評価であり、彼が数年来取り組んだ探求の労作であり、カルヴァンの著作についての厳密な思索と深い省察であった。そのカルヴァン本は、研究者たる彼の生涯プランの一部であり、そのプラン全体は次のようなものであった。すなわち宗教改革の宗教思想の潮流を、その源流である中世後期から説き起こし（例えば『中世神学の秋』[*The Harvest of Medieval Theology*]、『宗教改革の先駆者たち』[*Forerunners of the Reformation*]、『宗教改革の夜明け』[*Dawn of the Reformation*]）、ルターを経て（『ルター——神と悪魔の間に立つ人間』[*Luther: Man between God and the Devil*]、『宗教改革の教師たち』[*Masters of the Reformation*]）、カルヴァンへ至り、カルヴァン以後は、都市の宗教改革、亡命者の宗教改革へ進み、その後「急進的改革」とよく呼ばれるもの（オーバーマン自身はそう呼ぼうとしなかったが）へ注意を転じようとし、続いて近代へ、さらに大西洋を横断して説き進めるものであった。

しかしカルヴァン本がまだ完成に至らないうちに、オーバーマンは自分が末期癌であることを知った。ほぼ同時に彼はもう一冊の本を書き始めた。それは近代世界の土台を据える上で、ルターとカルヴァンが果たしたそれぞれの貢献を比較する、広範な評論であった。明らかに彼は、この評論が宗教改革をヨーロッパ史とアメリカ史というより広い視野の中で位置付ける彼の最後の機会であると見なした。これはまた宗教改革研究へのドイツ・ナショナリズムの影響、二〇世紀のある著名なドイツの歴史家の「知的裏切り」、宗教改革と反ユダヤ主義（彼の草分け的本『反ユダヤ主義のルーツ』（*The Roots of Anti-Semitism*）においてすでに取り掛かっていた）という同根の問題について、彼が懐いていたいくつかの深い懸念を、出版して表明すべき最後の機会であった。オーバーマンの学者としてまた教育者としての全経歴を導いていた傑出したエネルギーは退潮しつつあったが、しかしわれわれのピーク時よりなお大いなる気迫をもって、彼はやり抜いた。増大する死の影の下で、オーバーマンは猛烈に、――オーバーマン夫人から聞いたところでは――しばしば深夜遅くまで働いた。彼が自分の生命の残りの日を数えるようになって初めて、また彼の力が自分を支え切れなくなって初めて、彼は援助を求めた。彼の最後の博士候補生の一人であったピーター・ダイクマが、カルヴァン本の仕上げを引き受けた。私は私にできることをしたいと申し出たところ、ハイコは私に、生成途上にある彼の第二の本のうち、すでに彼が書き終えた章――ルター、カルヴァン、近代世界の開始についての章――を編集し、出版の準備をするように求めた。私はこの仕事を、偉大な歴史家、すばらしい同僚への賞賛の表現としてとともに、親愛な友への愛の働きとしても引き受けた。

オーバーマンが残した資料は、序文、献呈辞、および私が見るところ、完成手前の草稿と見なされる状態の本文数章から成っていた。すなわちそれら数章は、内容に関しては実質的に完成されていたが、ただ脚注の長さにおいて不揃いであったり、いくつかの加筆修正やわずかな変更が必要であった。元の原稿の目次に「攻撃的宗教改革」と表示された他の部――「街道での宗教改革」「ヨーロッパにおける最初の焚書」「最初の殉教者たち――書物から身体へ」「戦場としての画像――単純な民を得ようとする戦い」と題する章をもつ部――が、書かれるべき部として残されていた。しかしオーバーマン以外誰も――もちろん私も――これらの章を書くことはできなかったので、それらの章はわれわれにとってないものとなった。ただ一つの章のみ例外である。それは「宗教改革時代の画像論争」と題する論文である。これを彼は二〇〇一年一月二一日から二四日にかけて、ベルン大学で開催された「画像の力と無力について」と題される学科横断的な学術大会での発表のために準備した。彼はこの論文を「戦場としての画像」と題された章の一部にしようと意図していたように私には思われた。オーバーマンがその論文を完成しうるか、修正しうるより前に、彼の生命の時は終わってしまったが、私はこの論文を本書に収めることに決めた。私はそのドイツ語論文を英語に翻訳し、いくつかの注を付けた。私の友人である南メソジスト大学の歴史学准教授デイヴィッド・プライスは、卓抜な注意と専門知識をもって私の訳文を精査し、貴重な訂正と提言をしてくれた──彼はそこだけでなく、すでに他のいくつかの箇所でもそうしてくれたように。本書では「宗教改革時代の聖画像をめぐる論争」という表題で掲載されている。

ハイコは私に、資料を扱う全権を委任したが、彼が書いた数章を編集するに際して、私は本文を洗練するために彼ならばしたであろうことだけに自制しようと努めた。すなわち要点を明らかにし、注を付加し、アメリカ英語の語法を検証することである。オランダに生まれ育ったオーバーマンは、すばらしい英語の語彙と文体を自由に操った。それは多くのアメリカ生まれの学者たちの羨望の的であったに違いない。彼が的確に表現することをしくじることは滅多になかったが、しかしそれは起こった。そのとき私はこのわずかなずれを直すことに努めた。ハイコと私は文体と語調の問題について継続的に議論した。彼は頭韻、華やかな直喩や隠喩、はっとさせる語り方を好んだ。私は飾らずありのまま語る文体の方を好む。そして他の歴史家たちを出版物で批判するとき、ある程度礼儀をわきまえて抑制を効かせることに努めた（いつも成功するとは限らなかったが）。対照的にハイコは、寛大で公明正大ではあったが、歴史家仲間の学問的欠陥をあからさまに暴露し糾弾した。とりわけ彼らが時代錯誤という基本的過失を犯したとき、彼らの学科において十分勤勉に研究することを怠ったとき、また彼の好む典拠資料の不十分な理解を示したとき、彼はそうした。悲しいことに、彼と私の間の友人としての議論の最後の言葉は、彼の死によって私に与えられた。そこでもし私が、私自身の指紋をハイコの原稿の上に残さないという、私の決心を裏切ったとすれば、その裏切りは、彼のより激しく燃え上がる人物像を緩和しようとする誘惑に負けることの中に、また彼が残した語句を、彼が言わんとしたことに、より良く適合している語句にときどき置き換えることの中にあった。私はまた（しばしの熟慮後に）、試論として残存している数章を、それら各章がそれだけで学的貢献として成り立ちうるので、本書に掲載することを決めた。こうすることは、「もしオーバーマンが生きていればこれらの数章によって構成される本を出版したであろうのに」という、残念な思いを懐かずに済む効果だけはもつ。

彼が私の手に委ねた資料について、彼が私に託した最後の要望の一つは、アブラハム・カイパーを記念する四つの講義（その講義は、一九八六年に出版されたにもかかわらず、彼が狙った広い聴講者にまで届かなかったと、彼は感じていた）、および彼が『教会史雑誌』（*The Journal of Ecclesiastical History*）の中で出版する準備をしていたルターについての論文も、本書に収めることであった。オーバーマンはよく、アリゾナ大学での彼の大学院ゼミナールに、著名な歴史学者たちを招待し、「なぜあなたは歴史家として活動するのか」と問いかけていた。ハイコ・オーバーマンを歴史家として活動させたもの――過去への情熱的で、傑出した、個人的な関与――は、カイパー講義において以上によく認められるところはどこにもない。この講義が本書を締めくくることは適切であると思われる。それぞれの出版社の許可を得て、私はその両方の資料を本書に収めた。第一の場合（「カルヴァンの遺産」）には、むしろ最初の聴講者たちに向けられていると思われたいくつかの節を省略し、いくつかの表現を改めた。また第二の場合（「ルターと新しい方法」）には、いくつかの言葉遣いを変え、いくつかの段落を移動した。私はまたいくつかの引用文と術語をラテン語から英訳した。最後に私はハイコの序文、「読後焼却のこと」の数頁を整えた。そこで彼は本、とりわけ本書を書く困難について詳述していた。私の判断では、その数頁は、これらの最後の日々の、彼の熱情のこもった、おそらく苦悩に満ちた、心の状況を反映しているものであって、本書で扱っている歴史の諸問題について考察された思想を論じているものではない。もし彼が平静な状態の中で最終校正の機会を持ったなら、これらの数頁を省いたかもしれないと思う。

本書の出版に向けた準備において私は、前述のデイヴィッド・プライスの援助に加え、アーカンソー工科大学のピーター・ダイクマと、ミズリー大学のジョン・フライマイヤの、惜しみない援助と助言を得た。この二人はアリゾナ大学でのオーバーマンの厳しい博士課程での月桂冠受賞者である。その博士課程の他の学生、ヨシュア・ローゼンタールもよく援助してくれた。私の大学の二人の同僚は、彼らが有する専門家、すなわち難解なラテン語を読解するアラン・E・バーンスタインと、一六世紀のフランス語についての私の問いに答えてくれるジョナサン・ベックとを派遣してくれた。アリゾナ大学の「後期中世・宗教改革研究部門」のコーディネーターであるスザン・カラントーナンは、ドイツにある資料を探し出し、ドイツの問題についての私の問いに答えてくれた。ハイコの良き友であり、わが友でもあるカリフォルニア・バークレー大学のトマス・ブレイディは、全般的助言と激励を与えてくれた。わが親愛な友テーティ（ゲルトルーダ・オーバーマン－リーシンク夫人）、すなわちハイコの愛する妻であり同伴者は、いつでも相談と情報提供に応じてくれた。アリゾナ大学の「後期中世・宗教改革研究部門」の共同担当者であったルイス・ベタートンも同じく応じてくれた。最後になったが前記の方々に劣らず、同「研究部門」の秘書、サンドラ・キムボルに特別の感謝を捧げる。彼女は優秀な技術力、また編集上の助力を提供することに喜んで参加し、非常に有能であった。これらの方々皆に感謝する。

「友らは、不在でも、現前している。貧しくても、富んでいる。弱くても、強い。そして――さらに言い難いことだが――死んでも、なお生きている。彼らの友の側での敬意、親愛な思い出、今なお彼らに同伴する強い願望は、こんなに大きい」（キケロ『友情論』[*De amicitia*] 七・二三より）。

（竹原創一訳）

著者序文　読後焼却のこと

私が宗教改革研究において読んできた無数の文書には、多くの場合「読後焼却のこと」という単純で短い追記が見られる。このような焼却指示は、一六世紀の著者たちがおのれの出自を秘匿し、彼らの思想が好意的でない者の手に渡ることを避ける必要があったことを表している。同様の理由によって一五〇〇年から一五二〇年の間にドイツで流布した何千というパンフレットと小冊子では、著者や出版者が氏名、出版地、出版年などを偽ったり省いたりするのが一般的であった。当時は危険な時代で反対意見の表明が危険を伴うのは周知のことであり、世論というものはまだ議論されている領域にあって、自らを公共善の守護者とみなす人々によって憂慮をもって絶えず監視されていた。現在もなお、このごまかしの伝統は浸透しており宗教改革研究に影響を与えている。この研究領域全体が、その興隆と現在の名声を隠蔽の技術に負っている。宗教改革は、部分的には実際そうであったのだがドイツの出来事として理解されており、ドイツの学者たちは長らく、宗教改革研究において傑出した存在であり続けた。ドイツ政治学も同様である。流動する帝国の富、プロイセンのウィーン、パリ、ロンドンとの競合、ローマとモスクワの派閥間の分裂、そして何よりも、ハプスブルク家の汎ヨーロッパ主義的野心によって疎外され、不安定なものとなってしまったドイツ・ナショナリズム——これらすべてが不可避的にドイツ政治を読み解く者たちに影響を与えた。にもかかわらず、この同じ学者たちは自分たちの見解がどのようにドイツ史の歴史的、政治的、社会的要素によって形成されてきたかを検討せず、あらかじめ規定された幻の研究結果を確かな学究成果として誇らしげに提示した。歴史家たちは一般的に、宗派的偏見による歪曲効果には敏感になったが、ドイツ宗教改革研究に対するそのような広範囲の文化的、国家的思い込みの影響はいまだ隠され、大部分は見過ごされたままである。

他の誰よりまず初期宗教改革の中心人物であるマルティン・ルターこそが、このような隠蔽の慣行によって歪曲の被害に遭ってきた。宗教的忠誠と民族的熱望が結合した結果、彼は世界的に偉大な最初のプロテスタントにして、ドイツの預言者へと変貌させられてしまった。いかに宗教改革史の大部分において、真実の核心が神話によってもみ消されてきたのかを、以下のホロコースト生存者の回想が示している。一九四三年二月、幼い少女であった彼女は父親と共にアウシュヴィッツ行きの列車に乗っていた。列車がヴィッテンベルクに差し掛かったとき、父親は「歴史上最も偉大な自由の代弁者の街」を見られると彼女を持ち上げた。このように一六世紀という遠く離れた地域へと逆行しようとするわれわれの道筋は、この国際的プロテスタンティズムの創設神話——すなわち、バビロン捕囚のような教会支配からの解放をルターが呼びかけたおかげで、ローマ教皇制の圧政から見事脱出し、暗黒の中世から抜け出ることができた、という考え——によって妨げられている。確かに、ルターが「教皇主義者の三つの壁」——すなわち聖書、公会議、国家を上回る教皇の首位権——を打破したことは、ヨーロッパ中に破壊的な運動を起こさせた。しかし、おそらくこの苦闘は近代の立憲民主主義者の間には共感を呼ぶかもしれないが、バランスの取れた再構成という計画のためには役立たない。宗教改革による自由を求める運動は社会的・政治的解放という夢想に鼓舞されたものではあり得ない。それらは一八世紀、一九世紀の大革命と共に、ようやく生まれたものなのだから。

同様に人を誤らせるのは、カトリック護教学の見解である。もしプロテスタント創設神話が誤ってプロテスタント勝利主義に至るとすれば、カトリック修正主義は起源の探求を自ら無視している。修正主義者たちは有益な努力もし、そのおかげで教皇のアヴィニョン捕囚による混沌とその結果である西方教会の大分裂（シスマ）のただ中に、近代化の細々とした始まりを見出すことができる。修正主義者たちは、一五四〇年に異端を根絶させるため結成された、イエズス会初期の修道士たちによる人文主義的資料にも光明を投じた。彼らはローマの異端審問の恐怖を客観的に取り扱い、トリエント公会議——特に一五六一年から一五六三年までの第三会期——の協調的な取り組みの模索もした。おそらく彼らの最も偉大な業績は、ルター派、再洗礼派、ユグノー、そして国教忌避カトリック教徒のいずれであるかにかかわらず、一六世紀の宗教的不寛容による殉教者全員が同じ心の叫び（Cri de Coeur）、「救いが危機に瀕している！」を発していたと認識したことである。とはいえ、例えば『オックスフォード宗教改革事典』（*Oxford Dictionary of the Reformation*, 一九九八年）に「対抗宗教改革」の項目はなく、典型的なプロテスタントの反カトリック的枠組み——異端審問、イエズス会、トリエント——が味気ない、結局は同じようにねじれた修正主義によって置き換えられただけだと分かる。自分は「時代に通じている」と自負する「開明的な」考えの学者たちは、彼らが通じるべき「時代」とは歴史的過去ではなくエキュメニカルな現在であることに気づいている。対抗宗教改革の非道な側面は、カラファ家出身の教皇パウルス四世（在位一五五五—一五五九年）によって最もよく体現される。彼はプロテスタントがアンチクリストと断定した特性——一般信徒用聖書の抑制、異端審問、禁書目録、軍事的領域拡張主義——をすべて行った。これらの行いは、トリエント公会議による改革を準備する上で重要な役割を果たしたのであるから、見過ごすべきではない。宗教改革の諸思想と諸運動が終始格闘した文化的・社会的環境にさかのぼりながら、宗派を超えつつ双方の煙幕を無効とする意思のある学者たちが連携すべき時が来た。

　宗教改革研究者が自分自身の前提を検証しないと不満を言うからには、私自身の歴史的問題意識に影響を与えた個人的体験を、ありのままに提示しようとするのがよいだろう。人間はたった一度生まれるだけではなく、さまざまな時期とタイミングで生まれ変わる。私の最初の「生まれ変わり」は多くの点において恵まれていたが、ことに外から来た敵を見分けるその環境のゆえにであったということを、よく自覚している。一九四〇年五月一〇日朝五時一四分、父は私を起こして、ちょうど空から落ちていくユンカー軍用機を指差した。ロッテルダムを爆撃した後、ドイツに戻ろうとしたところを撃墜されたのである。それ以前の一〇年間に関しては動画のような鮮明な記憶は全くなく、いくつかの静止画のようなイメージのみである。私の歴史的意識を伴った人生は、まさにこの瞬間に始まったのだ。

それからほぼ二年経った一九四二年八月、私は父が迫害者たちの婉曲表現によれば「寝ているところを起こされた」時に再び「生まれ変わった」。父はユトレヒトでプロテスタント聖職者として、同国人であるユダヤ人のために、新たな身分証明書発給と逃走のネットワークを立ち上げていた。母はその夜まだましな状態に置かれていた。母はホルテンのまさに本書が構想され、私が現に今執筆しているこの同じ部屋で「保護的監禁」下にあったからである。ある誠実で勇敢な警官が、ナチス親衛隊保安部（*Sicherheitsdienst. SD*）の隊員であるドイツ人四人に森の中のわが家への遠回りの道を教えてから、自転車に飛び乗り間一髪で先着して、階下で眠っていた四人の逃亡者に警告した。彼らは闇に逃れたが、上の階で私と小さな寝室を分かち合っていた五人目の男に知らせるには遅過ぎた。身分証明書を提示せよとの命令によって私たちは起こされた。彼は手探りで義眼をはめ（われわれレジスタンス勢力にイギリス空軍がパラシュートで投下して与えた、粗製濫造のステン短機関銃が暴発したために視力を失っていたのだ）、偽造の身分証明書を提示したが無駄だった。母も一緒に、彼とトラックで拘置所に運ばれた。この経験は、*Sicherheit*（保安）と*Dienst*（業務）という、ナチス独特の語法において結び付けられ、かくも有害な効果を生み出した二つの単語に対する私の反応に終生影響を与えることとなった。〔訳注1〕

一九六六年、オックスフォードとハーヴァードの国際的学術交流の批判的意見交換のおかげで自分の戦時中の固定観念もこすり落とされたものと考えた私は、あえてすでにヨーロッパで並ぶところなきルター研究の中心地となっていた、テュービンゲンで暮らし始めた。そこで私は戦時中のプロパガンダと戦後の現実をはっきり区別することを学んだ。一八年間、私はドイツの学術的公務員という恵まれた観察者の立場から、かつ「後期中世・宗教改革研究所」所長としてドイツ史を研究した。もし敵国で暮らさなかったならば、本書を書くことはできなかっただろう。テュービンゲンの図書館蔵書が豊かだからというだけではなく、より重要であったのは、そこでは宗教改革の伝統が驚くほど損なわれずに残されており、それが私自身の改革プロセスを養ってくれたからである。同地で私はルターの遺産が日々の生活の中に息づき、活かされているのを見た。それは再建されたカトリシズムとの絶え間ない競合に刺激を受けながら、中欧の国境が定まらないという状態が数世紀続いた後、アイデンティティを必死に模索する国家の指針として機能していた。同様に重要であったのは、「ヒトラーに従った執行人」についての私の凝り固まった固定概念を見直すという、遅々とした苦痛を伴うプロセスである。典型的ドイツ人についての私のステレオタイプは、数知れぬ実話に常にさらされることによって崩され、結果私は弱い者と勇敢な者、理想主義者と日和見主義者を区別するように強いられた。改心しないナチスと、心からの罪悪感をどもりながら口にする人々を区別するようになると、私はまたビスマルク主義者と民主主義者、反資本主義者と反共産主義者をも見分けられるようになった。

私の個人的な考え方は、いくつかの点では愚鈍に思われるかもしれないが、しかしこのおかげで私は、これから論じる歴史上の見過ごされ無視されてきたある種の側面に対して鋭敏になったのだと思う。おそらくテュービンゲンでの生活は、私の戦時中のステレオタイプすべてを修正することはできなかったのだが、しかし間違いなくそのおかげで、私は宗教改革がいかに第二帝国と第三帝国の時代にも反響し続け、いかに新生ドイツの市民宗教形成を助けたかを理解するようになった。私自身の研究領域に関して、学者たちとの意見交換と議論から非常に恩恵を受けたが、ドイツの学界において研究者間の自由な意見交換が欠乏していることには失望した。

解釈学派との提携によって、あるいは学閥への忠誠心を遵守することによってドイツの大学人は、不和を生じさせ不安を煽る過去に対する安全策を見出していたようだ。しかしその同じ過去は常に現在だったのであり、またそれが説教壇を政治的演壇に、学術論文を世論形成のための道具に変えてしまった。これに関しドイツ特有であるのは、学術的教条主義と学閥の存在ではなく、ドイツ史上の、一部の英雄たちに預言者の権威を帰するという傾向である。マルティン・ルターがまさに良い例だ。そしてさらに、預言者的権威はドイツの大学教授という、あまりにも容易に戯画化されるイメージにより包み込まれてしまう。自分自身の研究領域における王冠なき王、哲学、歴史、政治、そして神学の厳しく堅固な組織を防護する者というイメージのドイツ大学教授は相変わらず、反対意見によってこそ養われる、エラスムス主義的・批判的ヴィジョンにとって最大の障害物である。

とはいえ、時代は変わりつつある。国民的英雄としてのルターは訴求力を失ってきており、愛国主義者カール・ホル（一九二六年没）、ナショナリストのヴェルナー・エラート（一九五四年没）、ナチのエマヌエル・ヒルシュ（一九七二年没）が牛耳っていたいわゆる「ルター・ルネサンス」は、ついに落ち目になった。かつてないほど客観的かつ非教条的なドイツの学者の新たな一団が比較研究と社会史の手法を用いて、初期近代ヨーロッパという文脈において宗教改革を位置付け直している。高レヴェルの文献学的専門知識と資料への精通を保ちつつ、この新たな世代はルターの中心的支配を巧みに維持しながら同時にドイツ史において決定的なこの一章を、一四世紀に始まり一八世紀にようやく終わった、ヨーロッパ全体にわたる聖性と改革の追求の一部として確実に捉えている。それにしても「最初のプロテスタント」ルターという偶像は、「歴史的改革者修道士マルティン」をあまりにも遠くに押しやってしまったため、近代の学問が彼を取り戻すまでには、まだまだ歩むべき——そして発展すべき——長い道のりがある。本書の目的の一つは、この発展に寄与することである。そしてもう一つは、近代プロテスタンティズムの始まりを見つけるにはどこに、そして誰に向かえばよいのかを提案することである。その時初めて、ジャン・カルヴァンが登場する。

二〇〇〇年九月一日　オランダのホルテン、エケビーにて

〔訳注1〕収容所に連行された御両親は後に無事生還し、戦後ドイツ訪問も果たした。ドルトレヒト会議の頃より代々

牧師を輩出した伝統を持つ一家であることなどを、テュービンゲン在住で長く「後期中世・宗教改革研究所」に勤務され、オーバーマンがオランダの自宅で行ったゼミに招かれるほど親しく、葬儀にも参列された、彼より二歳歳下の Frau Dr. Ursula Stock に御教示いただいた。

（木村あすか訳）

目次

装丁　桂川潤

二つの宗教改革——ルターとカルヴァン

第一章
嵐が発生する

長い一五世紀

一五世紀は、身重の婦人がわが子の誕生を前にした嵐の前の静けさと呼ぶことができよう——宗教改革と宗教戦争と革命という名の嵐。この視点に従うなら、マルティン・ルターと宗教改革は、ヨーロッパの歴史における新しいエポックの出発点に立っており、これまでとは全く別の時代に向かう一つの世界を作り上げたことになる。それはしばしばプロテスタンティズムの勝利と呼ばれており、一九世紀のドイツにおける研究に深く根を下ろしている観点につながっている。例を挙げるなら、レオポルト・フォン・ランケやベルント・メラーの論文に見られるように、世界史を最初に動かした「世界史上の大人物」としてルターを描き出していることにも見られるとおりである。(1) 私は宗教改革の先駆者を論じたとき、中世における改革があらゆる生活領域でいかに活発になされていたかを記した。その際、ルターの急進的な新しい方向付けが、彼にむしろ反改革者としての高貴な務めを与えていたことを私は主張したのである。当時、私はマサチューセッツ州ケンブリッジに住んでいたが、その後ほどなく一八年間もテュービンゲンに派遣されることを予想していなかった。宗教改革の研究は、その頃まだカール・ホルの門下生らにより支配されていたが、カール・ホルは非の打ちどころのない、信頼のおけるルターの注釈者として通っていた。[2] 当時戦略によって、教会史の重要な講座を割り当てられていたホルの愛弟子はみな第三帝国の無批判な支持者だったことに、私は次第に気づいた。ヒトラーのメッセージのドイツ国粋的な要素が、この集団の中で積極的に受け入れられ、熱狂的な支持を得ていた（その状況は、一九三〇年代か一九四〇年代の定期刊行物から切り取られ削除されていたので入手困難であったが、私がようやく見つけ出した記事の中にしばしば見られる）。弁解の余地のない国家社会主義（ナチズム）的なルター解釈者、ゲッティンゲンのエマヌエル・ヒルシュやエアランゲンのヴェルナー・エラートらに対する、ごく最近の名誉回復や、弁明による浄化や復権の試みは、学問の副次的なドラマとして理解されるべきではない。[3] と言うより、彼らは一九世紀のルター中心の世界観を取り戻そうとして計画的に努力している人々の一部なのである。エアランゲンの教会史家ベルント・ハムが、この傾向に勇敢に反論し、中世後期のいきいきとした生への研究において、一五世紀についての新しい探求を優先させたのは単なる偶然ではない。[4] ヨーゼフ・ロルツは一九三九年に出版した二巻本で、一五世紀の教会に対する攻撃によって名声を得たが、カトリックの側では、ナチズムに傾倒した神学者に数えられていた。[5] ロルツの呼びかけに答えたプロテスタントの人々は、彼の評論をエキメニュカルな方向の努力に変容させ、宗教改革以前の時期についてむしろ好意的な新しい意味をもたせて書き直した。このような動きまで考慮した幅広い展望によれば、ルターの出来事の前景になっていた一五世紀は、抑圧も殉教も異端審問もない敬虔な信仰の開花した時代だったのである。

さて第二の一五世紀の展望は、近代初期ヨーロッパの新しい社会史的叙述から導き出される。その際には、われわれの研究領域における最も確実ではっきりした方向が鍵になっており、その重要な代弁者は英語圏から出ている。これらの歴史家は、既成の政治史的な叙述をひとまず退け、文化史および精神史の研究へと向かうことにより、宗教に新たに決定的な意味をもたらした。[6] 彼らは宗教をしばしば、誤った「民族宗教」というカテゴリーのもとに、周辺的なものとしてきたのであった。だが、この観方は、過去一〇年間の研究による審査によって否定された。ビスマルク時代のプロテスタンティズムは、宗教改革の奇跡に集中し、とりわけ中世とそれとの断絶を認識したが、一方われわれの最善の社会史家は、中世と近世初期を一つの時代、すなわち、ルターと宗教改革によってその背後から揺さぶられたものの、引き裂かれることはなかった一つの時代として把握する、連続性のある新しい枠組みを作り上げていた。その最も重要な語り手であるトマス・A・ブレイディは、神聖ローマ帝国の潜在能力と柔軟性の研究に熱心に取り組んできた。帝国は宗教改革の短命な悲劇に打ち勝つことができた、と彼は信じているようである。農民戦争は、ルターにより裏切られた宗教改革の最も顕著なしるしであるという彼の仮定をもって、ブレイディはずっと以前から、メラーによる都市の宗教改革についてのロマン的なテーゼは、支持できないことを確認していた。すなわち、都市の宗教改革なるものは一六世紀の宗教プロパガンダや攻撃的な説教に基づく根拠薄弱な抽出物であって、市民の間での社会的な支持についての文書記録に基礎をもたないのである。(7) この第二の巨匠の言説によれば宗教改革は単なる幕間劇であって、それはほどなくその潜在力を失い、君主と農奴との利益の間で揉みつぶされ、熱狂主義者と政治的に立ちふるまう階層との間の闘争により内部から弱められていったことになる。(8)

第三の注目すべき展望は、もしもその最も著名な代弁者であるハインツ・シリングが、一二五〇年から一七五〇年におけるヨーロッパ史の包括的な研究を最終的に公刊しなかったとしたら、はるかに容易に却下することができたはずである。それが事柄を大いに複雑にさせたようである。(9) 私は他のところで、シリングの構造主義的歴史観に対して、避けがたいことではあったが相当な疑念を表明した。しかし、それはさまざまな意味での前進と理解されるであろう。(10) この構造主義的な観方は、文化史と精神史に対する私の考えとは異なり、宗教を単に国家形成の従属的な要素であると見ていた。しかし、彼の新しい包括的な書物『新しい時代』(*Die neue Zeit*) においては、シリングは彼の連続的な歴史解釈を説得力のある地点につなげることに成功した。これは包括的な解釈であり、ただちに英訳するに値する。

しかし、その間に、ドイツとアメリカの多くの学者がシリングの初期の呼びかけに従い、宗派の問題と国家形成の限界の中で、熱心に精力的に研究し続けたのだから、この一派は単独の別の試みとして考察されるべきであった。それはルターと宗教改革を、一七、一八世紀のドイツに拭い去ることのできない印章を押すことになった信仰告白の一つとして真剣に受け取ることにより、連続性と不連続性についての議論全体を避けて通るという利点を提供する。しかし、残念なことに、この試みは、まさに近代との関わりに基づいて現在の固定化を促しているのである。その固定化は私にとって新しい歴史叙述の大きな弱点のように思われる。この典型的な例をリチャード・マリウスの書物『マルティン・ルター――神と死の間のキリスト者』(*Martin Luther: The Christian between God and Death*)が示している。[11] それはマルティン・ルターの時代とその思想に取り組むことなく、宗教改革者に対するより表面的な新しい姿を提示するもので、彼を基本的に二〇世紀の狂信的なファンダメンタリストのように描き出している。

現代の固定化は受け入れやすいかもしれないが、持続するものではない。これに対して、宗教改革の展開についての興味深い見解に関して言うなら、それはわれわれの一五世紀の理解に大いに影響を与えたのである。推測された宗教改革の展開が実際の出来事の経過により無に帰されたり乱されたりすれば、それについてその後、その歴史を考察する者によって、疑わしいまたは間違いと判定される。他の研究者や私は、前途有望とされた研究の傾向およびゆるやかに変化する歴史の冷静な再構成を包括的に著した。それでも一五世紀の研究は危機的かつ不完全な理論に満ち溢れている。それは、中世末から近世の始めへとつながる一つの展開の意味を誤った仕方で叙述しているからである。[12] 中世の伝説によると、年代記編者に対して、原因と結果、経過と結末の直接の結びつきのプロセスとして歴史を語ることを要求するのは、悪魔であった。一四世紀に由来する説教者のためのハンドブック『道徳の小束』(*Fasciculus morum*)は、唯一悪魔のみが天と地の間の距離を測ることができると教えている。悪魔のみが、その堕落において、直線に沿って落ちたからである。[13] 西洋の思考が、「本筋を逸れた」(devious)の本来の意味を「誤った」(erring)と解釈したのは、きわめて啓発的である。字義どおりの意味では「まっすぐな道を逸れる」を意味していたものが、「脇道に逸れる」(deviant)という意味を取るようになった。われわれはこの悪魔を追い出すことができて初めて、歴史に対する理解を深め、曲線状にある思いがけない交点上にある出来事の期待していなかった転回を新たに認識できるのである。結局、良い歴史家は脇道を行かなければならないのである。

以下の叙述で、私は「傾向」と呼ぶことのできる、四つの文化的な関係に取り組む。それらそれぞれを唯一の支配的なプロセスとして描写するという専門用語の落とし穴へと落ち込まないためである。私はこれらのそれぞれの傾向を、すでに与えられた物語の従属的な要素としてではなく、互いに同等の要素として扱い、人々が流行のように言う、あの「長い一五世紀」と呼んでいる期間に沿って追求していこうと思う。およそ四〇年前、ルター派やカトリックなどの宗派の垣根に束縛されない展望を得るためには、中世の研究を独自のものとして進めなければならなかった[14]。これに対して今日では、この四つの関わりのすべてにおける研究の進歩を利用することができる。この進歩によって、かつてはそれ以後の出来事による、方向を惑わせるような輝きに対する保護としてどうしても必要だった目隠しに頼ることなく、進路を逸れずに行くことができるのである。ルネサンスと宗教改革の時代、あの「長い一五世紀」へと大胆に進んでいくときに、「中世後期」の概念は、一面的な観点や偏見に対して抵抗し、自らの正当性を主張する。中世後期の研究は、もう子供ではないのである。

おおよそ二五年前、私は一四世紀における重要な傾向について簡略に素描を記した[15]。今、私は新しい取り組みや事件、傾向を調査することによって、ここでこれらの疑問を再び取り上げてみたい。その際、黒死病の影響、第三身分の興隆、公会議主義の衰退と残存、民衆に対する修道院の使命、および高まってくる反セム主義の潮流を考慮に入れ、最後にルネサンスの人文主義と、新しい研究の論争点も話題にするつもりである。

黒死病の猛威

ヨーロッパにおける黒死病の影響を現在は以前ほどには強烈に描写しない。しかし、人口統計学上、それが重大な結果を及ぼしたことは疑う余地はない。一三四七年から一三五一年における深刻な第一段階には、腺ペストが全ヨーロッパ中、マルセイユからフランク王国、イタリア、イギリス、ネーデルラント、ドイツ、ロシアにまで猛威を振るい、ヨーロッパの人口およそ七五〇〇万から八〇〇〇万の、三分の一の人々が死亡した。一六世紀末に至るまで人口はペスト流行以前の水準には戻らなかった。それゆえ、歴史家が一五世紀のペスト以後の時期をしばしば人口統計学上の危機として言及するのは理解できる。さて、地方や都市部の人口の急激な減少が、経済的あるいは社会的な面で及ぼした結果をわれわれがどう特徴付けるか、というところから問題は始まる。「アルス・モリエンディ」や「死の舞踏」に描かれているような、精神に及ぼした影響でさえも[16]、ジャン・デ・ブリースによる研究成果を考慮すれば、もはや当然のこととして受け取るわけにはいかない。それによると、腺ペストがちょうど全ヨーロッパから消え去ろうとしかかっていたとき、まさにその時期に死亡率が高まっていたというのである[17]。最近の研究は病気からの回復の仕方や方法に関心をもつようになり、したがって腺ペストによる破綻や停滞にあまり目を向けず、病気への革新的な対応処置によるヨーロッパの再強化に興味を集中している。バルトロメ・ユンによれば、「外の世界の視点から見るなら、この時期こそヨーロッパの誕生を示していた」と言う[18]。われわれは、広範な多種の地域言語をもち国家建設や戦争などのさまざまな歴史上の出来事によって作られた、極めて複雑な要因の絡み合いの前に立っているのである。

　われわれの第一の関心、すなわち一五世紀の精神的状況を考えれば、デイヴィッド・ハーリーによるヨーロッパのペストについての最近の研究を詳しく検討することが有益であろう[19]。ハーリーは、まず医療の次元を、これに続いて「マルサス主義の袋小路」を打ち砕いた新しい経済と人口統計学上のシステムを扱い、最後に、われわれにとって決定的なことである、思考と感情の新しい形態に取り組んだ。医療の次元に関して言えば、黒死病の医療的な歴史は、おそらく今日であればもっと別の色合いで記されていたことであろう。他方、これに続く次の結論は、ペスト以後の復興の顕著な特色を、多角的経済、増大していた資本の利用、より発達した技術、高まった生活水準として要約するにとどめている[20]。しかし、問題は、この新しい認識を、袋小路としての中世後期というエティエンヌ・ジルソンの古い観念に接ぎ木されたときに生じる。ハーリーは、新しいメンタリティの出現を説明するために、トマス・アクィナスを下敷きにした、中世後期のノミナリズムの戯画を描き出している。「人の知性は、宇宙の形而上学的な構造を解明する能力をもたない。私は流れ去っていく出来事を観察する以外には何もできない。さらに神の全能は、最終的に不変の自然の秩序はあり得ないことを意味するであろう。なぜなら神は望むときにどのようにでもすべてを変えることができるのである。ノミナリストは（神の）恣意的な動きによって支配されている宇宙を見ていた。アクィナスの荘厳な秩序の感覚をペストの経験と調和させることは難しい。ペストの予想不可能な発生と経過や、またそれが原因不明であり、破壊的な影響を及ぼすために、である。ノミナリズムの思想は中世後期の生活の無秩序の経験と調和していたのである[21]」。

ハーリーの中世家族史への画期的な貢献、特に精神史と社会史との相互作用を描き出した非常にまれな労作に、われわれは尊敬と感謝の念をもっている。しかし他方、彼のトマス・アクィナスへの感嘆の言葉「この偉大なドミニコ会士」、彼の「秩序への荘厳な感情」というような表現は、なぜ、このきわめて批判的な研究者が無批判に最近三〇年間に一面的であることが実証されている過去の仮説を反復しているのかを説明している[22]。しかしながら、「ノミナリズムの思想は中世後期の生活の無秩序の経験と調和していた」というハーリーの結論については、われわれは容易に受け入れることができる。ペストの経験は、一五世紀におけるノミナリズムの発展や、また神学から自然科学までのすべての分野におけるその革新を理解するために、さらにノミナリズムが学校や大学へと実り豊かに浸透していったことを理解するための要素の一つなのである。つまり当時ノミナリズムは「新しい方法」（*via moderna*）として、しっかりと確立されていったのである。あの時代の保守的なトマス主義者にとって天地の間の〔不動の秩序としての〕ヒエラルキーを脅かすように見えたのは、実のところ、〔ノミナリズムの側からいえば〕信仰と理性というそれぞれ固有の法則に従っている両方の領域の間に境界線を定めることによる秩序の探求であった。信仰の領域においては、存在としての神から人格としての神への画期的な変化というものが、人格的な契約の神を証するという意味で、聖書と伝統における教会の源についての新しい理解を導いた。同時に理性の領域においては、ひとたび物理学が形而上学による制御から解き放たれ、アリストテレスと聖書の思弁的な結びつきが解かれると、自然法則への新しい探求が始められた。西洋の変化についてのあらゆる叙述において、大罪である好奇心がノミナリストの「良き知識欲」（*bona curiositas*）へと評価が逆転し、現実の世界の探求を押し進めるものとなった。そんなわけで、その逆転は「ヨーロッパの誕生」を説明する要素の中で、高い地位を与えられたのである。(23)

『ケンブリッジ中世後期哲学史』（*Cambridge History of Late Medieval Philosophy*）においてさえ、ハーリーは新しい発見を得ることはできなかった。というのも、あの権威ある書物もほんの折に触れてしか、一五世紀については言及していないからである。(24)ジョン・エメリー・ムルドッホが科学史の視野を広げ、ウィリアム・カーテネイが一四世紀の哲学の先駆者を探し出したけれども、まだ誰も一五世紀の哲学と形而上学についての包括的な研究に取り組んでいなかった。(25)『ケンブリッジ中世後期哲学史』は、ようやく最後の章「スコラ主義の敗北、放置、復活」において一五世紀を論じているのだが、他方、「幸運」と「良心」に関する重要な章では、この期間を無視している。この一面的で時代遅れの、ノミナリズムの論理的次元への関心は、ヴェッセル・ガンスフォルトのような典型的なノミナリストを理解しようとする際には役立たない。彼は、トマス・アクィナスとドゥンス・スコトゥスから「新しい方法」（*via moderna*）への自分の転向は回心であり、知られざる知的な領域へ向かう鍵であると考え、その領域はキリスト教の挑戦的な新しい解釈への道を開くものであるという。[26] それは学問論争の閉鎖的な議論の中で展開され、名辞論的な (terministisch) 論理による鈍重な言葉で語られているのだが、そこには数百年来議論されてきた普遍 (*universalia*) をめぐる概念の基本的な変化が、演繹法から帰納法に代わる根底的な転回として論じられている。これは超自然的前提により侵されることのない自然法則への新しい探求を許すのである。この議論を受け入れた人々、つまり従来の考えに満足し得なかった多くの人々は、神学が、神への心の旅 (*itinerarium mentis ad Deum*) に役立つことを確認する一方、芸術の分野においては、世界への心の旅 (*itinerarium mentis ad mundum*) を追求する可能性を与えられた。ジャン・ブリダンとニコル・オレスメの伝統の中に立っている「新しい方法」の巨匠の一人であるピエール・ダイイによる書物が、ニコラウス・コペルニクスの蔵書の中に見出されたということは、おそらく偶然ではないであろう。長い間支持されていたがすでに持続されなくなっていた前提が再評価されるときの、その根拠となる創造的な立場として、ノミナリズムによって進められてきた新しい批判精神が、「長い一五世紀」の新しい知的な方向付けの一部となるということは、よく理解できる。その批判精神が、発見の時代を動かしていた富と知の探究において、どのようにまたどの程度にその要素であったのか、それは歴史家にとって難しい問いである。これは黒死病の対応処置においても、明確にすることはできない。空の星ばかりでなく人間社会と自然のすべての領域を、いわば新しい目で見ることが可能になったのである。

教皇制の支配から政治的公会議主義へ

公会議主義が一五世紀の宗教史において、おそらく最もよく知られ、詳しく研究されている分野であろう。ピサ公会議(一四〇九年)、コンスタンツ公会議(一四一四—一四一八年)、バーゼル公会議(一四三一—一四四九年)

が、それぞれの時代において、すでにその時代の出来事の鍵を握る事件として知られている。現在でも公会議主義の研究は活発であり、とりわけ、ブライアン・ティルニー、フランシス・オークレー、アントニー・ブラックらが新しい方向を作った。ティルニーは、教会法における公会議理論に先立っていたものを発見することによって、オークレーやブラックは、憲法史や議会史と公会議主義の密接な関係を論ずることによって、この研究に影響を与えた。(27) とはいえ、ティルニーにおいて明らかになったように、新しい発見は、反論なしに通るわけがなかった。それどころか激しい反論を呼び起こした。(28) それは、これまで伝統的に教皇制に付与されていた正統信仰の弁護者としての役割と、公会議主義の目じるしとみなされる、あの少なくとも異端の可能性をもった選択肢とが、ほとんどひっくり返されることを考えてみるなら驚くべきことではない。公会議主義は教会法成立時の最初の教令主義者の生み出したものであることが実証されている。一方、教皇の不謬性の教理は、フランシスコ派の異端の集団の中に、かなり後になってその発生が認められるようである。『教会の構造』(*Strukturen der Kirche*)はハンス・キュングのおそらく最も長く影響力のあった書物だが、コンスタンツ公会議に取り組み、教皇に対する公会議の優位性を主張しており、その本は、第二バチカン公会議に続く、『諸国民の光』(*Lumen Gentium*)の教令の受け入れをめぐって生じた激しい学術的な議論の公の論争に鋭い刺激を与えた。(29)

コンスタンツ公会議の教令への集中、またその公会議の要求の合法性に集中することは理解できるとしても、この問題提起が現在に対してもつ重大な意味が、公会議主義の興隆と衰退について、教会論の議論へとつながってしまった。この事態はわれわれの視野を狭くし、私が政治的公会議主義と呼ぼうとするものの理解を歪める。教皇エウゲニウス四世(一四三一―一四四七年)や教皇ピウス二世(一四五八―一四六四年)についての研究、さらに、ニコラウス・クザーヌスのような何人かの指導的な公会議主義者による党派の境界を越えての交流についての研究を進めると、バーゼルからフェラーラへの公会議の単なる移動や、フローレンスにおける一四三七年から一四三九年におけるその継続は公会議主義の終焉を示しているような印象を与えられる。しかしバーゼルにおける会議の延期は、コンスタンツ公会議により展開された公会議理論を遅滞させることではあったが、公会議の現実の終わりを意味するものではなかった。公会議理論は、教皇の支配権の要求によってというよりも、王制絶対主義の成長を通してそれが阻まれるまで、政治的公会議主義のかたちで成立しつつある国家を形成し、影響力のある根本原理として存在し続けたのである。

一四三八年、フランス王カール七世はフランス教会の特権を「ブールジュ勅令」という憲章のかたちで確立し、この方法で教皇の司法権を制限する公会議的なプログラムの一部を実現した。ベルナール・シュバリエは、この憲章を無意味なものと片付けて、「フランスの聖職者は、教皇の権威も王権による支配も免れなかった[30]」と主張した。これが事実であったとすれば、教皇レオ一〇世は、一五一六年にボローニャでフランツ一世との間に結ばれた政教協定に尽力しなかったに違いない。また、フランス教会に対する教皇権と王権の支配についてのこの取り決めでさえ、フランス王ハインリヒ二世が、トリエント公会議においてフランスの高位聖職者が一四三八年の憲章に関して賛成の投票をするように配慮することを妨げなかったのである。さらに、いわゆるニコデモ派に対するカルヴァンの働きかけは、新しい改革思想をフランス教会の強化と結び付けることを望んでいたフランス教会主義者をまず第一に狙っていたことは知られていない。一連の位階の高い影響力のあるフランス人司教（そこにカルヴァンの幼少からの学友ジェラール・ルッセルも含まれる[31]）が、フランス教会の指導者と自認していた。カルヴァンが、そのプログラムに加わっていたならば、おそらくユグノー派の抑圧と追放を予防することも十分できたであろう。しかし結局、改革教会（*Église réformée*）も政治的公会議主義も、その期待を教皇制のローマによってではなく絶対主義王政によって妨げられたのである。

英国では、国王の「大問題」（Great Matter）が、公会議主義に対する王の優位による強力な妨害を回避させた。フランスにおいては、公会議主義の運動はその妨害によって無に帰していたのだった。新たな疑問点や個々の事柄についての新しい解釈は別として、ジェフリー・エルトンは、新たな英国教会（*ecclesia Anglicana*）の設立の歴史と、近代初期の議会制度による英国の成立とを結び付けることにより、ヘンリー八世の統治による偉業を再建することに成功した。[32] しかし、それにもかかわらず、これは上からの宗教改革だったのかそれとも下からのそれであったかという問いや、また改革された英国教会と改革以前の英国教会の連続性の問題についてのわれわれの議論は、英国教会は全体的なヨーロッパの政治的公会議主義の歴史の中で、どの程度変則的なものかということについて、十分に明確な認識へと至ることはない。ジョン・エリオットがオックスフォードの歴史学教授として行った就任演説の中で、英国史におけるヨーロッパ化と言及していることは、われわれに「長い一五世紀」におけるこの様相をよりよく理解させてくれる。

ドイツ地域への概観によってこの章を終わらせよう。ここにも公会議主義は、これまでドイツの宗教改革史に記されてこなかった一章を提供する。マインツの受諾（Acceptatio）（一四三九年）やウィーンの政教協定（一四四八年）は、バーゼル公会議における改革プログラムを、フランスのブールジュの国事勅書に比して、ほんのわずかしか含んでいない。マルティン・ルターの挑戦に直面して、ドイツの教会（*ecclesia Germanica*）の成立は、その一歩手前で実現に至らなかったのである。一五二四年九月には、ドイツ教会の設立を可決するためにシュパイヤーにおいて国会が準備されていた。そこには司教や皇帝カール五世の兄弟フェルディナンド大公も含まれ、帝国領内のすべての身分の支持を得ていた。[33] われわれ歴史家の、実際に起こった出来事への取り組みは、歴史があるいは通ったかもしれない別の道の意味をおそらく見落とさせてしまうのであろう。このような実現しなかったが潜在していた歴史が、実際に起こった出来事の経過に光を当てることができるかもしれないのである。

「新しい信心」（*devotio moderna*）——氷山の一角

「新しい信心」は、アルプスの北のルネサンスであり、またネーデルラントにおける宗教改革の、最初の解放の段階である、と長い間考えられてきた。しかしヴィレム・ルードーやレグナルス・R・ポストなどの学者に啓発されて、その研究は「新しい信心」をルネサンスや宗教改革の揺りかごとして取り組むのではなく、「新しい信心」それ自体独自の運動として探求する方向へと変わっていった。ポストの豊かな資料による画期的な研究『新しい信心』（*The Modern Devotion*）は、一九六八年「中世および宗教改革の思想研究」（*Studies in Medieval and Reformation Thought*）誌に発表され、大きな反響と共に受け入れられた。それは、一五世紀をその期間自体の現象として理解しようと試みていたからである。「長い一五世紀」というわれわれの視点の背景として、この期間と宗教改革の始まりとの関連についての問題を新たに取り上げることは不可避なのである。ポストの重要な研究が、すでに「宗教改革と人文主義の対決」という副題によってそれを暗示していた、という意味でもそれは当然である。(34)

これらの問いへの取り組みに当たって、私は近頃重要文献の批判版を刊行した二人の学者に深く恩恵を受けている。ジョン・ヴァン・エンゲンは、兄弟姉妹の共同生活団の本来のヴィジョンと後のヴィンデスハイムの修道参事会員との関係について、私の理解を深めてくれた。(35) エンゲンは、（共同生活における）信者（*devoti*）が絶えず受けていた、正規の聖職へ入会するようにという圧迫に対して各地方でさまざまに起こっていた反応を再構成している。他方、カスパー・エルムは、その運動を、そのプログラムに即して「修道院とこの世の間」と表現した。彼は「新しい信心」を、彼が「半修道的生活」（*Semireligiösentum*）と呼んでいるものの氷山の一角であると表現することによって、信者を孤立した状態で捉える観方から解放した。ネーデルラントの誇り高い学者たちが、「彼らの」運動をその孤立へと追い込んでいたのである。(36)

兄弟姉妹の共同生活団の運動は、驚くべき豊かな成果を上げていたことが実証されている。今日のオランダの境界線の内側だけでも、運動の全盛期、一三八〇年から一四八〇年には、二〇〇もの施設が新設された。このうち三五の男子修道院と二〇の女子修道院は、ヴィンデスハイムの修道会に属していた。しかし、伝統的な呼び方をひっくり返して、「姉妹と兄弟の共同生活団」と表記する方が、より正確かもしれない。もっとも「新しい信心」がどの程度まで女性の運動であったかということは、まだ十分に把握されてはいない。五二パーセント以上、すなわち一〇五の家が姉妹の共同体であり、わずか一五パーセント、全部で三〇が、兄弟の共同生活の施設であった[37]。

一四一八年四月三日、コンスタンツ公会議も終わりに近づいた頃、ジャン・ジェルソンは、マシュー・グラボーにより起こされた異端の告訴に対して、この運動を弁護した。ドミニコ会修道士グラボーは、姉妹兄弟の共同体をベギン会修道士と修道女（一三世紀にフランドルで起こった半俗半僧の修道会）の隠れ蓑の一つであろうとして告発していた。ジェルソンの弁護は、信者たちがジェルソンを教会教父と見なしているという根拠から大いに重要視されていたのだが、個々の修道会の歴史を厳密に調査してみると、どの共同体も、公的規則を、すなわち通常フランシスコ会の第三の規則を承認するように強いられていたことが明らかになった。したがって、グラボーはジェルソンより大きな影響力をもっていたことがわかる。全般的に、ヴィンデスハイムの修道会の方向へ統一され、修道院の普通のあり方へと戻っていく傾向にもかかわらず、ヘールト・フローテにおける、共同生活を修道生活の画期的な代替案であるとする基本的なヴィジョンは、根本原理として保たれ存在し続けた。それによれば、信仰（*religio*）を修道院的実存としてではなく、キリスト教的生として理解すべきなのである。この運動の三つの枝すべて、つまり姉妹団、兄弟団、ヴィンデスハイムの修道会の参事会員において、「真のキリスト者は真の修道士である」（*purus Christianus verus monachus*）ということが重要であった。

近代初期のキリスト教的都市を信仰共同体、すなわち「大きな修道院」であるというエラスムスの見解を把握し、また、ルターの『修道誓願についての判断』（*De votis monasticis*, 一五二一年）の影響を理解するためには、「新しい信心」はそのあらゆる段階において最古の原則である黄金律に聞き従っていたこと、またイエス・キリストを彼らの最上の修道院長として受け入れることを常に固く守っていたことを考慮しておくべきであろう。私はこの証言を次のように理解する。すなわち、この運動が反修道的なものと解釈されるなら、この運動の根拠になっていた意図は誤解される。そうではなくて、この運動は、「聖性への努力」というカテゴリーのもとで、一五世紀に発展した会則厳守派の運動と並行するような現象として理解されるべきである。あのグラボーのような攻撃に対する擁護の弁術の中でのみ、「信心」(*devotio*) のプログラムは、托鉢修道会に対する中世後期の一般的な批判として理解され得るであろう。

同様の慎重さが、中世後期の反教権主義の根元についての最近の研究に対しても必要であるように思われる。たとえこの言葉の概念の最も広い定義から始めたとしても、(「新しい信心」の) 信者の下では反教権主義の痕跡をも見出すことはできず、聖職者を改善不可能な者として軽視したような風潮も見当たらない。(「新しい信心」の) 信者が軽蔑的な批判を表したのではなく、会則厳守派の托鉢修道士が行ったのである。聖職叙階を求めるように強いられた兄弟たちの日記や年代記には、聖職に対する躊躇と大いなる畏敬の念が記されている。この畏敬の念の中に、われわれはこの運動の実質的な特徴をつかむことができる。それは、神への畏怖 (*timor Dei*) であり、ネーデルラントの年代記では、普通 *vrees* とか、*anxt* という概念で伝えられている。ヘールト・フローテについての一五世紀の伝記作者であるトマス・ア・ケンピスやペトルス・フーンによると、この運動の創設者であるフローテは、不安に満ちた畏敬の念にあまりに強く支配されて、しばしば聖餐を差し控えることさえあったという。なぜなら、彼はサクラメント的というよりも、霊的に聖餐礼拝に与ることを好んだからであった。宗教改革は中世後期の不安と罪の感覚への応答であるというスティーヴン・E・オズメントのテーゼについての議論に、フローテの感覚がどのように刺激を与えて、これを豊かにさせたのかを考慮するのは、大いに興味あることであろう[38]。しかし、ここではわれわれの主題である「長い一五世紀」との関連性をみていくことにとどめておこう。主のからだにサクラメントとして関与するか、霊的に与るかをフローテに区別させた敬意に満ちた畏怖の念は、長い時間をかけて確立された伝統的な教会の教えの構成要素であった。この畏敬の念を実存的に生かしてきたということは、われわれの注意を、聖体行列のまだ研究されていない局面へと導く。この儀式は、多くの他の儀式の中でも特に霊的な聖体拝領の一つのかたちであるが、その霊的な享受の重視は、聖餐式の意味に疑問を持たせるものではなく、逆にそれを強めたのである。

霊的に聖餐に与ることで充足するという、伝統に基づいたこの証言は、コルネリアス・ホーエンの一五二四年の有名な論文と確実につながるものであることは明らかである。ホーエンは、おそらくヴェッセル・ガンスフォルトと関わりがあった。そのガンスフォルトはフローニンゲンの姉妹の家の一つに住んでいて、ツヴォーレの共同生活団の兄弟たちと密接に結びついていたと思われる。ガンスフォルトの聖餐についての手紙を、ルターは軽視して退けたが、それはツヴィングリと宗教改革左派により、設定辞の象徴的な解釈の重要な基礎となった。そこでは聖餐の食事は、ルターも含めた批判者による拒否にもかかわらず、霊的な食事という意味において高く敬意を払われていたのである。

世俗と修道院の中間の生活は、倫理的な妥協を意味するものではない。年代記は信者たちが宿舎、食物、衣服に関して、会則厳守派の托鉢修道士も及ばないような、禁欲的で厳格な生活をしていたことを証言している。オーガスタン・ルノーデは、パリのモンテーニュ学院での厳しい生活を生き生きと描写している。それはこの運動の最も西側の施設であって、エラスムス、カルヴァン、イグナティウス・ロヨラらが、養成教育を受けたところであった。ルノーデは、学院の霊的指導者（*spiritus rector*）であるジャン・スタンドンクを信仰者の生涯の教師であるとして、「彼はトマス・ア・ケンピスやヘールト・フローテ、リュイスブロックの常にほとんど野蛮なほどの厳しい弟子であり続けた」と記している[39]。

われわれの資料によると、モンテーニュ学院における禁欲生活は厳格ではあったが、さらに北部地方に位置していた「新しい信心」の施設における過酷さほどではなかった。ハインリヒ・ブリンガーは、一五三一年、チューリッヒで宗教改革者としてツヴィングリの後継者に就いたが、一五一六年、一三歳でエメーリッヒのラテン語学校へ送られて、そこで三年間を過ごした。彼は兄弟団の修道院に住んではいなかったが、日記にこう書いている。「厳格な訓練がそこで要求された」(*disciplina quoque adhibetur severa*)。さらに厳格な兄弟団の規則に言及し、違反に対する過酷な罰をほのめかしている。「私は(修道士や隠修士として厳格な生活をする)カルトゥジオ会に加入してもよいと考えるほどのとても大きな印象を受けた[40]」。「新しい信心」は、下層階級の人々や中流の商人や職人といったその社会の「普通の人々」の間に支持を得ていた一つの運動であるとの洞察をわれわれに与える。彼らは教会や社会の知的階級やエリートに対して批判的であり、そういう人々の倫理的に抑制のない生き方を避けるために、「この新しい時代」の不節制な罪深い生き方と彼らが見なしているものに反対した。かつて中世の修道士や托鉢僧の典型的なスローガンであった「この世を軽んじること」(*contemptus mundi*)が、いまや世俗の人々によって受け継がれたのである。彼らはキリストを模倣することを熱心に求め、新しい制度に基づいたかたちを作ろうとしていたのである。彼らが懸命に求めていたのは、信仰の改革ではなく、モラルの改革であった。それは近代の自由社会の視点からは野蛮なものに見えるに違いなく、プロテスタントのブリンガーは、後にこれを盲信として排撃した。ところが五〇年後には、まさにこの「この世を軽んじること」が、自己規制と公的なモラルの統制の尊重と共に、宗教改革のさまざまな改革が驚異的なスピードで普及していく際、重要な要素になっていたことが明らかになるのである。

天国からのような「托鉢修道会のメッセージ」

ジョージ・ヒュッペルトは、フェルナンド・ブローデルを想起させる、彼の一五世紀の社会史の中で、中世後期の聖性の追求と利益の追求との衝突を不均衡な戦いと表現している。「戦争も疫病も利益の追求を阻むことはできなかった。モラリストは金銭の卑劣な効果に苦しみ、農民は起こり始めた資本主義の圧迫に反逆し、聖職者は高利を罵ったが、すべて空しいことだった。ほどなく封建諸侯の領地は所有地へと変えられ、教会は銀行に奉仕する協同組合の一つになった[41]。現代のこの著者にとって、（「新しい信心」の）信者（*devoti*）とつながっていると見なされることは当惑するようなことであるかもしれないが、彼の心情は、教会とこの世との間に簡素な生活の実現可能な対抗文化を作り出そうと求めていたあの信者たちの思いとあまりかけ離れてはいない。

この最後の項目でわれわれは「新しい信心」を離れて、ヒュッペルトの言う「雷鳴のような聖職者」、すなわちアルプスの南や北にも巡回したフランシスコ会説教師に向かう。彼らの声高な公的告知によるあの兄弟団のものとは全く別物であった改革プログラムと、それによって呼び起こされた反響は目覚ましい展開をもたらした。これがなくては、われわれは一五世紀の特徴について不完全にしか描写できないだろう。一六世紀初頭には托鉢修道士の立場は、ルネサンス人文主義と宗教改革者による容赦ない酷評によって著しく意味を失ってしまうことになる。初期のイエズス会士の成功は、部分的には、彼らが着衣や規律や組織に関して、托鉢修道士との連帯を注意深く避けていたという事実によっていたのである。しかし、一五世紀には、托鉢修道士は、王や司教、さらに諸侯や市参事会によって大いに求められ、従軍説教をして回るよう要請されていた。広く知れ渡っていた奇跡の癒しや劇的な回心によって、彼らは村や町の広場に民衆を引き寄せ、人々は彼らに注意深く聞き入った。カスパー・エルムは、二人の最も人気のあった「雷鳴のような修道士」のメッセージと影響力とを慎重に再構成して、長い間歪曲されていた像を打ち破るという思い切った試みを企てている。その二人とは、巡回説教者としてのキャリアをイタリアで一四〇五年に始めたシエナのベルナルディーノと、彼の霊的後継者カペストラーノのジョヴァンニである。ジョヴァンニは、一四五一年、アルプス以北で巡回を始めた[42]。彼らが迷信を使って大衆を操縦したという非難に対して、エルムの擁護が弁解しているように響くのは当然であるが、彼の入念な資料の探求により、二つの貴重な互いに関連する洞察が浮かび上がってきた。第一に、この両者は教皇の厳格な支持者であって、あのフランシスコ会修道士（Fraticelli）と戦い、迫害していた。と言うのも彼らフランシスコ会修道士たちは、聖フランシスコとその時代を、終末の時の始まりであると解釈し、定着していた教皇制のカトリシズムをそれと共に終わらせようとしていたからである。二人の説教者はこの終末論的な解釈を拒否し、最後の審判を恐れている罪人にただちに回心するように呼びかけたのだった。

エルムの第二の洞察は、個人の回心のテーマに直接結びつく。ベルナルディーノもジョヴァンニも、家庭や共同体の再建、また町々や地域の社会的平和の再建によって、社会が改革されることを強く主張していた。ジョヴァンニは、一四五一年五月一八日、アルプス越えの巡回路の最初の町ヴィラハで、「イエス・キリストと聖なるシエナのベルナルディーノの名において」彼の徒歩行進を開始し、オーストリアを越えてウィーンやさらに北の方で、社会の不正について非常な熱意を込めて語った。聴衆は、あちこちで謝肉祭の仮面や、ダイス、カルタの札、装飾品、流行の靴や衣服などを山のように積み上げて燃やしてしまった。どの記録もみな示しているように、彼らの目的は回心の前にも公的生活における新しい秩序をもたらすことであった[43]。この試みは、「天国における」、すなわち修道院の壁の内における「定住」(*stabilitas loci*)という、ベネディクト会のヴィジョンを背景にしてみると、よく理解できる。巡回する托鉢修道士は、彼らが定式化した、「キリストの国」(*civitas Christiana*)をこの世の場所的、時間的領域に定着させようと試みることによって、托鉢と説教の奉仕のために「定住」の理想を捨て、この方法で修道院の体験と生活の質をこの世へと運び出したのである。

フランシスコ会巡回説教師についての歴史は、この世紀の重要な鍵を握る出来事として語られることはなかった。啓蒙主義の影響を受けた学者たちは、托鉢修道士の、信仰の治癒者としての伝説的な行動を記録した資料に当惑したのである。そして、公会議主義に取り組んだ歴史家にとっては、教皇の優位を語る説教者たちよりも、公会議の思想の発展の方が重要だった。その結果、托鉢修道士は、つまるところ、反セム主義の最も暗い章において初めて主役として登場することとなる。托鉢修道士によるユダヤ人迫害についての研究の中で、ジェレミー・コーエンは、一三世紀に集中し、一四世紀以降には目を向けなかった[44]。彼がもしそうしていたなら、一四五三年のブレスラウにおける裁判でジョヴァンニの果たした主導的な役割に、ほとんど驚かなかったであろう。その裁判では、ユダヤ人と称する者によるホスティアの冒瀆が問題となっていた。「ユダヤ人の誰もが、彼の（ジョヴァンニの）名が鳴り響いただけで震え出した[45]」。

迷信、教皇制、反セム主義という三つのテーマは、いくつかの書物に場を確保してはいるが、それは次に続く世紀のプロテスタントもしくはカトリックの改革の必然性を立証する例として、場を得ているのである。確かにこの三つの要素が、中世後期と、ルネサンスや宗教改革の時代との連続性の基礎となっていたという事実を全く別にしても、托鉢修道士の中心にあった目標は無視されるべきではない。彼らは、悪魔に対抗する十字軍として、キリストの国を守り広げる働きに共に励んでいた。彼らにとって、サタンの力はもはや修道院内部の憂鬱（*tristitia*）や無感動（*acedia*）や魂の誘惑（*Anfechtungen*）に及ぶばかりでなく、マモンやユダヤ人の勢力のかたちにおいて、公的な生活をも脅かしているのだった。ベルナルディーノとジョヴァンニは、来るべき審判を前にした回心について、彼らの切迫したメッセージを携えて村から村へと歩いた無数の修道士のうちの代表的な二人であった。さらに重要なことは、巡回説教修道士は、社会の基盤に向かって進み、民衆を「この新しい時代」の悪魔から庇護しようとした、はるかに大規模な運動の最前線に立っていたのである。ロバート・J・バストが示したように、印刷機の発明は、無知に対する幅広い攻撃を可能にした。すなわち、教理問答は長い間ルネサンスと宗教改革時代の典型的な道具として使われたが、それは全ヨーロッパで出版され、拡がり、議論された[46]。その読者になっていたグループは、世俗の人々ばかりではなく、聖職者であった。ピーター・ディケーマは、実際的な教訓を提供したさまざまな努力を記録している。それは村々の下位聖職者が、司祭としての日々の牧会的な職務を果たすことができるように援助するものであった[47]。

要約すれば、次のように言うことができるであろう。ヨーロッパがそれまでに出合った最大の自然災害であった黒死病が過ぎ去り、そのもたらした結果と戦う懸命な努力の経過の中で、これまで何世紀も前から存在していた聖性への追求は、新しく起こってきた利益の追求と闘争を始めた。これに対して新しいいくつかの反響が必然的に起こってきた。ヨーロッパの知的な生活の分野では、「新しい方法」(*via moderna*)が非現実的な思弁の混乱の中で、一つの秩序を識別する手段を与えた。共同体と政治の領域では、公会議主義は失敗に終わったバーゼル公会議を耐えて生き残り、教会がその地域のレヴェルで組織できるように法的な基準を提供した。精神性と宗教的経験の分野では、新しい信心(*devotio moderna*)と巡回説教の托鉢修道士が、修道院の共同生活を世俗の領域へと空間的・時間的に押し広げるという広範囲の努力の代表であったことが明らかとなっている。

より短い一五世紀を考察しただけでも、これらのことはみな立証されるであろう。しかし、「長い一五世紀」を展望すると、西暦一五〇〇年という人為的に引かれた境界線にこだわらないことが重要であり、それによって一六世紀における改革や宗教改革の成果をスムーズな連続性の中で認識することができるようになるのである。長い「一五世紀」の終わりに向かう中世後期のカトリシズムは、エティエンヌ・ジルソンやヨーゼフ・ロルツ、あるいは一九世紀のプロテスタントの歴史家の研究によってわれわれが思い込んでいるような特徴を示してはいない。その時代の全般的な共通の特徴とみなされる哲学的懐疑、神学的葛藤、社会の崩壊、モラルの低下などは確認されていない。逆に、中世後期のキリスト教社会は、効果的な危機管理に必要な活力と潜在能力のしるしをあらゆる面で見せていた。一五世紀は、黒死病による大量死の後の目覚ましい復興の時期であり、ローマ教会の分裂により引き起こされた混乱からの、フランシスコ会修道士の挑戦からの、フス戦争における十字軍の失敗からの、回復の時代であることが明らかである。反セム主義が広範囲に行き渡っていた事実でさえ、年ごとの四旬節ばかりでなく特に復興の波が高まる時期こそは、ヨーロッパのユダヤ人住民にとって常に危険な時になることに照らしてみるなら、それはこの全般的な復興の状況に当てはまっている。

一五世紀のポジティブな展開と並んで、ネガティブな方向への進行も確認しなければならない。例えば、民族国家の成立には権力抗争が付随し、それはほとんど絶え間ない軍事闘争へとつながり、平和なときは折々のほんの短期間に止まるのみであった。トルコによる絶え間ない威嚇は全く別にしても、一〇〇年戦争は教皇領の威嚇的な拡張や、フランスとスペインによるイタリアでの植民地獲得の時期へと移行していった。その反動として、アルプス以北で登場した知的エリートのグループのほとんどみな、エラスムスであれ、ルターであれ、ツヴィングリであれ、平和主義の時期を体験したのである。それはトルコによる進撃によって彼らの理想が抑えられた後でも、新しい社会における彼らの夢の一部として残ることになった。

第二の誤った方向への進行は、もっと重大な影響を残した。信仰、聖書、伝統の根拠についての歴史批評の検証が、進展の中で抵抗にあったことである。ロレンツォ・ヴァッラの『コンスタンティヌスの寄進状』(*Constitutum Donatio Constantini*)が偽造文書であるということについての証明は、一五世紀の終わりまではイタリアにおいてほんのわずかに注目されたのみであった。聖書に基づく発見を根拠に、ヴェッセル・ガンスフォルトが、審問官ヤコプ・ヘックとカストロのアントニウスにより追訴されていたことは、その文書が公刊されたとき、ようやく一五二一年になって広く他の仲間の人々にも知られるようになった。しかし、ドミニコ会士ヤコプ・ファン・ホーホストラーテンとシルヴェステル・プリエリアスが協力して、高名な学者ヨハネス・ロイヒリンを一五一四年から一五二一年にわたる訴訟によって断罪しようとした企ては人々の憤激の波紋を巻き起こした。その異端審問的な動きは、最も著名な聖書学者の最新の洞察に対する中世的な教職による攻撃であることが判明した。『蒙昧なる人々の手紙』(*Dunkelmännerbrief*, 一五一五年と一五一七年)は、ルネサンス人文主義の擁護者をもって任じる人々の風刺をはるかに超えていた。[48] 風刺文学のかたちで、彼らは、われわれのフランシスコ会巡回説教師が宣べ伝えた「キリストの国」というピューリタン的なヴィジョンと対決し、托鉢修道士の権威に疑問を投げかけた。フランシスコ会士のヴィジョンが、社会からはみ出したユダヤ人の社会的管理に関係していったように、ドミニコ会士の正統擁護派は、傑出したキリスト教的知的階級の、グループ間での学問的な論争に対して、教会を動員しようと試みた。彼らはヴェッセルとロイヒリンからエラスムスとルターへと相手を変えていき、それぞれにおいて異なる成果をもたらした。ヴェッセルは一四八九年に没し、ロイヒリンは、彼の処刑の直後に没した。エラスムスは、一方でドミニコ会士、他方でルター派という「過激な托鉢修道士」のあいだで、カトリック的中道の地盤を守るため、教会の一致（*consensus ecclesiae*）を求めていた。これに対してルターは、聖書の意味（*sensus scripturae*）を手掛かりに、キリスト教のもつ普遍性を見出した。それは人間の思想から、教皇とその修道院の援護者によって教会から奪われていたものであった。

われわれがルターの最初の敵対者として、三人のドミニコ会修道士、すなわちテッツェル、プリエリアス、フーグシュトラッテンに出会うのは偶然ではない。その頃、すでにルターは、あまり目立たない単なる一人の知識人としてあっさりと片付けることのできない人物になっていた。彼は一つの運動の指導者となっており、それは彼自身も予期せぬことであったが、キリストの国の別のヴィジョンを展開した。そしてそこで「長い一五世紀」の終わりの訪れを告げることになったのである。

プロテスタンティズムの勝利ということに目を向ければ、ルターが絶えざる重要性をもつことを私は疑わない。その意義は、打ち壊されると同時に新たに建て直され、モラルを失ったこの世でモラルをもった人間の探求がなされるとき、変化していく情勢の中で、新しくまたさまざまに真価を発揮するのである。その点で私はメラーに同意する。これに対して、ルターを世界史上の人物とする解釈はレトリカルな主張であって、彼だけを周囲とのつながりなしに前に押し出すものであり、本当の意味で妥当ではない。私は、ビスマルクの反カトリック的文化政策と、プロイセンのプロテスタントにおけるヨーロッパ文明の進歩という主張との連続性を無視する見解に同意することはできないのである。

トマス・ブレイディに対する私の評価も両面性を含んでいる。歴史における連続性を追求するという、私自身の関心を分かち合っている同労者として、私は彼を認めている。しかし他方では、それにつながっている努力、すなわち宗教改革も含めて近代初期のヨーロッパの革新的な次元をより正確に認識していくという私の作業にとっては、彼を論争相手と見なさざるを得ない。私には、ドイツにおけるハプスブルク家の領土についてのブレイディの研究が大いに役立ち、またハプスブルク帝国の制度的可能性についての鋭い洞察も有意義であった。彼は、帝国が宗教改革の嵐をどのように切り抜けられたかを示し、宗教の継続的な影響力に対して感性をもっている。しかし、彼は、ヨーロッパに広がっていった反絶対主義的で反教皇主義的な、つまり共和主義的な反対運動の発生という緊急事態に関して言えば、それにふさわしく十分な調子でその（歴史における）連続性のテーゼを相対化してはいない。それは軽率にも国家共和主義として一笑に付されている。彼自身がドイツの立場をとることによって、彼はなるほど戦略上中核となる研究視点を手に入れたが、しかしそれはわれわれの全時代にとって重大な障害である。私の見解では、一五五五年のいわゆるアウクスブルク宗教和議は、ドイツを内側から瓦解させた。それは、平和条約の締結が、行政区（*regio*）と宗教（*religio*）を結び付けるという、法的に困難な課題を複雑な状況の中で実行するという重荷をこの国に負わせたからである。ドイツの「特別な道」（*Sonderweg*）は、ビスマルクまたはヴェルサイユにおいて始まったのではなく、一五五五年以後、ドイツがヨーロッパにおける重要な問題から退却したときからすでに始まっていたのである。それ以来ドイツは常にトルコ人に対する壁を確保し、内部における力の均衡を築き、その一方で、ヨーロッパの未来をローマ教皇庁やイエズス会、そしてユグノーに委ねるという傾向をもってきた。宗教改革は〔ドイツから〕ヨーロッパ全体に拡がる段階になったが、それはヨーロッパの大部分にとって「はじめての」宗教改革となった。そしてその宗教改革は（ヨーロッパ全体という）きわめて壮大な物語の中心を形づくることとなり、そこでは、ドイツの政治的、文化的、神学的な感覚は、徹底して脇へと押し込められてしまったのである。国際的に拡がったカルヴィニズムが担う改革派の宗教改革は、苦悩するヨーロッパ（*Europa afflicta*）の重荷を完全にかつ綱領に忠実に負うことになった。それはフランス全域さらにネーデルラント地域にまで広まり、フェリペ二世の厳しい管理のもとで、またアルバ公のスペイン部隊の狂信的な粛清の下でも広がった。そうしたわけで専制的なスペインは、中世の社会的な契約であった「定住」

(stabilitas loci) を断念することを強いられた多くの難民を生み出した。彼らは霊的に中世から追放されてしまったので、トマス・アクィナスやルターのような人々の思いを越えて、安らぎのない新しい世界の入植者にならざるを得なかったのである。

地方自治主義、共和制による自治、政治的また宗教的圧政の拒否などへの取り組みが、われわれの研究プログラムを今後も支配し続けるであろう。新しいミレニアムは近代的に見える。いや、いかにこの近代のプログラムが、きわめて「長い一五世紀」の地平線上に形成されるのかを、われわれは見ることができる。この点で私は、ハインツ・シリングの新しい画期的な見解を共有するのである。

注

(1) Leopold von Ranke, *Deutsch Geschichte im Zeitalter der Reformation* (Leipzig: Duncker und Humblot, 1881). Bernd Moeller, "Das Berühmtwerden Luthers," *Zeitschrift für historische Forschung* 15 (1998), 65-92; reprint, *Die dänisch Reformation vor ihrem internationalen Hintergrund*, ed. Leif Grane and Kai Hørby, Forschungen zur Kirchen- und Dogmengeschichte 46, (Göttingen: Vandenhoeck und Ruprecht, 1990), 187-210.

(2) Karl Holl, *Gesammelte Aufsätze zur Kirchengeschichte*, 3 vols. (Tübingen: J. C. B. Mohr, 1923-1963); id., *Die Rechtfertigungslehre im Licht der Geschichte des Protestantismus*, 2nd ed. (Tübingen: J. C. B. Mohr, 1922).

(3) Werner Elert, Morphologie des Luthertums, 2 vols. (Munich: Beck, 1931, 1958). Emanuel Hirsch の研究については、第三章でさらに言及。

(4) Berndt Hamm, "Werner Elert als Kriegstheologe: Zugleich ein Beitrag zur Diskussion 'Luthertum und Nationalsozialismus,'" *Kirchliche Zeitgeschichte* 11, no. 2 (1998); id., *Frömmigkeitstheologie am Anfang des 16. Jahrhunderts: Studien zu Johannes von Paltz und seinem Umkreis* (Tübingen: Mohr, 1982).

(5) Joseph Lortz, *Die Reformation in Deutschland*, 2 vols. (Fribourg: Herder, 1939).

(6) Mack P. Holt, "Putting Religion Back into the Wars of Religion," *French Historical Studies* 18, no. 2 (1993), 524-

551. Henry Heller の応答参照。“Putting History Back into the Religious Wars: A Reply to Mack P. Holt,” *French Historical Studies* 19, no. 3 (1996), 853-861. Mack P. Holt, “Religion, Historical Method, and Historical Forces: A Rejoinder,” *French Historical Studies* 19, no. 3 (1996), 863-873.

(7) Bernd Moeller, *Reichsstadt und Reformation*, Schriften des Vereins für Reformationsgeschichte 180 (Gutersloh: Gutersloher Verlagshaus, 1962; reprint, Berlin: Evangelische Verlagsanstalt, 1987).

(8) Thomas A. Brady, Jr., *Turning Swiss: Cities and Empire, 1450-1550* (Cambridge: Cambridge University Press, 1985); id., *Ruling Class, Regime and Reformation at Strasbourg, 1520-1550*, SMRT22 (Leiden: E. J. Brill, 1978).

(9) Heinz Schilling, *Die neue Zeit: Vom Christenheitseuropa zum Europa der Staaten: 1250 bis 1750* (Berlin: Siedler Verlag, 1999).

(10) H. A. Oberman, “The Devil and the Devious Historian: Reaching for the Roots of Modernity,” *Koninklijke Nederlandse Akademie van Wetenschappen/Heineken Lectures, 1996* (Amsterdam: Edita Koninklijke Nederlandse Akademie van Wetenschappen, 1997), 33-44 参照。

(11) Richard Marius, *Martin Luther: The Christian between God and Death* (Cambridge: Belknap Press of Harvard University Press, 1999).

(12) Thomas A. Brady, Jr., Heiko A. Oberman, and James D. Tracy, eds., *Handbook of European History, 1400-1600: Late Middle Ages, Renaissance, and reformation*, 2 vols. (Leiden: E. J. Brill, 1994), esp. vol. 1, xiii-xxii, 665-670.

(13) *Fasciculus Morum: A Fourteenth-Century Preacher's Handbook*, ed. and trans. Siegfried Wenzel (University Park, Pa.: Pennsylvania State University Press, 1989), 608, lines 105-107.

(14) H. A. Oberman, *The Harvest of Medieval Theology: Gabriel Biel and Late Medieval Nominalism*, (Cambridge, Harvard University Press, 1963; reprint, Durham, N.C.: Labyrinth Press, 1983); id., *Forerunners of the Reformation: The Shape of Late Medieval Thought Illustrated by Key Documents* (New York: Holt, Rinehart, and Winston, 1966; reprint, Philadelphia: Fortress Press, 1981) 参照。

（15） 一九七五年四月一八日、アメリカの中世学会五〇周年記念（Cambridge, Mass.）におけるオーバーマンの挨拶。Vgl. "Fourteenth-Century Religious Thought: A Premature Profile," *The Dawn of the Reformation: Essays in Late Medieval and Early Reformation Thought*（Edinburgh: T. & T. Clark, 1986）, 1-17. 初版 *Speculum* 53（1978）, 80-93.

（16） Siegfried Wenzelは「中世ペストの経験は、イギリス芸術史上、意識面でも表象世界においても、意外にもわずかで目立たない痕跡を残したにすぎなかった」と指摘した。"Pestilence and Middle English Literature: Friar John Grimestone's Poems on Death," *The Black Death: The impact of the Fourteenth-Century Plague*, ed. Daniel Williman（Binghamton, N.Y.: Center for Medieval and Early Renaissance Studies, 1982）, 148.

（17） Jan de Vries, "Population," in Brady, Oberman, and Tracy, *Handbook of European History*, vol. 1, 21.

（18） Bartolomé Yun, "Economic Cycles and Structual Changes," in Brady, Oberman, and Tracy, *Handbook of European History*, vol. 1, 131.

（19） デイヴィッド・ハーリーの三つの講演（一九八五年、メイン大学）。没後刊行、*The Black Death and the Transformation of the West*, ed. Samuel K. Cohn, Jr.（Cambridge: Harvard University Press, 1997）.

（20） Ibd., 51.

（21） Ibd., 72.

（22） Vgl. die Pramissen in der Enzyklika "Fides et Ratio"（1998）S. 46-51.

（23） Vgl. H. A. Oberman, *Contra vanam curiositatem: Ein Kapitel der Theologie zwischen Seelenwinkel und Weltall*, Theologische Studien 113（Zürich: Theologischer Verlag, 1974）.

（24） Norman Kretzmann, Anthony John Patrick Kenny, and Jan Pinborg, eds., *The Cambridge History of Later Medieval Philosophy: From the Rediscovery of Aristotle to the Disintegration of Scholasticism, 1100-1600*（Cambridge: Cambridge University Press, 1982; reprint, Cambridge: Cambridge University Press, 1997）.

（25） Vgl. u.a. John Emery Mudoch, *Late Medieval and Early Modern Corpuscular Matter Theories*, Medieval and Early Modern Sciencel（Leiden and Boston: E. J. Brill, 2001）; William J. Courtenay, *Covenant and Causality in*

Medieval Thought: Studies in Philosophy, Theology, and Economic Practice (London: Variorum Reprints, 1984).

(26) Vgl. H. A. Oberman, "Wessel Gansfort: Magister Contradictionis," in *Wessel Gansfort, 1419-1489, and Northern Humanism*, ed. Fokke Akkerman, Gerda C. Huisman, and Arie John Vanderjagt (Leiden: E. J. Brill, 1993), 97-121.

(27) Brian Tierney,: *Foundations of the Conciliar Theory: The Contribution of the Medieval Canonists from Gratian to the Great Schism*, Cambridge Studies in Medieval Life and Thought 4 (Cambridge: Cambridge University Press, 1955); Francis Oakley, *Natural Law, Conciliarism, and Consent in the Late Meddle Ages: Studies in Ecclesiastical and Intellectural History* (London: Variorium, 1984); Antony Black, *Council and Commune: The Conciliar Movement and the Fifteenth-Century Heritage* (London: Burnes and Oates, 1979).

(28) Brian Tierneyの自著 *Foundations of the Conciliar Theory: The Contribution of the Medieval Canonists from Gratian to the Great Schism*, rev. ed. (Leiden: E. J. Brill, 1998) への詳細な序文、および *Origins of Papal Infallibility, 1150-1350: A Study on the Concepts of Infallibility, Sovereignty, and Tradition in the Middle Ages*, 2d ed., SHCT 6 (Leiden: E. J. Brill, 1988) への啓発的なあとがき参照。

(29) Hans Küng, *Strukturen der Kirche* (Quaestiones disputatae 17), Freiburg i. Br. 1962. *Structures of the Church* (New York: Crossroad, 1982).

(30) Bernard Chevalier, "France from CharlesVII to HenryIV," in Brady, Oberman, and Tracy, *Handbook of European Hitory*, vol. 1, 369-401.

(31) Vgl. Jean Calvin, *Three French Treatises*, ed. Francis M. Higman (London: Athlone Press, 1970), 23-25.

(32) Geoffrey Elton の貢献についての Patrick Collinson による評価 "Geoffrey Rudolph Elton, 1921-1994," in *Proceedings of the British Academy:1996 Lectures and Memoirs*, vol. 94 (Oxford: Oxford University Press, 1997).

(33) Deutsche Reichstagsakten unter Kaiser Karl V., Bd.4, Gotha 1905 [Göttingen 1963], S. 604, 18-605, 8.

(34) R. R. Post, *The Modern Devotion: Confrontation with Reformation and Humanism*, SMRT 3 (Leiden: E. J. Brill, 1968). Willem Loudaux, *Petri Trudonensis: Catalogus Scriptorum Windeshemensium* (Leuven: Leuven University Press, 1968).

(35) John Van Engen, "The Virtues, the Brothers, and the Schools: A Text from the Brothers of the Common Life," *Revue Benedictine* 98 (1988), 178-217; id., "A Brabantine Perspective on the Origins of the Modern Devotion: The First Book of Petrus Impens's *Compendium Decursus Temporum Monasterii Christifere Betheleemitice Puerpere*," in *Setra Devota: In memoriam Guillelmi Lourdaux*, ed. Werner Verbeke et al., *Mediaevalia Lovaniensia*, Series 1, Studia 20 (Leuven: University Press Leuven, 1992), 3-78.

(36) Kasper Elm, "Die Bruderschaft von dem Gemeinsamen Leben: Eine Geistliche Lebensform zwischen Kloster und Welt, Mittelalter und Neuzeit," in *Geert Grote und Moderne Devotie: Voordrachten Gehouden het Geert Grote Congres, Nijmegen, 27-29 September 1984*, ed. J. Andriessen, Petty Bange, and Antonius Gerardus Wieler, *Ons geestelijk erf* 59 (1985), 470-496; id., "Verfall und Erneuerung des Ordenswesens im Spatmittelalter: Forschungen und Forschungsaufgaben," in *Untersuchungen zu Kloster und Stift*, Veroffentlichungen des Max-Planck-Instituts fur Geschichte 68 (Göttingen: Vandenhoeck und Ruprecht, 1980), 188-238. Elm は洞察を簡潔にまとめている。TRE, s.v. "Orden," vol. 25 (1995), esp. 323, 11-38.

(37) Vgl. H. A. Oberman "Die Gelehrten, die Verkehrten: Popular Response to Learned Culture in the Renaissance and Reformation," in *Religion and Culture in the Renaissance and Reformation*, ed. Steven E. Ozment, Sixteenth Century Essays and Studies 11 (Kirksville, Mo.: Sixteenth Century Journal Publishers, 1989), 43-62.

(38) Steven E. Ozment, *Protestants: The Birth of a Revolution*, New York 1992.

(39) Augustin Renaudet, *Humanisme et Renaissance: Dante, Pétrarque, Standonck, Érasme, Lefevre d'Étaples, Marguerite de Navarre, Rabelais, Guichardin, Giordano Bruno*, Travaux d'Humanisme et Renaissance 30 (Geneva: Librarie Droz, 1958), 119; cf. his earlier magnificent work, *Prereforme et humanisme à Paris pendant les premières guerres d'Italie, 1494-1517*, Bibliothèque de l'Institut Français de Florence 1 (Paris: E. Champion, 1916; reprint, Paris: Librarie d'Argences, 1953).

(40) Heinrich Bullinger, *Diarium (Annales vitae) der Jahre 1504-1574*, ed. Emil Egli (Basel: Basler Buch- und Antiquariatshandlung vormals Adolf Geering, 1904), 3; John Van Engen による引用 *Revue Bénédictine* (1988),

193 n.39).

(41) George Huppert, *After the Black Death: A Social History of Early Modern Europe* (Bloomington, Ind.: Indiana University Press, 1986), 150-151.

(42) Kasper Elm, *Vitasfratrum: Beitrage zur Geschichte der Eremiten- und Mendikantenorden des zwölften und dreizehnten Jahrhunderts* (Werl: Dietrich-Coelde-Verlag, 1994), 297-337. この論文集の副題は誤解を招きやすいのだが、Elm の通常の誇張しない謙虚な姿勢と合致している。

(43) Ibid., 325.

(44) Jeremy Cohen, *The Friars and the Jews: The Evolution of Medieval Anti-Judaism* (Ithaca, N.Y.: Cornell University Press, 1982).

(45) Elm による引用 *Vitasfratrum*, 513.

(46) Rodert J. Bast, *Honor Your Fathers: Catechisms and the Emergence of a Patriarchal Ideology in Germany, 1400-1600*, SMRT 63 (Leiden: E. J. Brill, 1997).

(47) Peter A. Dykema, *Conflicting Expectations: Parish Priests in Late Medieval Germany*, SMRT (Leiden: E. J. Brill, 2000).

(48) *On the Eve of the Reformation: Letter of Obscure Men*, trans. Francis Griffin Strokes (New York: Harper and Row, 1964).

(江口再起・湯川郁子訳)

第二章

ルターと新しい方法(*via moderna*)——宗教改革的転回の哲学的背景

ボナヴェントゥラはスコラ学の教師の中で最高の教師である。

——マルティン・ルター『卓上語録』〔訳注1〕

ルターと新しい哲学

「自明の真理」(*veritates per sese notae*)の展開による「永遠の哲学」の理念は、後期中世においても依然として、その支持者を有していた。ちょうど「神学の侍女」(*ancilla*)としての哲学」という、それと関連する哲学の理念がなお支持者を有していたのと同様であった。しかしながらその支持者たちは、主にドミニコ会のネットワークの中で生き延びていたものの、ルターの時代までに守勢を余儀なくされていた(1)。(トマス的形而上学は、アリストテレス復興と対抗宗教改革の結果、再主張されたとはいえ)この消え行く背景との対決において、ルターは哲学の範囲と役割について彼自身による再定義へ到達した。彼は、オッカム、リミニのグレゴリウス、ピエール・ダイイ、およびガブリエル・ビールによって形成された伝統の熱心な学徒であった(2)。しかしながら神学の文法を、新たに、いわば神自身の唇から綴ることを学ぶべきだという彼の主張は(3)、人間理性にとっての新たな課題を含んでいた[4]。したがってこの将来の宗教改革者はまず、哲学に対する神学の関係の再定義のための運動を起こさねばならなかった。彼はそれを、演繹的方法から形而上学的根拠をはく奪することによって成し遂げた。演繹はもはや真理に到達するための規範的方法ではないであろう。観察された事実から論理的に正しい結論へ導く哲学的帰納法が、それに取って代わるであろう。こうしてこの世の知恵の形成においては、理性が自然を文化へ変容しつつ、帰納法の権威的役割を引き受けるであろう。理性は万物の原理であり、また権威である（「理性は万物の主要事であり、頭である。……それは発明者であり、指導者である」[5]）。この定義において看過されている観点は、理性に、終末時の悪の混沌によって脅かされている市民生活の救世主としての特別の役を割り当てることである。

神学固有の文法を求めるルターの探求のこの考えを、また啓示の基礎付けにおいて哲学を副次的役割へ格下げするルターのこの考えを、すべての解釈者が受け容れるわけではないであろう。一九九八年の教皇回勅『信仰と理性』（*Fides et Ration*）は、「神学と哲学の正しい均衡がすでに一三世紀に到達されてしまったのだから、神学と哲学を相互に窒息させるような抱き合わせから切り離そうとするルターの関心は、単に誤っていただけでなく余分でもあった[6]」ことを印象付けている。その回勅は、トマス・アクィナスが信仰と理性を調停することによって真理の最高水準に到達したという理由で（「普遍的な、客観的な、超越的な真理を常に主張したという理由で」）、彼に「真理の使徒」（四四節）という高貴な称号を与えている。こうして彼は完全な、論破不可能な、究極の、「単に現象の哲学でなく、存在の哲学」（四四節）を後世へ遺した。しかし聖トマス以後、「理性から信仰が切り離される」という悲劇が襲った。哲学と神学の紐帯が悲惨にもばらばらに引き裂かれた。「中世末から、この二つの認識領域の間の正当な区分が、次第に不幸な分離へ変化した」（四五節）。

聖トマスは中世哲学の「頂点」に立ち、後期中世は「末路」として立っていると見なす見解を[7]、上記の回勅が本気で提唱しうるとは驚きである。この見解は、約五〇年にわたる新しい批判的校訂版と、それの詳細な研究を通して反証されてきた。もし一三世紀からすでに、哲学と神学における認識の領域の区分が知られてしまっていたなら、その区分を見出そうとしたルターの労多い努力を、われわれはどうして理解できようか。

ここでは宗教改革についての対立し合う諸見解、「あの運動は堕落であったのか、あるいは転回であったのか」、「宗教改革は中世の体系の崩壊に責任があると見なされるのか、教皇回勅が見なすように、無神論と信仰主義の温床であったのか、あるいはそれは聖書が啓示する人格神を発見し、ついにはこの世の文化を生存維持の領域に、もはやとどめずに済むようにしえたのか」が争われている。

きわめて教養あるドミニコ会士ハインリヒ・デニフレの一九〇五年の死から、〔ナチスに〕政治的に妥協したヨーゼフ・ロルツの一九七五年の死までの七〇年間の、カトリックの研究によるルターの扱いは活発であったし、またしばしば鋭かった。(8) デニフレからロルツへの強調点の移行は、両者が共通に持っていたものを容易に過少評価することへ、読者を導きうる。デニフレがルターを憎んでいたのと同じだけ、ロルツはルターを愛していたとしても、両学者はルターの宗教改革の正当性を否定していた点で、共通のトマス的基準を用いていた。一方でデニフレは、ルターを無頼漢として声高に非難し、ルターを嘘つきとして責め、概してルターを品の悪い性質の持ち主として非難しながら、デニフレ自身もルター特有の興奮した論戦と同じレヴェルへまで高まっている。他方でロルツは、この特別に宗教的人間（*homo religiosus*）であるドイツ人――冷淡なオランダ人エラスムスと大いに異なって――を、彼の道を誤らせたわざわいなる哲学的先人たちのゆえに大目に見ることによって、新しいエキュメニカルな風潮を反映しているように思われる。(9)

デニフレはルターを中世の伝統の歪曲と見なすが、ロルツは中世の伝統こそが、すなわちオッカム主義的ノミナリズムこそが、ルターを歪曲したと考える。今やルターは「半分知る者」（Halbwisser）から「半分聞く者」（Halbhörer）へ進級させられた。それが進級と言えるか疑わしいが、その相違は、ロルツが比較的にではあるがより多くルターに耳を傾けたのに対し、デニフレはより多くスコラ学的伝統について知っていた事実とおそらく無関係でないであろう。

ロルツ以後、カトリック教会のルター研究者は、二つの異なった方向へ進んだ。エルヴィン・イーザローとレミギウス・ボイマーは、デニフレとロルツの教派的研究方法を継続したのに対し、フーベルト・イェディンと（ハンス・キュングによって到達された「開口部」に関連して）オットー・ヘルマン・ペッシュ、ペーター・マンス、およびヨース・フェルクルイッセは記述的研究方法を受け継いだ。[10]もちろん教派主義は決してカトリックのルター研究者に限定されない。哲学者クルト・フラッシュは、トマス的「存在の哲学」に対するルターの拒否を、哲学自体に対する拒否と同一視する。すなわちフラッシュは、ルターの理性攻撃を、またルターの教条主義的恩恵理解を批判する（「理性に対するルターの誹謗、および神と人間の結合や媒介を嫌うルターの恩恵論」）。プロテスタント教会の知識人たちは、一九一八年の革命後のドイツの「国家プロテスタント教会」の消滅の衝撃を乗り越えるために、このルターを必要としたのではないか、とフラッシュが推測するとき、彼は彼のルターに対する感情的爆発が歴史心理学における教派的実践であったことを露呈する。[11]

後期中世のノミナリズムについての、他の二つの評価が、ハンス・ブルーメンベルクとルードルフ・ローレンツの著作においてなされている。[12]ブルーメンベルクは、神の絶対的権能と秩序的権能の間をめぐる後期中世の弁証論が、歴史の中に働く神の概念におけるパラダイム転換を指示していることを明らかに無視して、人格的神の予測不可能な自由が、必然的に人間の正当な自己実現と自己探求を粉砕すると断定することによって、ノミナリズムを近代性に反するものとして設定する。たしかに自己実現と自己探索は近代の特質である。しかしブルーメンベルクの提言は、ローレンツ独自の意味で受け入れられるとき、ノミナリズムの「恣意的神」という古くからの誤解、すなわち「神の自由は、人間の活動に対する恣意的抑圧を含意する」という考えに基礎付けられている。[13]

最後に、プロテスタント教会に属する、プロシア国家主義学派のルター学者たちは、後期中世のノミナリズムの広汎な運動をオッカム主義に還元することにより、またオッカム主義をその義認論に還元することにより、ルターを「新しい方法」から安全な距離を保たせておくことに顕著な関心を示し続けている。彼らはペラギウス主義の疑いをかけられたオッカムに対するルターの拒否を強調することにより、ルターがノミナリズムへの彼の絆をすべて断ち切ったという誤った印象を残している。(14)

プロテスタント教義学者エーバハルト・ユンゲルは、ルターの『奴隷意志論』(*De servo arbitrio*, 一五二五年)における「隠された神」についての教義を、彼のノミナリズム的相続財産の完全な拒否と見なすにさえ至っている。ユンゲルが説明するには、『奴隷意志論』は後期中世のノミナリズムの解釈であるどころか、それの「最も鋭い批判」である。(15)もし「新しい方法」をとる人カール・バルトの背後へ飛び越えて、フリードリヒ・シュライアマハーの「古い方法」へまでさかのぼる最近のプロテスタント神学の傾向が持続的であることが証明されるなら、われわれは一周して、新たなフランシスコ会のパラダイム以前に属する元の状態へ立ち戻ったのであり、もう一度「存在の哲学」の領域へ、そしてその観想的仮説へ立ち戻ったのである。(16)そして「古い方法」の諸前提から出発するなら、どんなに多く学んでも、ルターの思考の方法へ入り込むための洞察はわれわれに与えられないであろう。

中世と近代の正統性に関する紛糾する教派的またイデオロギー的要求をもって、われわれは「新しい方法」の歴史的脈絡を回復すべきであり、その術語によってその提唱者がどう理解されたかを問うべきである。

聖トマス――致命的誤り

トマス主義の研究者は、聖トマス後の時代に、パラダイム転換が生じたこと、それはおそらく、悲劇的というよりむしろ劇的と見なされた方がより良いであろう重大な変化であったことを理解する必要がある。ヨハネ・パウロ二世の教皇回勅は、われわれに卓越した出発点を提供している。その回勅文書は賞賛の意図をもってアクィナスの思想を、厳密に「存在の哲学」として特徴付けている(「単に現象することの哲学でなく、存在することの哲学」）。ギリシア語の知識もヘブライ語の知識も持たなかったトマスは、ヤハウェがその名をモーセに現したとき（出三・一四）、この存在の哲学が神自身によって権威付けられていたと考えることしかできなかった。エラスムスが一五一六年に彼の『新約聖書』序文で、「私は自慢でなくあえて言うが、私は聖書の言語を、より良く理解している。ラテン語しか知らなかったアクィナスより、私の方がより良く理解していることは間違いない」[17]と言っているとおりである。トマスは、存在の存在論的含蓄を保証するように思われた「私はあるというものである」（ego sum, qui sum）という、誤解を招くウルガタ版に依拠せざるをえなかった。「私はあるであろうものであろう」（出三・一四）[18]という、意図された約束、すなわち「私は信頼されうる契約の神であり、きのうもきょうもあすも同じものである」（ヘブ一三・八）の代わりに、トマスは「私はあるものである」と読んだ。ジャーク・ルフェーヴル・デタープル――晩年に沈黙した先見の明ある聖書人文主義者――は、最初のフランス語版、一五三〇年のいわゆるアントウェルペン聖書において、「というもの」（celuy）を挿入するという単純な工夫によって、「私は、私はある、というものである」[19]（Je suis celuy qui suis）と言って、古いラテン語の形式を新しいフランス語の内容で満たすことに成功した。ルターは彼自身が訳した聖書において、この節を次のように翻訳した。「神はモーセに言った。私はなるであろうものになるであろう。……それゆえあなたはイスラエルの子らに言わなければならない。『私はなるであろう』という方が、私をあなたがたへ遣わした」と。[20]

トマスにとって、「私はあるというものである」は、キリスト教の神が最高の存在であることを明瞭に言っている。出エジプト記三章のラテン語版は、トマスの神存在の有名な五つの証明のための聖書的根拠としての役を果たしているということが[21]、しばしば看過される。ここで私が「トマス」という表現を、聖アンセルムスを経て、聖アウグスティヌスにまでさかのぼり、新プラトン主義とディオニュシオスの影響のうちに集積する、はるかに広い伝統を表す省略表現法として用いることを指摘する必要はほとんどない。「単に現象することの哲学でなく、存在することの哲学である」という原理は、単にトマスの思想のみならず、初期の重要な発展の全つながりをも特徴付ける。したがって、最高存在としての神、また単なる（単に！）現象の世界への神的存在の横溢の美しい心像としての神という前提条件は、単純であるように思われるが、それは次のことを含んでいる。(1)天と教会と被造物の間には聖なる階層関係があること、(2)この世の文化は、存在の構造の部分であること、(3)被造物とその創造者の間には認識論的パイプがあること、これはいわゆる「存在の類比」（*analogia entis*）である。

トマスより数世代以前、すでにアッシジの聖フランチェスコは、神的存在をプラトン主義化する神学で教えられた内容と相違した、被造物関係に立った神を想い描いていた。聖フランチェスコは彼の真作である『小品集』（*Opuscula*）においてしばしば、「主なる神」という人格性を示す表題によって、神に言及している。[22] 広く回し読まれていた論述書（おそらく一二二七年に、この聖人の死から一年以内に、そしてこの聖人の思想の強い印象が保たれている間に書かれたであろう）『主の貧しさとの聖フランチェスコの聖なる交流』[23]（*Sacrum commercium sancti Francisci cum Domina Paupertate*）において、神とその被造物は人格性をもった契約において結び付けられている。[24] 早い時期に、聖フランチェスコの学問的解説者としての聖ボナヴェントゥラとドゥンス・スコトゥスによって論述が展開された結果、[25] 人格的に関わる主としての神と、契約としてのその活動という二つの問題が、フランシスコ会の歴史観に集中する、驚くほど凝集力ある新たな伝統の二つの枢要点となった。トマス的な「不動の動者」[訳注2]は、活動する高度に動的な契約の神、その言葉が行動である神、これらの行動によって知られることを欲する神になりつつあった。神がその「自存性」における最高の人格と、その「他者への働き」における歴史の主として発見されるとき――すなわちその内的計画とその外的支配との両方における人格であるとして発見されるとき、パラダイム転換が作られつつある。聖フランチェスコについての膨大な文献にもかかわらず、上述の論述書における発見の諸段階が他のものより良く知られている。なぜなら近代の研究者たちは、もっともなことであるが、フランシスコ会の貧しさ（貧しさの実践）をめぐる、耳目を引く争いによって先入見を持たされてきたからである。[26]

この発見の意味は、大体一二七四年のトマスとボナヴェントゥラの死から、「新しい方法」の公認された設立――とりわけドイツの新設の大学における設立――に至るまでの、二世紀間にますます増加した修士学位取得者数によって跡付けられ、スコトゥスとオッカムが革新的に見出したものからさまざまに霊感を受け、また挑戦を受け、ますます多くの非フランシスコ会士を取り込みつつあった。新しい時代の学問的成果は、論理学および弁証論から物理学および自然哲学に至るまでの、さらに神学、法学、医学というより上級の学部に至るまでの学問のあらゆる既知の領域を、この論文が支配するためのさまざまな道を列挙する点で顕著な進歩を生み出した。新しい情報のこんなに大量の洪水に洗われるとき、発酵と探求のこの急激な時代に向き合うための統合的視点を与えていた脈絡が容易に見失われる。新しいパラダイムが、経験された現実を覆っていた存在論的外套を脱ぎ捨てることをいったん可能にしたなら、そのとき理性は、観察の規則に従うことも、批判的距離によって与えられる客観的地位へ登ることもできた。これらを、すべての信頼できる研究の、また健全な学問的成果の基本的原理と見なすことへ、われわれは到達した。

いったん言葉が永遠のロゴスの反響としてよりも、むしろ自然的しるしとして理解されたなら、学問的用語はその思弁的意味から解放されることができた。「言葉の中味は、選択されるものである」(「名は好みに従って決められる」)は解放の戦いの叫びであり、独立の宣言である。したがって言語の領域において、用語の定義は、「語りの適切さ」としての「語り方」に新たに敏感でなければならなかった。

普遍なるものについての、すなわち存在の聖なる位階の認識論をかつて中心的に担っていたこれらのものについての、熱く争われた論戦において、われわれは入手しつつある情報への新しい接近をはっきり認識することができる。観察の新たな目標は、すべての対象の、それぞれの個別性における、同定であった(個々の事物の認識)。事実を見出すことへの集中は、経験を非神秘化し、その経験からその経験の特異性を剝ぎ取った。その結果、その経験は権威の同義語となった。学問的議論における客観性の探求において、「経験が教える!」と言われる。

働く神の発見をもって、新たな最高の地位が「目的因」に与えられる。歴史の最終目的をたずねることによって、より早い時期のしばしばプラトン主義化した時と永遠の形而上学が、時間と無時間の本性との関係から、時間のつながりを理解することへ、再適合させられる。「神は過去を抹消することができるか」や「神は未来の堕落者を救うことができるか」というような問いは、抽象的であるとわれわれに感じさせるが、しかし「神は何を欲するか」、「歴史において何が問題か」という、究極の因果関係への新しい実存的関心をもたらす。

おそらく日常生活の経験へ及ぼした、新しいパラダイムの最も顕著な影響は、「経験」と「実験」の相関であろう。それは、初期近代科学の基礎を提供するのみならず、古い形而上学の、物理的因果関係や運動というような鍵となる概念の再評価のための道をも整えた。

上記で概略が示された理論的および実践的実験における革新は、後期中世の運動へ導いた。その運動は、その代表者たちが徐々に「ノミナレース」として呼ばれたので、きわめて適切に「ノミナリズム」と命名された。一四世紀後期および一五世紀初期の学術的研究諸機関の中に、「新しい方法」として根付きながら、ノミナリズムは着実にその足場を確定した(27)。オッカムはその運動の「創始者」と呼ばれた。彼は一般に「道を準備した」と認識されていたので、「創始者」という称号は、尊称以上のものであった。それにもかかわらず、ハイデルベルクでの副学長であったステファン・ヘストは一四六九年に次のように主張することができた。「新しい方法をとる人たち（ノミナレース）は、いかなる知性的指導者をも、あの唯一最高の権威オッカムほどのものと認めることはできなかった」と(28)。

パリにおいてノミナリズムは、ジャン・ビュリダン（一三五九年頃没）、ニコラ・オレスム（一三八二年没）、ピエール・ダイイ（一四二〇年没）の名と結びついている。ハイデルベルクでは、インゲンのマルシリウス（一三九六年没）と、またヴィッテンベルクでは、リミニのグレゴリウス（一三五八年没）と結びついていた。一四七三年三月一日のパリ勅令（一四八一年撤回）は、一三四〇年一二月二九日のオッカムとその仲間に反対した勅令を強化し、移民の波をつくり出した」[29]。こうして「新しい方法」の急速な広がりに貢献した。一方で普及者が活力と成長のしるしであったのに対し、他方で「新しい方法」の統合強化は、同じだけ相当の喪失を伴わざるをえなかった。その時代の言語で「形式主義者」（フォルマレース）として知られていたスコトゥスとスコトゥス派が、トマス主義者と共に「古い方法」を形成するために、「実在論者」（レアレース）の陣営へ走った。この「古い方法」そのものは、絶えざる革新の過程のうちにあった。ヨハネス・カプレオルス（一四四四年没）が、初期トマスから『神学大全』（*Summa Theologiae*）の著者としての成熟したトマスまでの根本的再解釈をもって、トマス派の長たる名声を得た以前にも、トマス・アクィナスの師であったアルベルトゥス・マグヌスの教えが、増大する信奉者を引きつけていた。「古い方法」はアルベルトゥス主義者、トマス主義者、スコトゥス主義者の幅広い連合であった――この点では「新しい方法」とほとんど違わなかった――。その成員はその対抗者たちと同様、今日の研究者たちより同時代人によって、より容易に区別された[30]。彼らを精神史の観点からのみ研究するなら、その研究は不当となる。スコトゥス主義者とトマス主義者とが相互に身を投げかけたのは、偶然によってではなく、両者は同時代の道徳を拒否する点で一致し、社会の改革についての共通のヴィジョンを共有していた。一二九六年に設立され、托鉢修道会の中では遅れて参加したアウグスティヌス隠修修道会は、当初から彼ら自身の個性を発揮させることに努めたが、しかし他の観点では彼らは元の型に全く合わせている。さらにそれは単に精神的論争に留まらず、また在俗聖職者と〔修道院所属の〕正規聖職者との間の激しい争いでもあった。彼らは――世俗研究者の間で強い支持を受けて――後にノミナリストの陣容に加わり、彼らがかつてそこで身ごもられ、養育された修道会「より小さな兄弟たち」に対抗した。フランシスコ会士とノミナリストとの共通の遺産はすべて、教義上の論争をめぐる分離とそれに続いた大衆の騒乱の中で、あまりにも容易に忘却された。フランシスコ会士によって熱心に擁護された「無原罪の御宿り」に対しドミニコ会士は攻撃したが、スコトゥス主義者とノミナリストとは、その攻撃に対抗する驚くほど効果的同盟に加わった[31]。教区の聖職者（*curati*）と、ミサを執行し、告解を聴聞し、お金を徴収する権利を得ようと押し入ってくる修道士（*fratres*）との間での争いの激しさが、ルターの上司（アウグスティヌス修道会の副総長、聴聞者）ヨハネス・シュタウピッツの決着の意義を際立たせている。シュタウピッツ自身が修道士であったが、彼は教区聖職者に味方した。(32) ルターは、連続性の線を認識した数少ない一人であったが、それでも彼が「道徳的なことに関してはスコトゥスとオッカムは同じだ」(33) と不平をもらしたとき、彼はあまりにもわずかしか語らなかった。

残念ながら「ボナヴェントゥラ主義」（*Bonaventurism*）という術語は近代の解釈者の間では流布しなかった。なぜならボナヴェントゥラは、スコラ学の一哲学類型として認定されたスコトゥスの運命を逸れたからである。まさに「ボナヴェントゥラ」という名だけで、後世にパラダイム転換の意義を効果的に思い起こさせえた。それは重大な変化であるが、その変化はわれわれの教科書の中で誤って、理性に対する意志の優位の論拠付けという、一つの見方へ単純化された。「ボナヴェントゥラ主義」という名は、修道制を超えて、一五世紀においてフランシスコ会の説教運動によって運ばれ、(34) 西ヨーロッパの平信徒の敬虔を形成した。その敬虔は、ベルント・ハムが「敬虔の神学」の新たな型として認定した形式をとった。(35) 敬虔な文学の波が——その中で、クレルヴォーのベルナルドゥスおよびボナヴェントゥラの著作が、偽ベルナルドゥスおよび偽ボナヴェントゥラの著作と（しばしば識別し難い仕方で）混じり合ったのであるが——ヨーロッパ大陸を洗い清め、かつてなかったほどに、そして今後再びないであろうほどに、ヨーロッパを霊的に統一した。ジャン・ジェルソンは、かの敬虔を促進し広めることにおける彼の役割のゆえに、「教会の父」として認められた。(36)

パラダイム転換は、社会の根本的な再秩序付けを合法化し、また促進した。すなわち社会の存在論的足場と私が呼んだものを取り去り、また社会が天上界と教会と共に共有していた聖職位階制を崩すことによってそうした。このことはヨーロッパの政治的領土拡張と同時に起こった。コンスタンティン・ファソルト〔訳注3〕は魅力的なエッセーの中で、一三世紀から一七世紀までの時期におけるこの再秩序付けを、ドイツ宗教改革の脈絡として跡付けた。

彼の見解によれば、聖職者、貴族、市民は、キリスト教ヨーロッパの聖職位階制的秩序付けを、新たな解決としては見限った（彼らは一種の暗黙の社会契約を相互に結んでいた）。これら三者の権力エリートは教会の聖職位階制の遺産を、その各々の臣民の上にふるう絶対的統治権を持つ領土諸国家へ分割した。これは巨大な氷山の一角であったことが判明する。すなわちすべての社会的関係、とりわけ国家と教会の関係は根本的に改められた（「それはヨーロッパの家全体における、地下から屋根裏まで、庭園でも中庭でも、大きな建て直しを要求した」）。ファソルトは宗教改革の時代をはるかに越えて、一七世紀さらに啓蒙主義へまで彼の説明の網を打つことによって、典礼、教会、聖職位階制がいまや自然、国家、労働分配のために仕えるべきであると結論付ける（「礼拝すなわち神への奉仕（Gottesdienst）は自然への奉仕となり、教会は国家となり、聖職位階制は労働分配となった」[37]）。ファソルトによって注目された反聖職位階制的な解決の衝撃は、一八世紀までは十分には感じられないとはいえ、その社会的および政治的帰結を強調することによって、またこうして「諸教派」の時代と今日われわれが呼んでいるものへの中世からの橋渡しを提供することによって、われわれのフランシスコ会のパラダイム転換を歴史的脈絡の中に置く。

このパラダイム転換という変化なしには宗教改革的転回は考えられえないとしても、その変化は、歴史の中で活動する人格としての神の発見と、契約の神ならびに義認の約束（「義とする神」）のルターによる発見との間の破れのない連続性を生み出しはしなかった。一五一七年九月四日付けのルターの挑戦的『スコラ神学駁論』(*Disputatio contra scholasticam theologiam*) は、明瞭に、それに先立つドゥンス・スコトゥスおよびガブリエル・ビールを含むすべての学問的伝統を批判の標的にしている[38]。実体と運動の概念によって神の存在を貫く哲学的神学に対して、ルターはフランシスコ会の見解を精査すると共に再検討しつつ対決している。このことをその駁論の第五〇条は簡潔な表現で次のように述べている。「要約すれば、アリストテレスの全体系は神学にとっては光に対する闇である。スコラ学者たちに反対して[39]」。ルターは幾人かの指導的ノミナリストのペラギウス主義——

ルターがそう見なしているもの――を攻撃する。フランシスコ会のパラダイムなしには認識されえなかったであろう、より大きな関連の枠内で、その攻撃は成り立っている。ルターにおいて新しいものは、「十字架の神学」である。すなわち働く神は、キリストにおいて働く神になり、予言されえず、どんな体系的探求をも退ける神、理性に逆らい、期待に反して、クリスマスからイースターまで十字架を負う神になった。

同時にわれわれは、「栄光の神学」（*theologia gloriae*）への付随的攻撃の中に、新しいパラダイムを認識する。それは聖職位階制による存在の古風な認識論を拒否する。それをルターは一五一八年に、「栄光の神学は、神の奥義を理性的分析によって理解しようと努める」（「神の見えざる本質を、造られた物を通して理解することを目指す」。ロマ一・二〇参照）[40]と言い表したとおりである。この自然神学の虚栄は、「神の存在を見抜くために、われわれの思弁的理性を高めることによって、われわれは神の人格を迂回しうる」という妄想である。もしルター派の学者たちが、「ボナヴェントゥラはスコラ学の教師たちのうちで最高の教師である」というルターのもう一方の大胆な発言の重要性を無視し続けるなら、彼らはルターの『スコラ神学駁論』の意味を誤解せざるをえない。[41]

人格主義――聖フランチェスコの持続的遺産

「スコトゥス主義」、「オッカム主義」、「ノミナリズム」のような術語が、まさにオッカムが攻撃した非歴史的な普遍概念となる傾向をもつことは、精神史の領域における一つの皮肉である。[42]しかし新たなパラダイムの中心に位置する人格主義の深い含蓄が、ただちには明らかにならなかったことを、われわれが理解するなら、根本的な、長らく議論されてきた、多くの問いが解決されうる。それらの問いは、想像の所産を自然の明瞭な法則と同一化することへ掻き立てた、「探求と発見」、「実験」、「仮説」、「実験事例」、また「新たな出発」という困難な過程を通ってのみ、解決されうるものであった。なぜならこれらの歴史家たちは――彼らはそのような一連の手続きに含まれる、新たな「永遠の哲学」の処女降誕を、援助と充填を、変化と新たな洞察を見出すことを期待している人たちなので――混乱せざるをえなくされるからである。こうしてドゥンス・スコトゥスは、われわれの「共通自然」のような普遍者の存在論的現実を保つことができたが、その上さらに彼は予定と義認における人格的神の君主的主導権としての「神的受容」の教義を発展させることができた。それはちょうど彼が、「教会と結ぶ神の契約」の要素についての思弁から方向転換することによって、サクラメントの新しい神学の基礎を設置したとおりである。世界における活動の全領域へ働くこの契約の神の適用は、「新しい方法」の特徴的教義となるであろう[43]。

以上のことすべては、新しいパラダイムが先例なしに起こったと言っているのではない。神の活動を表すためのあらゆる必然性を否定する手段としての、神の「絶対的権能」と「秩序的権能」の間の区別は、トマスにまで、また一二世紀の思想にまでさかのぼりうる。しかしオッカムと共に、神の「絶対的権能」に訴えることは、歴史の偶然的本性を確立することの体系的意味を帯びる。一世紀後にピエール・ダイイは、神の「秩序的権能」の意味を、「聖書の中に啓示された神の意志」として定義することによって明らかにした[44]。オッカムが「絶対的権能」を引き合いに出したのは、神が「秩序的権能」によって実際にしたことは存在論的には必要なかったことを確定するためだけであったのに、一世紀後にはまさにこの同じ原理が、神の自己啓示を無視するどんな知識も空虚な好奇心でしかないことを確定するために適用された[45]。さらに創始者であったオッカムが、神の「絶対的権能」を単に理論的原理として意図したのに対し、リミニのグレゴリウスとインゲンのマルシリウスは、神の「絶対的権能」が歴史の実際の行程の中への神の介入として、奇跡を説明しうると見なした。ルターにとってもそのような奇跡的な介入は重要な役割を演じる。ルターが神の自己啓示を、単に聖書においてのみならず、個々の「しるしあるいは予兆」――これは終わりの日のしるしを表す彼の用語であった――においても見出すことを期待する限りでは、彼が開かれた正典を教えていることになるが、そのことはそれほど注目されてこなかった[46]。

明確な学派上の区分をもって働くことを好むこれらの歴史的解釈者たちは、「新しい方法」の信奉者たちがトマスを、どのように称賛しつつ引用しうるか、理解することが困難であることを見出した。後期中世においてトマス主義が重んじられなくなったにもかかわらず、トマスの『神学大全』の第二・二部は、日常生活の倫理的問題の解決のために、なお依然として広く参照されていた。初期ルネサンスの人文主義者や宗教改革者たちの喧伝に反し、後期中世の神学者たちは、学派の差異を克服することに熱心であったので、彼らはできる限り包容的であった。トマスは他の中世の思想家たちよりも包括的な徳と不徳の体系を、入念に練り上げていた。神は十戒を含む現在の道徳秩序を選ぶために、神自身の計りがたい理由を持つと理解された限りでは、自尊心の強いフランシスコ会士も、神の人格性を損なうことなしに、トマス主義を取り入れたのであろう。(47)

異議申し立てから抵抗へ——異端審問に対する後期中世の挑戦

一五世紀末におけるノミナリズムのより広範な影響を評価するために、われわれは原則と主義の領域、すなわち精神史家の本拠地を去り、観念の社会史の領域へ移動しなければならない。われわれは競技場へ、すなわちそこで観念が走ることを立証し、またそこで観念が社会的反応——この場合には異端審問によって導かれた反応であっても——を呼び起こす場所へ移動する。二人の思想家がわれわれを、北方人文主義と初期宗教改革の入り口へ連れて行く。ヴェーゼルのヨハン(一四八一年没)とヴェッセル・ガンスフォルト(一四八九年没)、この二人はその名が似ていたため、しかし何よりも二人は論争好きなノミナリストであったため、しばしば混同されてきた。彼らの扱われ方の相違は示唆的である。オランダの神学者ヴェッセル・ガンスフォルトを審査した最初の異端審問官はヤコプ・ヘックであり、彼は予審審査を遂行した。一四六六年から一四七六年の間に二度パリ大学の学長を務め、また二度ソルボンヌの院長を務めたヘックは、「古い方法」の有名な代表者であったが、ガンスフォルトを、然るべき敬意をもって処した。[48] ヴェッセル・ガンスフォルトは有罪宣告を受けずに留まったのに、ヴェーゼルのヨハンは第一級の異端の有罪宣告を受け、獄死した。後者の異端審問委員会の構成員は、一人を除いて全員トマス主義者であった。

ガンスフォルトによるノミナリズムの発見は、回心の体験であり、暗いトンネルの終わりの光であった。彼はケルンでトマス主義から吸収したが、パリでスコトゥス主義へ突き進んだ。そして彼が光を見、ノミナリストになったのもパリでのことであった。[49] ノミナリズムは彼に、古い哲学の根本的誤り、すなわち思想を形成するために経験された現実を受け容れないで、あらかじめ懐いていた観念で現実を曇らせるという誤りを避けるために必要な真理を提供した。[50] 聖書の権威への彼の固執は、あの空虚な好奇心――すなわち神がその啓示において神自身についての知を分け与えようと決定したものを受け取らずに、傲慢にも神の存在に侵入しようとする好奇心――に反対する運動の一部であった。

彼の時代の最初のキリスト者へブライ語学者の一人としてガンスフォルトは、神が出エジプト記三章で「私は在るであろう者であろう」(「私は在ろう者であろう……在る者が、私をあなたがたへ派遣したとは言わず、全く珍しい語り方で、私は私をあなたがたへ派遣した者であろうと言う」[51])として神の名を啓示したことを主張したとき、一定の方針をもって新しいパラダイムと一体となった。「主の祈り」の注解において、ガンスフォルトはヘブライ語の語彙のノミナリズム的解釈の爆発的本性を説明した。彼は「憐れみ」を表すヘブライ語が訳されたウルガタの語彙「憐れみ」(*misericordia* または *miserationes*)は危険な誤解へ導くことを指摘した。ヘブライ人は元来、「レヘム」(*rechem*)と「ヘセド」(*chesed*)の間に相違があることを、きわめて明瞭にする。前者は母性的愛と母の胎に関するのに対し、後者は男性的情感と父性的配慮を含意する。それゆえラテン語による一語が重大な性差を曖昧にする。この考察は、神学と敬虔にとって広範囲に及ぶ帰結をもった。ガンスフォルトは、「われわれは同一の聖書的正当性をもって、単に父としての神に祈るだけでなく、また母としての神にも祈るべきである」(「神はわれわれにとって父であるように、母でもある」(sicut Deus nobis pater, sic mater est)[52]と主張した。この認識は今日でもなおいかに衝撃的と思われるにしても、ガンスフォルトの時代にはそれは信仰の根本を脅かすものと見なされたに違いない。

ヴェッセル・ガンスフォルトの事例は、単に後期中世のスコラ学と北方ヒューマニズムの間の境界線が透過的であったという事実にわれわれの注意を喚起するのみならず、またいかに観念が、組織上の挑戦と紛争において役割を果たしたかを、われわれが見るように導きもする。ヴェーゼルのヨハンの異端審問は、マインツで一四七九年に行われた。彼は一四五六年にエアフルトで神学博士号を取得した。新設のバーゼル大学で短期間(一四六一年五―一〇月)聖書学教授として在職した後、彼は大学外で影響力ある地位を得た。一四六一年頃からヴォルムスの大聖堂の説教者であった彼は、一四七七年に解雇され、彼の審問までマインツの大聖堂の司祭になっていた。その審問で彼は、彼の出版物の撤回を強いられ、彼の出版物が焼却されるのを見た[53]。二年後、彼はマインツのアウグスティヌス派の監獄で死んだ。われわれはいまだこれらの出来事の意味の明瞭な理解を持っていない。その主な理由は疑いもなく、今ではきわめて疑わしいと見なされるようになった歴史的記録の、教派的な読みに仕えた一九世紀のプロテスタントの歴史記述者が、ヴェーゼルを宗教改革の先駆者の中に入れたからである。さらにより重要な理由、そして現代の学問的成果にとって決定的なのは、ヴェーゼルの遺産を編集し解釈する作業が、またヴェーゼルの著作の焼却にもかかわらず生き延びたこれらのわずかな断片が、ゲアハルト・リッターの手に委ねられたという事実である[54]。ロルツより一〇年前に――この時期は、トマスの明示された基準からではなく、ルターの暗示された観点からの判断によるが――、リッターは、後期中世のノミナリズムを、明瞭性の全く欠如した期間として言い表した。リッターにとって聖書の権威へヴェーゼルが訴えたことは、中世後期の最も悪しき種類のファンダメンタリズム(中世後期における、考えられうる限りでの最も粗野な聖書主義)を示していた[55]。さらにリッターはヴェーゼルを、「神の意志の全き不合理性」についての、彼のオッカム主義的見方を伴った、後期中世思想の典型的産物である「高度の素朴さ」を示した人と見なした。[56] 原罪についてヴェーゼルのよく考えられたスコトゥス的な理解を、不合理な産物、またより軽蔑的に言えば、スコラ学的ナンセンスな的外れの典型的産物として、リッターがレッテル貼りすることは、判断の素朴なあやまちでは済まされないものである。[57] 全後期中世思想世界のうちで、悪意ある人文主義者のせいで、あるいはルターのせいで、ヴェーゼルよりも不運な目に遭った者はありえなかった。ヴェーゼルのヨハンの聖書主義が聖書を新しい律法にしていると非難することにおいて、リッターは決してあからさまにそう言わないとしても、マルティン・ルターの見地を採用している。オッカム主義の不合理性についてのリッターの理解は、「絶対的権能」と「秩序的権能」の間の弁証法についての誤解に基づいている。リッターの後期の学問的著作の威光は、全般的研究としては後期中世の「新しい方法」への、個別的研究としてはヴェーゼルのヨハンへの、新しい接近を阻害するようなものであった。

われわれの目標にとっては、ヴェーゼルによって推進されたこれらの諸命題の間の二つの特徴点を強調することで十分である。第一に彼は、ガンスフォルトのように、贖宥の再検証に際して、聖書の正典を超えて「神的法」のようなものを打ち立てようとした教会の権威をあえて問うたとき、異端審問と衝突した。それと同時に、第二に、そのオランダ人ガンスフォルトとの一つの顕著な相違が看過されるべきではない。一方で、最初のヒューマニストであったガンスフォルトは、自分の議論を聖書言語の知識に基礎付けることができたのに対し、他方、ヴェーゼルのヨハンは、教会法と教皇の教令の要求に逆らって議論するために、ウルガタ聖書しか持っていなかった。それでもなおヴェーゼルのヨハンもヴェッセル・ガンスフォルトも両者ともに、教会は垂直に構成されているのでも、聖職位階制によって神の存在とつなぎ合わされているのでもなく、水平に、時間と空間の中に広がっている信仰者の集まりとして機能しているという、彼ら両者によって共有された信念のための新たなパラダイムに頼った。「新しい方法」の後代の学者フィリップ・メランヒトンの表現を借りれば、彼ら両者が断言したことであるが、教会は「プラトン的国家」ではない。[58] したがって両者とも、聖書という正典は教会によって創り出されたのでなく、教会によって受け取られたのであると主張することによって、聖書にまさるものとして要求された教会の超越性と首位性に異議を唱えた。

こうしてまさに教会に対して聖書を対置することが、ヴェーゼルの「贖宥に反対する討論」[59]に賛同する雰囲気を醸し出す。単純でない聖書主義者ヴェーゼルは、神の言葉を聖書と同一視しなかった。その代わり彼は福音を、福音書記者によって報告されたものとしての「イエス・キリストの説教」の中に見出した。イエスの説教は、「救いのために必要な、多くの、否、おそらくすべての奥義を」含んでいる。この根本的言説は、原初的な「福音の生きた声」の把握を開示する。これは「粗野な聖書主義」というリッターの非難と容易には合致しない。

ヴェーゼルは同じ命題集の第六命題において、別の重要な点を挙げている。すなわち神の意志（*divina voluntas*）はわれわれに、ただ福音書から、あるいは特殊啓示を通してのみ知られるということである。[60] ここでわれわれは、存在から人格への転換の解釈学的適用に出会う。人格的な神の意志の真正な表現としての福音書を避けることによっては、神のいかなる信頼に足る知識もない。新たな考えの枠を維持することによって、ヴェーゼルはサクラメントを、信頼できる神の契約あるいは協定として理解する。[61]「再度言うが、たとえ祝福を受けた者たちが、なお哀れなこの世の生の間に、いくばくかの功績に値していたとしても、それは神の思し召しのままに、ただ神の意志によって彼らに割り当てられたのであろう。なぜならわれわれの功績はわれわれ自身によるのでなく、神の意志によるからである。誰もこれらの功績を神と関係なしに第一次的に割り当てることはないであろう。しかしもし祭司のように人が功績を第二次的に割り当てることができるなら、それは教師たちがサクラメントについて言っているように、神が人間と契約した神的契約を通してのみのことであろう。しかし福音書は、祭司とそのような契約を結ぶイエスについて何も述べていない」[62]。

あたかも直接の反論であるかのように、アウグスティヌス隠修士会のパルツのヨアネス（一五一一年没）は、彼の『天国論の補論』（*Supplementum Coelifodinae*, 一五〇三年）において、教皇の贖宥をキリスト自身に由来するとして、その有効性を弁護するために、同じ契約概念を用いる(「なぜなら神の慈悲は、あの書物において、われわれと契約を結ぶからである。その契約はわれわれの願いを、その書物の調子に合わせて、きわめて確かに聞き届けようとする。というのは、どんなに父がその書物を与えたと言われようとも、キリストが与えたことが、きわめて確かに信じられなければならないからである。キリストは父について、『あなたがたの願いを聞き届けてくださる方は、私の願いを聞き届けてくださる』と言っている」)。[63]

グスタフ・アドルフ・ベンラートは、彼の著書『宗教改革の先駆者』(*Wegbereiter der Reformation*)の中で、この討論の、明瞭な、ただわずかに省略のあるドイツ語訳を提供した。[64] pactum を *Bund*(同盟)でなく *Vertrag*(契約)とした彼のドイツ語訳は、残念ながら、この聖書的概念を営利目的化する傾向を持っている。さらにベンラートは、ヴェーゼルの最後の文における「信じられない」(incredible)を、あたかもヴェーゼルが「信じられる」(credible)と書いたかのように訳しているために、重要な点が誤解されている。本文は次のとおりである。「主がご自身の聖徒たちのために不思議を働いたことは、信じられないことではない」。[65] ここでヴェーゼルは、神による異例な介入の可能性を主張している。その介入にわれわれは(聖書後の)特殊啓示の神顕現において出会った。またその介入は「新しい方法」の伝統において神の「絶対的権能」による奇跡を説明しうる。[66] ルターの『修道誓願についての判断』(*De votis monasticis iudicium.* 一五二一年)を参照してみよ。キリストは修道誓願を教えも生きもしなかったが、聖ベルナルドゥスや聖フランチェスコのような幾人かの聖なる修道士を通して、不思議な仕方で行ったり語ったりした。[67] ルターは、バビロンという燃える竈の中の三人の若者の事例において(ダニ三・一九―二七)、そのような不思議な神の介入を示す聖書的前例を見出す。「そこでは、選ばれた者たちが奇跡的に救われる」。[68] ルターの論の要点は、誓願の下での真にキリスト教的生活のような偉業は、示された神意を否定するために引き合いに出されうるものではないということである。ノミナリストの言い方では、「絶対的権能」による神の介入は、「秩序的権能」による制度的秩序を無効にしない。ルターの福音理解が承認されるなら、「それ故に律法は守られる」のであって、修道生活は神の意志に反して営まれる。

この脈絡においてルターは、「聖書のみによって」という（中世において、またプロテスタント教会においてこそ）支配的な理解と向き合う。歴史の中で働く神の発見は、ルターを直接、神の救おうとする意志の明らかな表現としての、解釈された聖書の中心（すなわち「キリストが動かすもの」）へ導く。同時にその発見は、神の継続中の働きを指示することによって、正典を開放する（「そのことにおいてわれわれは、聖書の証言が助けないところでは、神の確かな働きに頼らなければならないこと、そして証言の代わりに、その神の働きに従わなければならないことを教えられる」）[69]。聖書の証言へのルターの強調が、スコラ学的権威をあまり重んじず、徐々に聖書の聖句の権威に訴えることを、彼の初期の論敵に強いたことは、よく知られている。しかしルターが福音の聖書的根拠を打ち立てることに没頭し、「聖書の証言」を重んじた代わりに、神の「特別な」働きを軽んじるに至ったという、この弁証法的関係における反対の帰結は考えられなかった。したがってこの「聖書のみによって」という教義は、ルター派において信仰箇条の地位へは至らなかった。

後期中世の解法（換言すれば、正典後あるいは正典外で成立した教義を、聖書が「暗に」あるいは「黙して」支持すること）の、「書かれていない伝統」（「同じ敬虔の感情をもって」尊重されるべきである）を引き合いに出すことによる、トリエント公会議における受容は、イエスと使徒たちにまでさかのぼる連続した口伝を引き受ける[70]。それとの対比において、ルターは進行中の神の新しい働きを容認する。

転回前の産みの苦しみ

後期中世思想の領域における幾人かの傑出した専門家たちは、ヴェーゼルに、ルターの宗教改革へ及ぼした影響力を認めたがらなかった[71]。この専門家たちの意図は理解できるし、また宗教改革の先駆者たちを「真理の証人」として持ち上げるプロテスタント教派主義的な歴史記述家たちの研究によって引き起こされてきた歪曲を正す努力として尊重されなければならない。しかしながらこの問題を考察するに際し、われわれは「ルターのはじまり」と「宗教改革のはじまり」、すなわち「ルターの形成物」と「ルターの影響力」の間を区別するように十分助言されている。

私はルターの思想の形成のための新しいパラダイムの意味を吟味する前に、ルターの影響力と受容の不安を与える問題について、社会の歴史が何をわれわれに告げうるかを見たい。最も初期に出版されたルターの伝記は、彼と同時代の激しい反対者、ヨハネス・コッホレウスによっていた。コッホレウスはその時代の雰囲気の、告知しつつある評価をわれわれに提供する。彼は一五一八年中の歴史を記した自分の日誌の中で、ルターが自らを贖宥論争における犠牲者としてきわめて巧みに位置付けたので、文化的エリートたちはルターの側に傾いたと観察している。彼らエリートたちはその「舌と筆」を、ルターの意に沿って用いた。彼らは高位聖職者と神学者たちを、単に貪欲かつ傲慢のみならず、無知で劣悪なラテン語学者としても攻撃することによって、すなわち「彼らを貪欲、傲慢、悪意、野蛮、無知のかどで告発して[72]」、無学な平信徒たちに影響を及ぼしていた。実際、指導的なドイツ人文主義者たちが、「蒙昧な人たち」すなわちケルンのトマス主義の教師たちと対決した組織的運動において、力を合わせてロイヒリンを支持したとき、すでに強力な圧力団体を形成していた[73]。強力なドミニコ会のネットワークはケルンをはるかに越えてルーヴァンへまで達していたし、聖なるパラティウムのその教師はローマ教皇庁へまで達していた[74]。

ヤコプ・ホーホストラーテンは、ロイヒリンに反対する裁判を始めた。他方、一五一四年から一五二〇年までの間に、シルヴェステル・ダ・プリエリアスは、ローマ教皇庁の長引く訴訟を指揮した。またルターに反対する訴訟をも開いた[75]。ヴェーゼルに反対するオルトヴィン・グラティウスによる長たらしい文章は、あまりよく知られていない。グラティウスは、ケルンの「蒙昧な人たち」の間の主要な標的の一人であった[76]。ヴェーゼル裁判

（この裁判はバーゼル公会議の公会議主義者の歴史に属するが）の写しの新たな版への序文の中で、グラティウスは猛烈な異端者狩人として、彼の「蒙昧な人」としての名を揺るがないものとした(77)。ちょうどケルンのトマス主義者がロイヒリンを親ユダヤ人的人物としてけなそうとしたように、グラティウスはヴェーゼルをユダヤ人によって歪められた人物、誤謬の悪臭を放つ集団へ落とされた人物として描く。「彼はユダヤ人によって欺かれ、誤謬の悪臭を放つ最下層民集団の中へ倒れ落ちた(78)」。

ユダヤ人たちの裏切り行為は、グラティウスにとって、ヴェーゼル非難についての、一五二一―一五二二年出版の初版で示されたよりはるかに受け入れやすい説明と思われざるをえなかった(79)。開始時における短い陳述において、また尋問（一四七九年二月八日から一二日までの月曜日から金曜日まで続いた）の実際の記録より長い付加において、今日、シュトラスブルクの人文主義者ヤコプ・ヴィンプフェリンクであると知られ、ヴェーゼルに味方する明らかな支持者である注解者が、そこで告発された被告人に不平等な戦いを強いられたことを明らかにしている。彼は目撃証人として（「私自身そこに居合わせた」）、どのようにヴェーゼルがマインツのフランシスコ会の家に二人の修道士によって行進させられて入って行ったかを、「青ざめて、生きているより、むしろ死んだようになって、そして杖をついて歩きながら」（「青ざめて、無表情に、手に杖を持って」）と、生き生きと報告している。重い病のヴェーゼルに対する五日間にわたる尋問は、ケルンの異端審問官、われわれの師、ドミニコ会士ゲルハルト・エルテンによって指揮された。マインツの大司教、イーゼンブルクのディーターによって指名された最終審を行う法廷は六人の博士（三人はハイデルベルクから、また三人はケルンから）を数えたとしても、ただ一人だけが、「新しい方法」に属しているだけであった。他の全員が、「古い方法」に属する者でなかったなら、ヴィンプフェリングはそう要求したのであるが、ヴェーゼルの刑の宣告は全く異なっていたであろうに――「より穏やかで、よりヒューマンで、より哀れみ深く、より寛大であった」であろうに。二人の卓越した教養ある注解者、ブラウンシュヴァイクのエンゲリンとカイザースベルクのガイラーとは、彼らの鋭い批判をためらわなかった（きわめて激しく批判した）。エンゲリンは、彼自身としては断罪された箇条の多くを承認しえたと説明した。またエンゲリンは、その判決が世俗的聖職者の成員に対抗する修道士たちによる措置、また「新しい方法」に対抗する典型的トマス主義者の憤激に発する策略であったことを指摘した(80)。

その裁判から四年経ないうちに、ヴィンプフェリングは「教区聖職者たちと托鉢修道士たちとの和合」という論文を、表向きは教区聖職者と托鉢修道士の間の長く続いてきた抗争の解決として書いた。実際にはヴィンプフェリングは、ヴェーゼルを弁護し、修道士たちを非難した。当時の他の多くの大胆果敢な文書がそうであったように、その論文は一五〇三年にシュトラスブルクにおいて偽名のもとに出版された。彼が書いたところによれば、ヴェーゼルは異端ゆえに断罪されたのではなく、ドミニコ会のトマス主義者であるより、むしろ教区付きノミナリストであったゆえに断罪されたのである。「彼らは、自分たちが教区聖職者に対し、ノミナリストに対し、非トマス主義者に対して勝利しうることを大いに喜んでいる〔訳注4〕」。グラティウスがヴェーゼルに、裏切り者のユダヤ人の犠牲としての役を与えたよりはるか以前に、ヴェーゼルはロイヒリンの先駆者と称されていたし、またトマス主義者の「蒙昧主義」に逆らう激しい戦いの英雄になっていたと、われわれは結論付けてよかろう。一五〇三年に新設されたヴィッテンベルク大学における「新しい方法」（グレゴリウスの方法）の確立（一五〇八年の規約において二度確認された）と、同年にマルティン・ルターの名が挙げられていることは、ヴィンプフェリングにとって、彼が懐いていた和合の夢の実現であると思われたに違いない。ヴェーゼルの、エンゲリンの、ガイラーの大いなる「慈悲深い母」であったエアフルトは、また別の、無条件に新しい時代の男ルターを——この男は実に修道士であったのだが——生み出した。

ヴェッセル・ガンスフォルトは、彼の著作が一五二二年にヴィッテンベルクで出版されるまでは広くは知られていなかったのに対し、「新しい方法」のもう一方の代表者、ヴェーゼルのヨハン・ルフラートの裁判は、宗教改革直前にドイツの文化的エリートにとってすでに「有名な訴訟」であった。コッホレウスが証言したように、その同じエリートはルターに、「新しい方法」の基本方針をほとんど知らない平信徒のサークル内にいる好意的聴衆を与えた。ドイツ人の意見を生み出すこれらの者たち皆が、同じ考えを懐いていたわけではなかった。ある者たちは、エラスムスとルターに、「最も新しい方法」を樹立すること、中世を完全に背後へ置くことを明確に期待した。ヴィンプフェリングのように心において「新しい方法」をとる他の者たちは、全神学者たちの党派的狂乱を嫌わずにいられなかった。コッホレウスによってきわめて巧みに報告された、かくも熱した争いの風潮の中で、彼らが議論していることが過去から継承された問題であることを、彼らに悟らせる助けとなるために、われわれが過去を顧る知恵が役立つとは誰も見なさなかった。彼らのうちのほとんど皆が、「古い方法」は――「真理の使徒」トマス・アクィナスへの案内人として仕えることから程遠く――抑圧によって覆われた後向きの道であると見なすに至った。まだ未決断の人々にとって、ガンスフォルトとヴェーゼルの運命は、喚起者として訴え続けていた。

ルターの基本方針――四つの根本的主題の組み合わせ

きわめてすぐれた研究成果によれば、一五〇九年頃ルターがアリストテレスを「空想談家」と呼んだ初期の攻撃は、全スコラ学に――「古い方法」にも「新しい方法」にも――反対したルターの生涯にわたる運動の礎石であった。[81] このことはたしかに神学と哲学の関係についてなされたルターの再考に妥当するが、しかし存在としての神から人格としての神へのパラダイム転換は、より広い脈絡をわれわれに与えてくれる。すなわちその脈絡内では、従来適切と見なされてきたのと別の主題を考えることが可能となる。私は四つのきわめて顕著な主題に限定する。「聖書の権威」、「約束あるいは契約の力」、「時の終わり」、「新しい方法」の四つである。

まず聖書の権威へ立ち返る正当な理由が存する。ルターが一五一八年五月に、彼の以前の教師であり、エアフルトのノミナリズムの首席代表者であったヨドクス・トルトフェッターに宛てて書いたとき、トルトフェッターがアリストテレスに対してとった批判的距離が致命的に不足していることを批判した。同時にルターは、次の事実に対する深い謝意を表した。すなわち「あなたは、われわれが信仰をただ聖書のみに負っていること、他のすべての権威は聖書との違いを認識して読まれなければならなかったことを、私に教えてくれた最初の方でした」[82]。ハインリヒ・デニフレは、ルターが「聖書のみ」の公理を発見するためにトルトフェッターを要したということについての驚きを表明した唯一の学者ではなかった。その公理は結局、全スコラ学的討論の伝統の基礎的原理であった。しかしルターを知識の乏しい「生半可な知識の持ち主」としたデニフレのルターに対する解雇通知をわれわれが受け入れる前に、聖書は神の存在の存在論的分析によって迂回されることのありえない神の人格的意思伝達を内容としているという深い解釈学的発見を、そのパラダイム転換が内包していることを理解することは、決定的に重要なことである。まさにこれが、彼が同年に「栄光の神学」[83]（*theologia gloriae*）と称するものを、拒否する根拠である。

ルターは聖書の解釈上の中心を見出した。彼はそれを約束（pactum）あるいは契約（testamentum）、神の約束、救いの根拠、およびサクラメントなどさまざまに呼ばれるものの中に見出した。これは聖書を神の言葉と、聖書根本主義者がするように同一視することからは縁遠い。ケネス・ハーゲンおよびベルント・ハムが示したように、ルターが信仰のみによる義認について彼の教えを展開したことは、契約思想の伝統の線に沿ったものである[84]。ツヴィングリの「意味する」（significant）に対するルターの断固たる拒否は、聖餐の設定の言葉が、危険なしには、人間的推論の範疇に適合するように調整されえない確かな契約的約束であったという、ルターの信念に直接関連付けられている。働く神は、理性によって考え出されえず、ただ水、パン、ぶどう酒において、またそれらを通して、自身を知らせる[85]。

歴史の中に働く神の発見によって与えられた、より広い視野の最も重要な収穫は、おそらくルターの思想における重要な要素の統合であろう。その要素をルター研究者たちは長い間、中世の残滓として過小評価しようとしてきた。その要素とは彼の現実的終末論である。ルターは自らを、宗教改革の先駆者と見なした。その宗教改革は、新しい天と新しい地の到来によってもたらされるであろう、あの改革である。[86] エラスムスおよびカルヴァンと対照的にルターは、自分が新しい時代の開始を生きているとは思わず、むしろ自分は時の終わりに立ち会っているのだと思っていた。ルターがイエスとパウロと共有していることを知っていた終末の切迫感が、彼の初期にも後期にも、彼の著作を通じて一貫して現在している。一五二一年に彼は、彼の父ハンスに宛てた公開書簡を、次のような主張で結んでいる。「主の日が迫ったことを、私は確信しています」[87]。そして再度一五四四年四月に、彼は自分の死を予見しつつ、またどの瞬間にも自分の死を予期しつつ、世界が今にも過ぎ去ろうとしているということを繰り返し述べた。「世界は、間もなく転変する。アーメン」と。[88]

働く神の発見は、「不動の動者」を、歴史の主へ変えるのみならず、神的タイムキーパーへ変えもする。その神は、悪に対する最終戦争への参戦において、全資源を残らず動員することを要求する。近代の研究が明らかにしたように、千年王国の夢を、スペインを通じて広め、それを新世界へ運んだのは、フランシスコ会士たちであった。[89] ルターにとって聖フランチェスコは、「永遠の福音」の新しい時代を始めたわけではなかった。[90] 聖フランチェスコに帰されるものは、ただ神のみが――間もなく――もたらすであろう、長い間待望された歴史の終わりの期待であった。

この鋭い時間感覚は、哲学の役割を削減しない。まさに時の終わりに偽使徒が登場するであろう――実際彼らは到来した！――。彼らはあらゆる種類の夢と認識を要求しながら登場するであろう。それゆえ注意し、はっきり認識することが、なおさら大切である。理性は神の存在を捉えることができないとしても、終わりの日々の混沌の中で、より重要な何か、実に本質的な何かをすることができる。すなわち理性は神を知らないとしても、しかし不敬虔、悪、不正が反対されるべきものであることを知っている。理性は信仰の神を理解することがないとしても、しかし不信仰、殺人、反逆を、あるとおりに、それも明白に認識する。[91]それゆえ終わりの時の混乱に際して、理性が神と悪魔の間の戦いにおいて案内人として仕えることは、理性の高貴な任務である。ルターの手の中において新しいパラダイムは、哲学を神学者たちの祈りの椅子から、「これらの最後の日々」の戦線へ移した。[92]

　ルターが受けた教育の背景の一部として「新しい方法」を組み入れようと真剣に努力するこれらのルター研究者たちでさえ、一五一二年にこの宗教改革者ルターが、彼の修道院の副院長ヨハネス・シュタウピッツの聖書教授職をひとたび引き継いだとき、ルターが受けた教育を背後へ捨て置かれるべき一断片として描く。少なくともその時点以降、ルターはこれらの研究者から見て、ひたむきな聖書学徒である。彼は聖書のみに彼の新しい研究の方向を設定し、中世教会を「新しい方法」共々背後に置き去りにし、日没と共に消え行かせる。ルターが思想の再方向付けを経験したことに疑いの余地はほとんどありえない。しかしその「新しい方法」はルターに哲学的方向付けを与えた。その哲学的方向付けは彼にとって、思想が行為へ変わったとき、また彼の「新しい方法」が宗教改革への方法へ変わったとき、案内者として、また目を開く者として機能し続けた。ルターの広範な、困難な、中世的修道制からの解放の過程の設計において、ルターを導いた教授が何よりもまず修道士であったことだけでなく、またルターの受けた教育が、それから先の戦いにおいて彼を支えた思考方法を彼に授与したことも、われわれは心に留めておく必要がある。学者であったルターが不本意にも、研究から離れて政治的舞台に登場したとき、反対、批判、そしてついには断罪という襲い来る試練に耐えて生き延びるために、彼は自分の全資源を注がなければならなかった。われわれはルターの上に及ぼされるノミナリズムの永続的影響についての問いを、抽象的術語で議論してもよかろうが、しかし彼が愛した民衆に親しまれた一つの格言の言葉で言えば、「プディングの味見は、それを食することのうちにある」。

（1）Edward P. Mahoney, "Metaphysical Foundations of the Hierarchy of Being According to Some Late Medieval and Renaissance Philosophers," in *Philosophies of Existence: Ancient and Medieval*, ed. Parviz Morewedge（New York: Fordham University Press, 1982）, 165-257.

（2）Heiko A. Oberman, *Harvest of Medieval Theology: Gabriel Biel and Late Medieval Nominalism*（Cambridge: Harvard University Press, 1963; reprint, Durham, N.C.: Labyrinth Press, 1983）.

（3）"Primo grammatica videamus, verum ea Theologica" *Operationes in psalmos*, Ps1:1（1519）WA 5.27, 8; AWA 2.29, 4; "secundum novam et Theologicam Grammaticam" *Commentary on Galatians*（1531/35）WA 40 1.418, 21-24.〔「はじめにわれわれは文法的問題を見よう。しかしそれを神学的問題として見なければならない」。「第二回詩編講義」詩編一編一節（一五一九年）、『ルター著作集第二集3』竹原創一訳、リトン、二〇〇九年、二〇頁。ルターはこの神学的文法を、聖書を開くための根本的鍵として指摘している。「いつであれあなたが聖書の中に、父祖たち、預言者たち、王たちについて、彼らがいかに偉大な業を成し遂げたか、死人をよみがえらせたか、国々を征服したか、等々を読むときはいつも、これらの同様な句を、新たな、神学的な文法に従って解釈すべきことに留意しなさい」。「ガラテヤ大講解」（一五三一／一五三五年）、『ルター著作集第二集11』徳善義和訳、聖文舎、一九八五年、三九四頁。〕

（4）"Fidei oculis et auribus opus est, ut haec verba spiritus audias et eorum rem videas. Homo enim non potest ea intelligere" Operationes in psalmos, Ps1:1（1519）WA 5.31, 11f = AWA 2.37, 5f.〔「この霊の言葉を聞き、その内実を見るためには、信仰の目と耳が必要である。なぜなら人間はそれを理解できないからである」。「第二回詩編講義」詩編一編一節（一五一九年）、『ルター著作集第二集3』竹原創一訳、リトン、二〇〇九年、二九頁。〕

（5）*Disputatio de homine*, Theses 4 and 5（1536）WA 39 1.175, 9-13.〔『ルター神学討論集』金子晴勇訳、教文館、二〇一〇年、二三〇頁〕ルターのアリストテレス批判は、ノミナリズムの根本的公理の無視、すなわち理性の領域と信仰の領域の間の境界線の無視に関わる。もしこの境界線による区分が尊重されているなら、アリストテレスは単に役立つだけでなく、実に尊敬されるべきである。おそらく一五一四年のクリスマスの日にヴィッテンベルクの「兄弟たち」に向けて話されたラテン語説教の中で、ルターはこの微妙なバランスをみごとに次のように表現している。「このすぐれた哲学、ただわずかな者によってしか理解されない哲学は、きわめて深遠な神学にとって役立つ」（WA 1.29, 27f.）。

（6）“Acta Iohannis Pauli PP. 2. Litterae Encyclicae cunctis cathclicae Ecclesiae episcopis de necessitudinis natura inter fidem et rationem,” *Acta Apostolicae Sedis* 91（1999）, 5-88, 40f., September 14, 1998.

（7）Etienne Gilson, *History of Christian Philosophy in the Middle Ages*（New York: Random House, 1955）, esp. 489-500. アーマンド・マウラー説「一三世紀に比すれば、一四世紀は、分裂と崩壊の時代であった」を参照。Armand A. Maurer, *Medieval Philosophy*, vol. 2 of *A History of Philosophy*, ed. Etienne Gilson, 2nd ed., 2vols.（Toronto: Pontifical Institute of Medieval Studies, 1982）, 265. しかしジルソンの弟子であり、後継者であるポール・ヴィグノーが、フィロテウス・ベーナーと共同で、ノミナリズムの意義の十全な再評価のための土台となる研究を据えたことは注目に価する。Paul Vignaux, *Luther: Commentateur des Sentences (livre 1, distinction 17)*, Études de Philosophie Médiévale 21（Paris: J. Vrin, 1935）; Philotheus Boehner, *Collected Articles on Ockham*, ed. E. M. Buytaert, Philosophy Series 12（St. Bonaventure, N.Y.: Franciscan Institute, 1958）. ユルゲン・ミートケは、*Ockhams Weg zur Sozialphilosophie*（Berlin: Walter de Gruyter, 1969）をはじめとして、オッカムの思想の政治的、法的、社会的意義を展開した。フランシスコ会の教会観およびサクラメント観の神学的意義の概略が、敬虔の神学の基礎を探求したベルント・ハムによって述べられている。Berndt Hamm, *Frömmigkeitstheologie am Anfang des 16. Jahrhundert: Studiën zu Johannes von Paltz und Seinem Umkreis*, Beiträge zur historischen Theologie 65（Tübingen: J. C. B. Mohr, 1982）; *Promissio, Pactum, Ordinatio: Freiheit und Selbstbindung Gottes in der scholastischen Gnadenlehre*, Beiträge zur historischen Theologie 54（Tübingen: J. C. B. Mohr, 1977）. ベルント・ハムの「敬虔の神学」の概念への導入のためには、彼の“Normative Centering in the Fifteenth and Sixteenth Centuries,” trans. John M. Frymire, *Journal of Early Modern History* 3（1999）, 307-354, esp. 325-330 and 307-309 参照。

（8）ハインリヒ・デニフレは、*Ergänzungen zu Denifles Luther und Luthertum*, Bd. 1: *Quellenbelege. Die Abendländischen Schriftausleger bis Luther über Justitia Dei (Rom. 1,17) und Justificatio*（Mainz: F. Kirchheim,

1905）への序文を書き終えた二週間後に死去した。一九七五年二月二七日の*Frankfurter Allgemeine Zeitung*誌上のヨーゼフ・ロルツ追悼文において、カール・オトマルはロルツの*Die Reformation in Deutschland*（1939/40）二巻本の注目すべき影響力を確認しただけでなく、ロルツがナチ組織「十字架と鉤十字」の共同設立者であったことにも注意を促した。

（9）第二次世界大戦中の希少な冊子において、ヨーゼフ・ロルツは、「エキュメニカルな対話を促進する」ための、宗教改革に関するテーゼを出版した。彼の典型的叙述の一つは次のものである。「たとえば、⑴真理に対して、⑵恩恵に対して、実存的関係を持たないものは、完全にカトリック的なものとは言えない。そのいずれの関係においても、ノミナリズム的オッカム主義が欠けている」。Joseph Lortz, *Die Reformation: Thesen als Handreichung bei ökumenischen Gesprächen*（Meitingen bei Augsburg: Kyrios-Verlag, 1940）参照。

（10）Hubert Jedin, *Kardinal Caesar Baronius: Der Anfang der katholischen Kirchengeschichtsschreibung im 16. Jahrhundert*, Katholisches Leben und Kirchenreform im Zeitalter der Glaubensspaltung 38（Münster: Aschendorff, 1978）; Erwin Iseloh, *Johannes Eck, 1486-1543: Scholastiker, Humanist, Kontroverstheologe*, Katholisches Leben und Kirchenreform im Zeitalter der Glaubensspaltung 41（Münster: Aschendorff, 1981）参照。

（11）Kurt Flasch, *Die geistige Mobilemachung: Die deutschen Intellektuellen und der Erste Weltkrieg: Ein versuch*（Berlin: Alexander Fest Verlag, 2000）, 71.〔「歴史心理学」（psychohistory）は、歴史の心理的側面を研究する学問。〕

（12）Hans Blumenberg, *Die Legitimität der Neuzeit*（Frankfurt: Suhrkamp, 1966）; Rudolph Lorenz, *Die unvollendete Befreiung vom Nominalismus*（Gütersloh: Gütersloher Verlagshaus Mohn, 1973）.

（13）ブルーメンベルクに対する資料に裏付けられた最良の批判は、ツア・ミューレンによって提示されている。zur Mühlen, *Reformatorische Vernunftkritik und neuzeitliches Denken dargestellt am Werk M. Luthers und Fr. Gogartens*, Beiträge zur historischen Theologie 59（Tübingen: J. C. B. Mohr, 1980）.

（14）そのような還元主義は稀になりつつある。Wilfrid Werbeck, "Gabriel Biel als spätmittelalterlicher Theologie," in *Gabriel Biel und die Brüder vom gemeinsamen Leben*, ed. Ulrich Köpf and Sönke Lorenz, Contubernium 47

(Stuttgart: Franz Steiner Verlag, 1998), 25-34.

(15) Eberhard Jüngel, "Quae supra nos, nihil ad nos: Eine Kurzformel der Lehre vom verborgenen Gott-im Anschluss an Luther interpretiert", in *Entsprechungen: Gott-Wahrheit-Mensch: Theologische Erörterungen*, Beiträge zur evangelischen Theologie 88 (Munich: Chr. Kaiser, 1980), 202-251.

(16) Eberhard Jüngel, *Gottes Sein ist im Werden: Verantwortliche Rede vom Sein Gottes bei Karl Barth: Eine Paraphrase* (Tübingen: Mohr, 1965).

(17) Desiderius Erasmus, *Novum Insrumentum* (Basel, 1516) *Apologia*, fo. bbb 8r.

(18) 近年の出エジプト記研究における契約解釈については、Werner H. Schmidt, *Exodus, Sinai und Mose*, Erträge der Forschung 191 (Darmstadt: Wissenschaftliche Buchgesellschaft, 1983), esp. 40-45.

(19) Jacques Lefèvre d'Étaples, *La Saincte Bible en Francoys* (Antwerp: Martin Lempereur, 1530).

(20) Martin Luther: *Die gantze Heilige Schrifft Deudsch*: Aufs new zugericht (Wittenberg 1545).

(21) Thomas Aquinas, *Summa Theologiae*, 1, q. 2, art. 3, *Sed contra*.

(22) *Opuscula sancti patris Francisci Assisiensis*, ed. Kajetan Esser, Bibliotheca Franciscana ascetica medii aevi 12 (Grottaferrata: Editiones Collegii S. Bonaventurae ad Claras Aquas, 1978).

(23) ボナヴェントゥラによる聖フランチェスコの受容については、*Franziskus, Engel des sechsten Siegels: Sein Leben nach den Schriften des heiligen Bonaventura*, Franziskanische Quellenschriften 7 (Werl: Dietrich-Coelde-Verlag, 1962), 33-47, 54-64, 105-128.

(24) *Sacrum commercium sancti Francisci cum Domina Paupertate*, ed. PP. Collegium S. Bonaventurae (Florentine, 1929).

(25) "*Research Bibliography*," in *Saint Francis of Assisi: Writings and Early Biographies: English Omnibus of the Sources for the Life of Saint Francis*, ed. Marion A. Habig (Chicago: Franciscan Herald Press, 1973), 1676-1760.

(26) Kajetan Esser, *Anfänge und ursprüngliche Zielsetzungen des Ordens der Minderbrüder*, Studia et Documenta Franciscana 4 (Leiden: E. J. Brill, 1966).

(27) Heiko A. Oberman, *Werden und Wertung der Reformation: vom Wegestreit zum Glaubenskampf*, Spätscholastik und Reformation 2 (Tübingen: J. C. B. Mohr, 1977), esp. 43-50.

(28) Stephan Hoest, *Reden und Briefe: Quellen zur Geschichte der Scholastik und des Humanismus im 15. Jahrhundert*, ed. And trans. Frank Baron, Humanistische Bibliothek, 2d ser., vol. 3 (Munich: Wilhelm Fink Verlag, 1971), 176.

(29) The Decree of March 1, 1473, in Cesar É. Du Boulay, *Ab anno 1400 ad annum 1500, vol. 5 of Historia Universitatis Parisiensis* (Paris, 1665-1673; Frankfurt: Minerva, 1965-1966), 706-710.

(30) Marsilius of Inghen, *Quaestiones super quattuor libros Sententiarum*, ed. Georg Wieland, Maarten J. F. M. Hoenen, Manuel Santos Noya, Manfred Schulze, vol. 1 of *Super Primum* SHCT, 87-88 (Leiden: E. J. Brill, 2000), esp. 47-52.

(31) Ed. Otto Herding, *Jakob Wimpfelings Adolescentia*, Jacobi Wimpfelingi opera selecta 1 (Munich: Wilhelm Fink Verlag, 1965), 381.; Wigand Trebellius, *Concordia curatorum et fratrum mendicantium* (Strasbourg, 1503).

(32) Johann von Staupitz, *Gutachten und Satzungen*, vol. 5 of *Sämtliche Schriften: Abhandlungen, Predigten, Zeugnisse*, ed. Lothar Graf zu Dohna and Richard Wetzel, Spätmittelalter und Reformation, Texte und Untersuchungen 17 (Berlin, Walter de Gruyter, 2001), 1-58.

(33) WAT 1.135, 11, no. 329; Wigand Wirt, *Dialogus Apologeticus contra Wesalianicam perfidiam* (Oppenheim, Germany, 1494); Otto Clemen, "Über Leben und Schriften Johanns von Wesel," *Deutsche Zeitschrift für Geschichtswissenschaft*, N.S. 2, Vierteljahreshefte (1897-98).

(34) Kaspar Elm, "Die Bedeutung Johannes Kapistrans und der Franziskanerobservanz für die Kirche des 15. Jahrhunderts," in *S. Giovanni da Capestrano nella Chiesa e nella Societa del suo tempo: Convegno storico internazionale VI Centenario della nascita del Santo, 1381-1981*, ed. Edith Pasztor (L'Aquila: Da Arti Grafiche Aquilane, 1990), 100-120.

(35) 上記注7を参照。 Berndt Hamm, *Frömmigkeitstheologie am Anfang des 16. Jahrhundert: Studiën zu Johannes*

von Paltz und Seinem Umkreis, Beiträge zur historischen Theologie 65（Tübingen: J. C. B. Mohr, 1982）.

（36）Christoph C. Burger, *Aedificatio, Fructus, Utilitas: Johannes Gerson als Professor der Theologie und Kanzler der Universität Paris*. Beiträge zur historischen Theologie 70（Tübingen: J. C. B. Mohr, 1986）.

（37）Constantin Fasolt, "Europäische Geschichte, Zweiter Akt: Die Reformation" in *Die deutsche Reformation zwischen Mittelalter und Früher Neuzeit*, ed. Thomas A. Brady, Jr. Schriften des Historischen Kollegs, Kolloquien 50（Munich: R. Oldenbourg Verlag, 2001）, 231-250.

（38）Leif Grane, *Contra Gabrielem: Luthers Auseinandersetzung mit Gabriel Biel in der Disputatio contra scholasticam theologiam, 1517*, Acta Theologica Danica 4（Copenhagen: Gyldendal, 1962）, esp. 380f.

（39）WA 1.226, Thesis 50.〔『ルター神学討論集』金子晴勇訳、教文館、二〇一〇年、五八頁。〕

（40）Disputatio Heidelbergae habita, Conclusio 19（1518）; WA 1.361, 32-36.〔『ルター神学討論集』金子晴勇訳、教文館、二〇一〇年、一一二頁。〕

（41）WAT 1, 330, 1, no. 683. この高い称賛の評価は、ボナヴェントゥラの「情動的神学」（theologia affectiva）が、神への神秘主義的梯子による理性の「高揚」に代わりえないものであることが明らかになったという、深い失望の表現を排除しない。Heiko A. Oberman, "Simul Gemitus et Raptus: Luther and Mysticism," in Oberman, *The Dawn of the Reformation: Essays in Late Medieval and Early Reformation Thought*（Edinburgh, T. & T. Clark, 1986）, 126-154.

（42）William J. Courtenay, "Nominalism and Late Medieval Religion," in *The Pursuit of Holiness in Late Medieval Religion*, SMRT 10（Leiden: E. J. Brill, 1974）, 26-59.

（43）Berndt Hamm, *Promissio, Pactum, Ordinatio: Freiheit und Selbstbindung Gottes in der scholastischen Gnadenlehre*, Beiträge zur historischen Theologie 54（Tübingen: J. C. B. Mohr, 1977）, esp. 483-486.

（44）Pierre d'Ailly, *Quaestiones super libros Sententiarum*（Strasbourg, 1490; reprint, Frankfurt: Minerva, 1968）, 1 Sent. q.13, art. 1 D.

（45）Heiko A. Oberman, *Contra vanam curiositatem: Ein Kapitel der Theologie zwischen Seelenwinkel und Weltall*,

Theologische Studien 113 (Zürich: Theologischer Verlag, 1974).

(46) WA 8.617, 17-35.〔「修道誓願についての判断」、『ルター著作集第一集4』徳善義和訳、聖文舎、一九八四年、三四七頁。「(修道制は神からのものではなく) 聖書から何の証言もなく、天的由来を証明するしるしも奇跡もなく、(他のすべての人間的伝承ともども大いに禁じられ、断罪されるべきものであるばかりでなく、まさしくキリスト教信仰と福音的自由に逆らうものであることが、こうしてわれわれに分かる」。〕

(47) *Fasciculus Morum: Fourteenth-Century Preacher's Handbook*, ed. and trans. Siegfried Wenzel (Pennsylvania State University Press, 1989).

(48) *Liber receptorum nationis Anglicanae (Alemanniae) in Universitate Parisiensi ab anno 1425 ad annum 1494*, ed. Astrik L. Gabriel and Gray C. Boyce, Auctarium chartularii Universitatis Parisiensis 6 (Paris: Marcel Didier, 1964), col. 331, n.11.; Maarten van Rhijn, *Studiën over Wessel Gansfort en zijn tijd* (Utrecht: Kemink en Zoon N. V., 1933), 112-126.

(49) M. Wesseli Gansfortii Groningensis rarae et reconditae viri, qui olim Lux Mundi vulgo dictus sint, Opera (Groningen, 1614; reprint, Nieuwkoop: n.p., 1966), 877.

(50) Heiko A. Oberman, "Wessel Gansfort: Magister contradictionis," in *Wessel Gansfort, 1419-1489*, and Northern Humanism, ed. Fokke Akkerman, Gerda C. Huisman, Arie Johan Vanderjagt, Studies in Intellectual History 40 (Leiden: E. J. Brill, 1993), 97-121; H. A. K. Braakhuis, "Wessel Gansfort between Albertism and Nominalism," 30-43.

(51) Gansfort, Opera, 419.

(52) Gansfort, Opera 60.; Heiko A. Oberman, "Wessel Gansfort," 115 n.52. 上掲注50参照。

(53) Clemen, "Johann von Wesel," 148-155; reedition, 108-115; Ludwig Hödl, "J. Rucherat von Wesel," in *Lexikon des Mittelalters* 5 (1991), col.598; Winfried Eberhard, "Johannes v. Wesel," in *Lexikon für Theologie und Kirche*, 3d ed., vol. 5 (1996), col.977; Gustav Adolf Benrath, "Johann Rucherat von Wesel," in *Theologische Realenzyklopädie*, vol. 17 (1988), 150-153.

(54) Gerhard Ritter, *Neue Quellenstücke zur Theologie des Johann von Wesel*, vol. 3 of *Studien zur Spätscholastik* (Heidelberg: C. Winter Verlag, 1926-1927), 3-105.

(55) Ibid., 24.

(56) Ibid., 26.; cf. Charles du Plessis d'Argentre, *Collectio judiciorum de novis erroribus*, vol. 1, pt.2 (Paris: Andraem Cailleau, 1728)

(57) 小事にこだわって、大事を見逃すこと (Spitzfindigkeiten); 上掲書 Ritter, Neue Quellenstücke, 17.

(58) *Apologia Confessionis Augustanae* (Wittenberg, 1531), article 7 in *Die Bekenntnisschriften der evangelisch-lutherischen Kirche* (Göttingen: Vandenhoeck und Ruprecht, 1998), 238, line 21.

(59) John of Wesel, *Adversus indulgentias disputatio*, ed. Christian W. F. Walch, vol. 1, pt. 1 of Monumenta Medii Aevi (Göttingen, 1757), 111-156.; Gustav Adolf Benrath, *De indulgentiis, in Reformtheologen des 15. Jahrhunderts: Johann Pupper von Goch, Johann Ruchrath von Wesel, Wessel Gansfort* (Gütersloh: Gütersloher Verlagshaus G. Mohn, 1968), 39-60.

(60) Wesel, *Adversus indulgentias*, 117; *De indulgentiis*, Benrath, 41.

(61) 贖宥を正当化する約束は、聖書におけるイエスの言葉にはない。

(62) Wesel, *Adversus indulgentias*, 118; *De indulgentiis*, Benrath, 41.

(63) Johannes von Paltz, *Supplementum Coelifodinae*, Vol. 2 of *Werke*, ed. Berndt Hamm with Christoph Burger and Venicio Marcolino, Spätmittelalter und Reformation, Texte und Untersuchungen 3 (Berlin: Walther de Gruyter, 1983), 48, 17-21. Cf. Hamm, *Frömmigkeitstheologie*, 268, 291).

(64) Gustav Adolf Benrath, *Wegbereiter der Reformation*, Klassiker des Protestantismus 1 (Bremen, 1967), 443-445.

(65) Wesel, *Adversus indulgentias*, 119; *De indulgentiis*, Benrath, 42; Benrath, *Wegbereiter*, 445.

(66) Wesel, *Adversus indulgentias*, 117; *De indulgentiis*, Benrath, 41.

(67) WA 8.656, 25-27.〔「修道誓願についての判断」、『ルター著作集第一集4』徳善義和訳、聖文舎、四二一頁。〕

(68) WA 8, 586, 30-32.〔「修道誓願についての判断」、『ルター著作集第一集4』徳善義和訳、聖文舎、二八八頁。〕

(69) WA 8, 654, 9-11.〔「修道誓願についての判断」、『ルター著作集第一集4』徳善義和訳、聖文舎、四一六頁。〕

(70) Heiko A. Oberman, "Quo vadis, Petre? Tradition from Irenaeus to Humani Generis" (1962), in Oberman, *Dawn of the Reformation* (Edinburgh: T. & T. Clark, 1986), 269-296, esp. 286-289.

(71)「ヴェーゼルは、ルターの宗教改革にいかなる影響も及ぼさなかった」。Benrath, "Johann Rucherat von Wesel," 152, line 43.

(72) Johannes Cochlaeus, *Commentaria de actis et scriptis Martini Lutheri Saxonis* (Mainz, 1549; reprint, Farnborough, England: Gregg, 1968), 7.

(73) James H. Overfield, *"A New Look at the Reuchlin Affair," Studies in Medieval and Renaissance History* 8 (1971), 167-207.

(74) Peter Godman, *The Saint as Censor: Robert Bellarmine between Inquisition and Index*, SMRT 80 (Leiden: E. J. Brill, 2000).

(75) David V. N. Bagchi, *Luther's Earliest Opponents: Catholic Controversialists, 1518-1525* (Minneapolis: Fortress Press, 1991); Michael Tavuzzi, *Prierias: The Life and Works of Silvestro Mazzolini da Prierio, 1456-1527*, Duke Monographs in Medieval and Renaissance Studies 16 (Durham, N.C.: Duke University Press, 1997), esp. 88-91, 104-115.

(76) Walther Ludwig, "Literatur und Geschichte: Ortwin Gratius, die 'Dunkelmännerbriefe' und 'Das Testament des Philipp Melanchthon' von Walter Jens," in *Mittellateinisches Jahrbuch* 34, no. 2 (1999), 125-167.

(77) グラティウスの序文付きの第二版の表題は、*Fasciculus rerum expetendarum ac fugiendarum* (Cologne, 1535) である。

(78) *Fasciculus rerum*, fol.163r.

(79) Charles du Plessis d'Argentre, *Collectio judiciorum de novis erroribus,* vol. 1, pt.2 (Paris: Andraem Cailleau, 1728; reprint, Brussels: Culture et Civilization, 1963) 291-298.

(80) D'Argentre, *Collectio judiciorum*, 297, right col.; 293, left col.; 298, left col.

(81) WA 9.23, 7; WABr 1.88., no. 34; Gerhard Ebeling, "Philosophie und Theologie," in *Luther, Einführung in sein Denken* (Tübingen: J. C. B. Mohr, 1965), 79-99.
(82) WABr 1.171, 72, no. 74.
(83) 上記注40参照。
(84) Kenneth Hagen, *A Theology of Testament in the Young Luther: The Lectures on Hebrews*, SMRT 12 (Leiden: E. J. Brill, 1974), esp. 117-119; Hamm, *Promissio, Pactum, Ordinatio*, esp. 361, 366, 375, 379.; Oswald Bayer, *Promissio: Geschichte der reformatorischen Wende in Luthers Theologie*, Forschungen zur Kirchen- und Dogmengeschichte 24 (Göttingen: Vandenhoeck und Ruprecht, 1971), 119, 241-253.
(85) Luther, "Sermo de Testamento Christi" (April 8, 1520), WA 9. 448; 9. 35-449, 5.
(86) Heiko A. Oberman, "Martin Luther: Vorläufer der Reformation," in *Verifikationen: Festschrift für Gerhard Ebeling zum70. Geburtstag* (Tübingen: J. C. B. Mohr, 1982), 91-119; Oberman, "Hus and Luther: Prophets of a Radical Reformation," in *The Contentious Triangle: Church, State and University: A Festschrift in Honor of Professor George Huntston Williams*, Sixteenth Centry Essays and Studies 51 (Kirksville, Mo.: Thomas Jefferson University Press, 1999), 135-166.
(87) WA 8.576, 23: "De votis monasticis iudicium."〔「修道誓願についての判断」、『ルター著作集第一集4』徳善義和訳、聖文舎、二六八頁。〕
(88) WABr 10.554, 8, no. 3983. 一五四四年四月一七日頃ヴィッテンベルクからブレーメンのヤコプ・プロプスト宛の手紙。
(89) E. Randolph Daniel, *The Franciscan Concept of Mission in the High Middle Ages* (Lexington, Kentucky: University Press of Kentucky), 1975.
(90) (フランシスコ会の改革修道院のザクセン支部の代表者、すなわちヴィッテンベルクに召集された「マルティン派」と、ヴィッテンベルク神学部のメンバーとの間での) 一五　九年一〇月三一—四日の公開討論の、両派にとっての出発点は、フランシスコ会側によって推進された基礎的「最初の大前提」(prima propositio) である。Gerhard

Hammerによる編集版『フランシスコ会討論』"Franziskanerdisputation" (1519), WA 59, 678, 6f.; 686, 29f.

(91) WA 8, 629, 26-29.〔『修道誓願についての判断』、『ルター著作集第一集4』徳善義和訳、聖文舎、一九八四年、三六九頁。〕

(92)『修道誓願についての判断』(一五二一年)において、第二ペトロ書三章三節が、ルターによって注目されている。WA 8, 644, 2.

〔訳注1〕WAT, 1.330, 1, no. 683.

〔訳注2〕アリストテレス『自然学』第七巻一章、第八巻四、五章、『形而上学』第一二巻八章に出て来る概念。それを受けてトマスは、『神学大全』第二問三項で、「なにものによっても動かされない、第一の動者」としての神について論じている。

〔訳注3〕Constantin Fasolt、一九五一年ドイツ生まれ、ボン大学、ハイデルベルク大学で学んだ後、一九七五年にアメリカのコロンビア大学へ移り、中世史を研究し、一九八一年にPh.D.取得、一九八三年以来シカゴ大学で「中世および初期近代のヨーロッパ史」を担当。「公会議」論で草分け的業績を上げる。

〔訳注4〕Wigand Trebellius, *Concordia curatorum et fratrum mendicantium* (Strassbourg, 1503).

〔訳注5〕ヴェーゼルのヨハンの本名は、ヨハン・ルフラート(Johann Ruchrat)であった。

(竹原創一訳)

第三章

マルティン・ルター――獅子の洞窟の中の修道士

宗教改革的転回後の障壁

二〇世紀後半になると、ルターの宗教改革的転回について、その時期と本質の問題をめぐって再び集中的な議論が行われることになった。それまでルターについては、一方で、かつてない優れた福音の発見者として、困難な問題を解決した神のような存在（deus ex machina）であったとする理解があり、他方、ルターは中世のすぐれた真理の証人たち（*testes veritatis*）――いわゆる先駆者たち――に連なる最後の存在であったとする理解があった。この二つの理解の間で困難を極めたルター研究の中にあって歴史家たちは慎重に研究を進め、ルターの問題が宗教改革へと進展してゆく最初の段階を明らかにしようとして、彼の初期の神学について精細な研究を行った。この研究に携わったハインリヒ・ボルンカムやマルティン・ブレヒト、デイヴィッド・シュタインメッツといった学者たちは、ルターの新しい神学プログラムが聖書学教授としての任務を遂行する中で展開されたものであったことを明らかにし、ルターが使用した――あるいは使用しえたであろう――聖書の注釈本をも視野に入れて、ルターをコンテクストの中に置くことを試みた。すでにゲルハルト・エーベリングやサムエル・プレウスによってルターの新しい解釈学の特質が明らかにされていたこともあり、彼らの試みは成果を収めた。さらに重要な研究を進めたのが、クリストフ・ブルガーやベルント・ハム、スティーヴン・オズメントであった。それまでの研究対象が学術的権威をもつ哲学や神学に限定されていたのに対して、彼らはその枠を広げ、信仰書を含む広い範囲にわたって考察を行った。すなわち、偽ベルナルドゥス、偽ボナヴェントゥラ、ジェルソン、タウラー、新しい信心などから多様に影響を受けた信仰書が――そのすべてが神秘主義の書というわけではなかったが――考察の対象とされたのである。

そうして「第一回詩編講義」(*Dictata super Psalterium*, 一五一三―一五一六年)から「第二回詩編講義」(*Operationes in Psalmos*, 一五一九―一五二一年)[1]にかけて、ルターの思考が興味深い展開を遂げる様子が詳細に跡付けられ、ルター神学の進展が新しい仕方で表現されるようになった。例えば、ルターはこの間、聖書の諸文書は第一に黙想のテキストとして意図されたもので、教理の源泉として考えられたものではなかったと次第に認識するようになったことが明らかにされた。もっともルターの事件(*causa Lutheri*)が政治的に爆発し、一五二一年四月にヴォルムスで皇帝の下へ出頭するよう命じられたことにより、この方向で進められていた研究は突如、中断されることになった。その一方で、宗教改革的転回の問題についても研究が進められた。これまでと同様、それがすでに一五一四年に起こっていたのか、あるいは一五一八年になってはじめて生じたのか、という議論が続けられたが、これについてはなお合意が得られていない。[2] しかし、厳密性を要し、骨の折れるこの研究に携わった学者たちはみな、以下の点においては一致している。すなわちルターは一五一三年と一五一九年の間に、彼の言うところの聖書の「神学的文法」を探究し、聖書の新しい語彙を展開させていた、ということである。[3]

ルターがエアフルトで受けた教育は、ウィリアム・オッカムやリミニのグレゴリウス、ピエール・ダイイやガブリエル・ビールの伝統のもとに行われていた。人間の語る言葉を永遠のロゴスの反響としてではなく、自然のしるしと説明する彼らの革新的な思考は、ルターにも影響を与え、宗教改革への道を促した。彼らは *nominales* あるいは *moderni* と呼ばれ、今日では一般にノミナリストとして知られるが、彼らは学術用語からあらゆる思弁性を排除することに努めた。「言葉は解き放たれた」(*nomina sunt ad placitum*)というスローガンをもって彼らは解放の雄叫びを上げ、伝統的な学問からの自立を謳った。そうして文献学や言語学の領域では、学術用語を文脈の中で定義し、正確な表現や議論形式(*modus loquendi as dicendi proprietas*)に努めることが新たに要求されることになった。ノミナリストはこの優れたプログラムによって、修辞学を擁護するルネサンスの人文主義者たちに歓迎され、彼らに結びついてゆく。そして両者は相互に影響し合ったのである[4]。

ルターをかつてない新たな発見へと導いたのは、このような仕方で行われた聖書固有の語彙の探求であった。その中でルターが次第に意識するようになったのは、聖書の神が預言者や使徒たちと対話する方法や言葉は、伝統的スコラ学の思弁的文法においては顧みられておらず、そこに反映されてもいないということ、そしてこのスコラ学の思弁的文法にはアリストテレスの定義が浸み込んでいる、ということであった。このような背景の下で、ルターは「信仰の目と耳」の必要性を主張した。神の言葉と道は予期せぬもので、われわれの地平のはるか向こうにあるため、聖霊の働きなしには「人間誰しもそれらを理解することはできない[5]」。一五〇九年という極めて初期の欄外書き込みで、ルターはすでにアリストテレスを信頼できないおしゃべりとか嘘つき(*fabulator*)[6]と言って退けているが、それはアリストテレスの物質界についての印象深い包括的な分析に向けられたものではなく、神の言葉を引用する際に持ち出される彼の権威に向けられたものであった[7]。ルターのこのアウグスティヌス的な理解は、グレゴリウス的方法(*via Gregorii*, リミニのグレゴリウスと彼のノミナリズム的プログラムにちなんで名付けられたもの)と結びつき、エアフルトのノミナリストの神学派と哲学派の間に緊張を引き起こすことになった。ルターは一五一八年に、彼のかつての哲学教師でエアフルトの傑出したノミナリズムの理論家ヨドクス・トルトフェッターに手紙を書き、その中で、彼にはアリストテレスへの批判的な距離が極めて欠如していると、厳しく非難している[8]。ルターはすでに一五一七年四月にスコラ神学への攻撃を開始しており、光と闇の比喩を用いながら、それまでのアウグスティヌス主義者の誰よりも徹底的に、神学書からアリストテレスを削除しようとしていたのである。

ルターはこの手紙を書く前にすでに自らの見解を公にしていたので、トルトフェッターは、ルターのアリストテレス批判に驚かなかっただろう。ルターがこのかつての教師にずっと恩義を感じていたと述べていることは、それゆえいっそう注目に値する。「最初に教えてくれたのはあなたです。われわれの信仰が拠るのは聖書のみであり、ほかの大家の書は批判的に読まれねばならない、と」[9]。ルターのこの言葉は、のちのプロテスタントの原理である「聖書のみ」を意味するものと理解されてはならない。というのも、聖書のみ（*sola scriptura*）は全スコラ学を通じて討論の伝統的な基本原則であったからである。ここでルターが言おうとしているのは別のことで、われわれの目的にとっては、はるかに重要なことである。すなわち、聖書においては神が自らの語彙の意味を明らかにするということ、あるいはルターが用いていない表現を使うなら、神が自らの言葉の意味を明らかにする（*nomina sunt ad placitum Dei*）ということである。誠実な解釈者は神の語り方（*modus dicendi*）に注意を向ける。そして聖書神学の真髄を読み解こうとする読者に対して、聖書のみが神の文法を示すのである。このような理由から、ルターはロイヒリンの一五〇六年の『ヘブライ語入門』（*De rudimentis Hebraicis*）を価値ある道具と称賛し、一〇年後には、ロッテルダムのエラスムスによる先駆的な『ギリシア語新約聖書』（*Novum Instrumentum*）の出版を優れた出来事と歓迎したのである[10]。

大西洋の両側でそれぞれ独自に研究を進めていた何人かの歴史家が、「契約」（*pactum*）の語と、その変形としての「誓約」（*testament*）と「約束」（*promise*）の語に着目し、それらが「ヘブライ書講義」（一五一七年四月—一五一八年三月）で展開されたルターの新しい神学に決定的な役割を果たしたことを明らかにするという、優れた成果を収めた[11]。それによると、ルターは「契約」の語に集中することにより、神はトマス的な至高の存在ではなく、歴史の中で働かれ、関係を結ばれる神であることを発見した。すなわち、神は動かない起動者ではなく、きわめて動的な誓約と約束の付与者であり、信頼しうる誠実な神であることを見出したのである。

この契約神学が最初期のルターの思考にどの程度、根を下ろしていたのか、また彼が神の誓約（testament）を探究する中で、信仰のみによる義認の教理をどのように発見し、それが教会論やサクラメント論にどのような影響をもたらすことになるのか、今日われわれはよく知っている。[12] 伝統的な研究では、ルターの信仰義認論と彼の聖餐理解は別々に扱われてきたが、これは間違いである。というのは、ルターは一五二九年のマールブルク会談で、聖餐における *significat* を象徴と理解するツヴィングリの解釈を激しく退けたが、これはルターの聖餐の制定語の解釈と直接、関係しているからである。すなわち、この信頼しうる契約の約束を人間の論理の範疇に納めるのは危険だということである。働かれる神は理性によっては理解されない。神は言葉と行為において自らを示される。すなわち説教、罪の赦し、水、パン、ぶどう酒を通じて自らを啓示される、ということなのである。

上述のエアフルトのトルトフェッターに対するルターの対立と、チューリッヒのツヴィングリへの対立を相互に関連させて考えるなら、宗教改革的転回についての伝統的な見解が明らかに限界をもっていることに気付くだろう。私のこの留保は、宗教改革的転回が一五一四年に近いのか、あるいは一五一八年に近いのかという問いに関するものではない。また私が別のところで行った議論、すなわち宗教改革的転回は正確には、神の義（*iustitia Dei*）のキリストの義（*iustitia Christi*）への変化を意味する、という議論に関するものでもない。[13] 私が留保するのは、一回限りの宗教改革的転回という考えはロマンティックで非現実的だと考えるからである。つまり力強い神のブルドーザーがやって来て、宗教改革への途上にあるすべてのバリケードをいっぺんに粉砕した、という考えは現実的でないということである。この考えにより道を誤った研究者たちは、ルターの思考の重要な展開に目を止めてこなかった。われわれはこれを追跡してゆかねばならない。ルターは恵みの神を探究する中で見事な転換を経験した後も、なおいくつかの重要な決断の前に立たされていた。最も重要な決断の一つは、きわめて実存的なものであった。すなわち、自分は正しい生活を送っているか、信従、清貧、貞潔を永遠に誓い、神への奉仕に身をささげるアウグスティヌス厳修修道会の修道士として正しく生活しているのか、ということであった。[14]

命を得るための拘束は一生の無知を意味する――修道誓願

ルターは一五二一年に修道誓願について再考察を行った。そして、これによりヨーロッパの宗教的、文化的生活の転換がもたらされた、と長年、理解されてきた。実際、ルターが同年の『修道誓願についての判断』（*De votis monasticis iudicium*）で永遠の誓願を否定したことは、修道院生活に対する正面攻撃であったと言うほかない。これは、中世のキリスト教道徳の完全な再解釈を意味するものであった。すなわち、完全への確かな道というあり方、神への奉仕という限りない献身の生活によって成就される、救いへのより確かな道（*via securior*）というあり方が、問題とされたのである。[15] 近年の研究において、ルターのこの論文は「かつてなされた修道制批判の中で最もラディカルな」ものであり、二度目の回心を体験した修道士、托鉢修道士、修道女たちの「大運動」を解き放つ機能を果たした、と理解されてきた。すなわちこの論文により、かつて彼らの生活の存在根拠であった修道院像は意味を失い、それに対して戦うことが「第二の召命」と受け止められた、と説明されてきたのである。[16] このようにルターのこの論文は、過去との明らかな断絶（*klarer Schnitt*）をもたらしたものとして劇的に表現され、プロテスタント教会の中でもかつてはこのような理解が支配的であった。しかし、果たしてそうであったのだろうか。ルターの入口（*apertura*）の問題、すなわち彼が修道院の壁を突破した問題を正しく評価するためには、ルターが彼の身を包んでいた修道服の問題に取り組んだ諸段階を見なくてはならない。ルターが一五二四年一〇月九日に修道服を脱ぐまでには、まだ三年かかるのである。より正確な考察を行うことにより、これまで言われてきた明らかな断絶が、それほど明確なものではなく、興味深い不透明な層に満ちていることが分かるのである。

学校であり、牢獄でもある修道院

出発点として一五一八年に続く時期を選ぼう。これは宗教改革的転回の推定時期として最も遅く定められた時期にあたる。修道生活の存続の可能性について、一五一九年にルターはまだ答えを出していなかった。「第二回詩編講義」を始めたこの年に、ルターはキリスト者の自由とこの世の務めの弁証法について、その草稿を書き始めた。これは一五二〇年の『キリスト者の自由』(*De libertate Christiana*)において力強い牧会の宣言として表現されることになる。またルターは一五一五年にチューリンゲンとザクセン地方の一〇のアウグスティヌス修道会の代理者(Vikar)に選ばれ、その選任式(五月一日、ゴータ)の説教で、陰口は分裂をもたらす罪であるというテーマについて語っていたのだが、この時期に再びこの問題を取り上げている[17]。しかし今回は、陰口は厳修修道士によくある罪としてではなく、すべての神無き者(*impii*)の典型的な特徴として述べられている。聖アウグスティヌスの規則からのちょっとした逸脱であったものが、今や信仰者(*populus fidelis*)に大きく対立するものと見なされるようになったのである。陰口を言う者は、キリスト教的自由に基づき真の礼拝を典礼に限定しないすべての者を攻撃する。彼らは、聖日や特別な時、決められた業や神聖な場所に魅惑されているので、「隣人が餓死しても、自分たちの儀式から離れず、わずかたりとも動かない[18]」。それとは対照的に、真のキリスト者はどのような時にも慈善を行い、あらゆる援助をもって、どこにおいても、誰に対しても、それがユダヤ人であれ、非ユダヤ人であれ、ギリシア人であれ、異邦人であれ、慈善を行う。キリスト者は「真にあらゆる時を生きる人である[19]」と、ルターは言う。

ルターの論駁――現代の感覚からすると時代錯誤的な言葉である――と言われてきたものを理解するためには、ルターが一五一九年に彼のお気に入りのテーマである陰口の問題に戻ってきたことに注目すべきである。神をもたない不信仰者、神の敵は、閉ざされた共同体である、とルターは言う。彼らは聖なる場所や聖なる勤め、聖なる時間という牢獄の中に自らを閉じ込め、外の世界を悪の巣として区別し、貶める。その結果、彼らはすべてのもの、すべての人に対して激しく陰口をたたき、あらを探し、常に責め立てる。こうして彼らは、真のキリスト者が善に達するのと同じくらいの強さで、悪に達する。「彼らがあの悪のエネルギーすべてを真の良き業へと向けるのであれば、真の敬虔の目標はすぐに達成されるだろうに[20]」とルターは言う。リチャード・マリウスは宗教改革をルターの「非理性的な憤激」によって解き放たれた「西洋文明の大惨事」と表現したが、これは預言者的な抗議の声を、反教会という組織的な憤激と対照させて、心理学的問題に解消し、矮小化するものであると言えよう[21]。

もしルターが、分裂をもたらすことになる自己義認への攻撃を止めていたなら、ルターは、もともと幾人かの厳修修道士に向けていた攻撃を一五一九年に拡大しただけであった、と結論しうるかもしれない。一五一五年の段階で、アウグスティヌス修道会の代理者であった修道士マルティヌスにとって、攻撃の対象は、修道院規則（*Constitutiones*）――すなわちアウグスティヌス修道会修道士の日常生活を規定する規則――の文言に、不安をもちつつ、それゆえ過度に固執する熱狂的なファリサイ派的グループであった[22]。彼らは黄金律を離れて、規則にしがみついている、とルターは批判したのである。このような批判がなされたことにより、一五一九年までに彼らを区別していたかつての境界線が確かなものとなり、先鋭化されて、不信仰者と信仰者がラディカルに分断され、黄金律からの哀れな逸脱者は力強い悪魔と理解されるようになっていた、と安易に考えてしまうかもしれない。しかしながら、ルターの批判は修道院生活そのものへの批判であったと理解することはできないだろう。もっともルター自身は、そのような印象を与えてしまったと感じており、そのため、修道院生活を完全に放棄すると言っているのではないと、はっきり否定しなくてはならなくなった。「教会や修道院の規則や儀式（*caerimoniae*）に反対であるから、こう言っているのではない。そうではなく、自らの意志を放棄し、あらゆる点ですべての人に仕える用意をし、信従を学ぶために修道院に入るというのが、はじめから修道院生活の本質であった、ということなのだ。修道院はキリスト教的自由を学び、その自由において成長する訓練所であった。この本来の目的に仕える修道院は、今日もなお、そのようにあるのだ（*sicut adhuc sunt*）[23]」。Sicut adhuc sunt ――今なおそのようにある――という表現は、ルターの後のものと比べると極めて保守的である。しかしルターがこのように修道院を称賛し、正当化したからといって、彼が修道院制度を、いつの時代にもキリスト教的生活の一部であるようなキリスト教の本質的な特性とみなした、と結論することはできない。かつて旧約聖書の儀式的律法の部分が廃棄されたように、修道院制度も廃止されうる、とルターは言うのである。「つまり、古い律法の儀式は真の純粋な敬虔の優れた実践形式であった。しかし、それが悪の意図によって自由を葬り、儀式的規定に従うという口実の下に真の敬虔の炎を消し、その結果、自由を隷属へと変えたとき、これらの儀式すべてを廃止しなければならなくなった。それと同様に今日も、修道院規則が魂を陥れる罠となり、真の敬虔への厄介な妨げとなる場合には、真の牧者は規則のこの猛威（*tumultus caerimoniales*）を退けなければならない[24]」。しかし一五一九年には、修道院はなお霊性の中心にあった。修道院生活はなお目的に適い、機能していたのである。

終わりの時の預言者

一五二一年に、この忠実な牧者の時が来た。神の言葉に基づかないという理由から、それどころか（*immo*）、「神の言葉を妨げる[25]」という理由から、修道誓願が廃止される時が来たのである。『修道誓願についての判断』の論文は、その内容が大変豊かであるため、ルター研究者たちがその内容をまとめるのに苦労してきたのも無理はない。しかし、われわれはルターの神学的立場を単に時間を追って書きとどめるだけでなく、修道院生活という実存的な問題に対する彼の考えが何によって変えられたのかを見出さねばならない。この変化が起こったのは、対立が大きくなる二つの決定的な年の間、すなわち一五一九年の終わりとルターがヴァルトブルクで『修道誓願についての判断』を書き起こした一五二一年一一月の間である、と一般的には言われている。幸いわれわれはそれをより厳密に、それどころか、かなり明確に定めることができる。ルターの意識していない、またわれわれの知らない多様な要因があったのであろうが、ルターにはある要因が突出した意味をもっていた。それは差し迫った終末という緊迫した意識であった。このことが分かれば、この変化が生じた時点に近づくことができる。ルターが「この終わりの時に[26]」生きていることを強く意識するようになったとき、それは一五二〇年の二月末頃であった。

ルターを国際的プロテスタンティズムの父と理解する傾向のある宗教改革研究者たちは、ルターの使信が中世的二重道徳からの宗教的、政治的解放という意味をもつことを強調してきた。この二重道徳とは、一般の人々にはキリスト教的命令（*praecepta*）の一般的基準で十分であるとし、他方、誓願者に対しては、もう一つの頬を差し出し、さらに一マイル行く（マタ五・三九、四一）という山上の説教の英雄的勧告（*consilia*）に従うことを要求するものである。ルターはこの二重道徳からの解放により、将来の人類に対し、修道院の壁の外の欠くべからざる社会に対して優れた責任感をもつという、開かれた意識を与えた。そうしてルターは中世のキリスト教を近代の入り口にまで押し上げたのだと、これらの研究者たちは言う。しかし、ルターは近代の前夜に生きていたのではない。終わりの時を生きていたのである。[27]「この終わりの時に」バビロンの獄に囚われ、行為による義認のくびきに捕らわれ、息絶え絶えであったカトリック教会を、ルターはきわめて切迫した意識をもって守ろうとしたのである。誓願は終わりの時に教会や社会を攻撃する悪魔の破壊的武器となることをルターが理解したとき、この新しい切迫性は確かなものとなった。悪魔は天国への王道と見せかけてわれわれを欺き、われわれのもつ最善のもの、最高の願いを倒錯させるのだ、と理解したのである。

『修道誓願についての判断』の序文は父ヨハネスに宛てられたものであるが、この序文の頂点にあるのは、「主の日は近い[28]」というルターの言葉である。ルターはこの使信が理解されるように、最高位の使徒パウロとペトロを引き合いに出した。すなわち、聖パウロ（二テモ三・一）を引用して、自分たちが「危機の時の中に」（*periculosa tempora*）生きていることをルターは示す。[29]また「終わりの時」（*in novissimis diebus*, 二ペト三・三）の恐るべきカオスについて語る聖ペトロの預言者的な言葉に拠りつつ、われわれは終わりの時に、福音を破壊する欺く者（*illusores*）によって誤った方向へ導かれる、[30]とルターは語るのである。すでに長い間、ルターはアリストテレスを欺く者、スコラ神学の歪曲者と見なしていたが、今やこの欺きの範囲が拡大され、キリスト者の自由を破壊し、福音を抑圧する悪魔的力すべてを含むものとされた。ひと時も失うことができない状況の中で、良き羊飼いは終わりの時の預言者となるのである。「まだ」（*adhuc*）ということにより和らげられていた一五一九年の弁証法は、総動員への呼びかけと抵抗のプログラムへと成長していった。[31]聖パウロと聖ペトロが預言した「この終わりの時」の悪魔的な脅威を、ルターは一五二〇年二月に恐ろしく理解し始め、一五二一年一一月にそれを書き表したのである。ルターはこの宣言をラテン語で書いたため、はじめは教養あるエリートにのみそれは伝えられたが、ルターの情熱的な散文の力は、中級程度のラテン語読者にさえ、感銘を与えるほどであった。[32]

このようにルターはすでに革新的な展開を遂げていたにもかかわらず、彼は真の福音的修道生活をなお可能と信じていたことに注意しなければならない。ルター自身は、さらに三年の間、修道院にとどまるのである。神の報酬を求めることから良心が自由であれば、誓願を行ってよいとルターは考えていた。しかしその際には、修道院生活は世俗のどの職業よりも決して高次にあるものではない、ということが完全に理解されねばならない。キリスト教的愛（*caritas*）により修道院の外の務めへ召されるのであれば、その人が「誓願にしがみつくのは重大な罪を犯すことになる」[33]。人は修道院の本来のあり方に従って、教育や紀律のために修道院に留り、あるいは入る、という良心の決断を行うのである。もっとも、人が下心なしに修道院に入り、留まっているのかについては判断が難しい。「この危機の時に」正しい境界線を引こうとするのは、実際、危険である。[34]しかし一つ理解されねばならないのは、誓願はその本質において時間的なものだ、ということである。用心し、備えよ！　命を得るために自らを拘束することは、生涯にわたる無知を意味するのである。

修道院の扉を開け放て――信仰のみ

長く温められてきたルターの思考は、一五二八年に最終的に完成した。修道院生活についての一五のドイツ語の提題「修道院生活は非キリスト教的である」(*Das Closter leben unchristlich sey*) が提出されたのである。この提題は一五二八年の日付が記された一つの手稿によって伝えられ、そこではこの提題の内容が『修道誓願についての判断』からの抜粋であることが示されている。この提題はその後、出版されるが、より早い一五三一年に出版された三つの書の奥付のタイトルを見ると、ルター以外の誰かがこの一五の提題を抜粋したようにも推測される。しかし編集者が正しくも指摘しているように、一五二八年の手稿の提題は、新しい表現をかなり多く含んでおり、筆写による単なる抜粋とは考えられない。この提題が書かれるきっかけとなったのは、おそらくある有名な出来事、ミュンスターベルクの侯爵夫人ウルズラが、一五二八年一〇月六日にフライブルクのザンクト・マグダレーナ修道院を出るという劇的な決断をしたことであったと考えられる。ルターは彼女の生のために (*pro vita sua*)、彼女の弁明書のあとがきを書いているからである[35]。

ルターはこのあとがきを、侯爵夫人の修道院脱出 (Klosterflucht) ――修道院から世界へ出てゆくことをこのように表現するのは問題かもしれない――を正当化するために書いたのだとしても、ルターがこの一五二八年に彼自身の誓願を解釈し直し、一五一九年の「まだ」(*adhuc*) を放棄したことは明らかである。そして良心をもって修道院に入り、そこに留まるのであれば修道院生活は可能だとする福音主義的選択をも、ルターは捨て去ったのである。『修道誓願についての判断』に見られた議論はすべて、ここにおいて修道院生活への一五の激しい攻撃へと形を変えられた。ルターは彼の全理解を一つの恐るべき総括へとまとめ上げ、義認論のすべてを誓願に投げつけた。信仰とは対照的に「彼らはキリストにより頼むよりも、自分の生活の質に頼っている[36]」。

一五二一年には、このような外科的な切断はなされなかった。それが受け入れられるには、まだ時期が早すぎたのである。『修道誓願についての判断』の中で、ルターはすでに思考を明確にする道を歩み始め、かなりの道のりを進んでいた。しかし最終的な目標は、待ち望まれるが予知できない終末の雲に、なお覆い隠されていた。たとえわれわれが強い思い入れをもって「明確な切断」を大げさに表現したとしても、現実の歴史を生きたルターの偉大さを表現することはできないだろう。確信をもって行動を起こすまで、彼は手探りで答えを探していたのであるから、そのような誇張表現は逆に彼の偉大さを傷つけることになる。誓願に対する正面攻撃から三年後、一五二四年のほぼ全期間を通じて、ルターはなお、戦いを終えて勝利の儀式を迎える覚悟ができていなかった。ルターの確信は大きくなっていたにもかかわらず、まだ修道服を脱ぐ準備はできていなかった。だが、それは間もなく起こった。一五二四年一〇月九日の日曜礼拝に、ルターははじめてアウグスティヌス修道会の式服を着ないで公に姿を現した。そして、それから一週間たってのちには、二度と修道服を着ることはなかったのである[37]。「弱い人々のことを考えて」それまで修道服を着続けたのだと、ルター自身が説明しており、これをマルティン・ブレヒトは受け入れようとしている。たしかにそれは理由の一つであるだろう。しかし別の理由を、ルターはのちに思い起こしている。「修道服を脱ぐのは難しかった」(*difficulter cucullam meam deposui*)[38]、と。報いを受けるためでなく、自身のたましいのために修道院に入ったというルターの発言を考えると、重要な一歩を踏み出す前に彼がためらっていた事実は、一層、確かに思われるだろう。二〇年の間、ルターはきわめて熱心な托鉢修道士であり、「あらゆる点において誠実にわれわれの修道院規則を守って」(*salutis meae causa vovebam et rigidissime servabam nostra statuta*)[39]生活していたのである。

一五二四年五月に、ルターはシュトラスブルクの宗教改革者ヴォルフガング・カピトと、間接的にマルティン・ブツァーにも宛てて、決定的な手紙を書いている。この手紙の正確な意味は、ラテン語が明確でないため、理解するのが容易でない。一読したところ、ルター自身はすでに長く「正しい態度」について明確な考えをもっていたが、牧会的理由から、弱い人たちが躓かないよう修道服を着続けた、という言葉通りの解釈が成り立つように見える。しかしこの発言の弁証的な文脈を見落としてはならない。つまり、南ドイツにおいて速く、強く展開してゆく福音主義運動と比べて、ルターは自分の側の展開が遅いことを認識するようになり、宗教改革が二つの異なった速度で進行していることについて――すなわちヴィッテンベルクの外ではきわめて速く、また修道誓願の問題についてはシュトラスブルクで明らかな成果が収められていることについて――説明しなければならなくなったのである。このような文脈の中で、ルターは「私たちはすでに十分長い間、弱い人々のために配慮してきました」と述べたのである。そしてルターは今や行動を起こす時が来たと理解する。「それゆえ、私自身も、ついに修道服を着るのをやめようと思います。弱い人々への配慮から、また教皇を嘲笑うために、私は修道服を着続けたのです」[40]。南ドイツの改革者（カピトやブツァー）の誰も納得せず、現代の解釈者の誰をも魅了しないこの言葉は、前述の文脈の中ではじめて語られたのである。「私自身も」（*et ego*）や「ついに」（*tandem*）といった言葉を用いていることから、ルター自身がその弱い人々に属していたことがわかるだろう。この遅い時期においてさえ、「修道服を着るのをやめる」という思いを公に成し遂げるまで、ルターはなお半年を要したのである。

このような考察から結論されるのは、ルターはこれまで考えられていたような中立的な審判者ではなく、不確かで目覚ましく、急速に進展し続ける一連の歴史的事象に現実に参与していった人であった、ということである。そして、ためらっている弱者たちへの配慮という問題よりもはるかに重要なのは、教皇に対する嘲笑というルターの言葉である。カピトやブツァーはこの説明にも感心しないだろう。なぜなら彼らは新しい教会を組織し、近代への移行を妨げる中世の反キリストと戦うことに専心して、プロテスタンティズムへの道をすでに前進していたからである。それに対して終末の預言者ルターは、ただ福音のみが悪魔の支配を弱めうると確信していた。普遍的教会の防衛が危うくなったとき、最も強い武器が、彼に残された唯一の武器であったということだ。皮肉なことに。

ルターに終末の危機を強く感じさせたのは、道徳性の完全な欠如とあらゆる価値の転倒であった。中でも特に致命的と感じられたのは、聖アントニオスや聖ベルナルドゥス、とりわけ聖フランチェスコといった模範的な人物において、聖人と修道士が深く関係付けられたことであった。聖人たちの生涯そのものがつねに引き合いに出されて、神ご自身が修道誓願を正当化し、誓願を通じた完全への道を承認されたことを証明しようと試みられていたのである。一五一九年から一五二一年にかけてのルターのさらなる展開は、ある困難な障害を克服することなしには不可能であった。その障害とは、これらの偉大な聖人たちが修道院規則を起草し、至る所にりっぱな修道院を建てたという、修道院の伝統がもつ権威であった。

この問題を解決する簡単な方法は、青年たちの教育機関（gymnasia）として、修道院の価値を認めることであった。一五一九年にルターは、修道院が教育的、社会的に重要な機能をもつことを認めている。一五二一年にもなお、計画的な目標をもった修道院の本来の目的に敬意を表している。ルター自身の修道院〔アウグスティヌス厳修修道会〕も、この教育的な機能（*docere verbo et exemplo*）を大切にしていた。修道院のこの教育的機能は、今日、プレモントレ会ルネサンスの特徴として知られているが、この時期、長い生成期にあったアウグスティヌス厳修修道会は、その設立の大連合（一二五八年に認可）に際して、この教育的機能を持ち込んだのである。[41] それゆえ、学びと紀律の中心としての修道院は、たしかに改革を必要としていたかもしれないが、譲歩や妥協の必要なく、十分に維持できていたと言えるのである。

もっとも、修道院規則を作り、それに従って生きた聖人たち（*sancti*）は、全く別次元の問題であり、一五二一年にルターはそれと取り組まねばならなくなった。ルター自身が育った宗教環境においては、聖人物語、特に

『聖人の生涯』（*Vitas Patrum*）や『黄金伝説』（*Legenda Aurea*）が浸透していた。ルター自身の修道院では、この二つの内容豊かな聖人伝集がさらに拡大され、彼らの父、聖アウグスティヌスの奇跡物語や、ともに真の神の国を建設した「聖アウグスティヌスの後継者たち」の偉大な行為について語られていた。エアフルトにおけるルター自身の勉学期には、クヴェトリンブルクのヨルダンが一三五七年に完成させた『修道士の生涯』（*Liber Vitasfratrum*）があり、それを読師が沈黙の食事時間に修道士たちに読み聞かせることが行われていた。[42] ルターは日々の聖書研究に際して、福音の生きた声に囲まれていたのである。砂漠の師父から彼の時代にまで至る「証人の群れ」に囲まれて、彼らにより一様に、完全への確かな道を示されていたのである。この聖人たちの奥義を解くことは容易ではなかった。一五二一年にルターは修道院規則の奥義を少しずつ解こうと努めて、聖アントニオスから聖フランチェスコ、そして彼最愛の修道会総代理、ヨハネス・フォン・シュタウピッツへと向かい、修道院の力強い流れの中から湧き出る鮮明な霊の力と取り組むことを試みた。このシュタウピッツは、福音の先駆者（*precursor evangelii*）を自称し、一五二四年に亡くなっている。[43]

『修道誓願についての判断』において、ルターがつねに新たに戻ってくる中心テーマは、福音の生を生きるようにと聖人たちを導く、霊の驚くべき働きであった。それゆえルターは考察の出発点として、すべての修道士の父であり、修道生活の創始者である聖アントニオスを選んでいる。聖アントニオスはこの世から離れ、福音に適った清い生活を送った。[44] しかし彼の後継者たちは、福音を律法に変え、「キリストに聞け」（マタ一七・五）という命令に従う代わりに、規則に固執した、とルターは説明する。次にルターは、深く霊に動かされた真に偉大な人（*vir admirabilis et spiritu ferventissimus*）、聖フランチェスコに向かった。ルターは一二二三年に認可された修道院規則を引用しながら、聖フランチェスコは福音のほかにはどのような規則も欲しなかったが、[45] それにもかかわらず、彼の小さき修道士たちに規則を与える決意をしたと指摘する。そして、これは人間的な誤りであった、とルターは見る。つまり、フランシスコ会の托鉢修道士は洗礼の際にすでに誓ったもの、すなわち福音（*nempe*

Evangelium）以外のものを誓うことはできないはずなのだ。もし彼らの規則そのものが福音であるとされ、この福音に従うことがフランシスコ会の典型的な特徴とされるなら、フランシスコ会修道士が唯一のキリスト者ということになってしまう！[46] それに伴うキリスト教的自由の喪失は致命的であり、特にフランシスコ会の厳修修道士にそれが当てはまる。ルターは彼らを蔑んで、「超フランシスコ会修道士」（*Franciscanissimi*）という特別な用語を作り出した。ルターはその二年前、ヴィッテンベルクで彼ら厳修修道士と劇的な討論を行っていたが[47]、今や、妥協のない言葉で彼らを非難する。「今日、聖フランチェスコのような者は一人もいない」[48]。

　聖フランチェスコの問題、また聖ベルナルドゥスや聖アントニオスの問題に対処するために、ルターはバビロンの殺戮壕、獅子の洞窟におけるダニエルの物語を引き合いに出した[49]。偉大な聖人たちはここで神の介入により――奇跡的に（*miraculose*）――生き延びたことを示そうとしたのである[50]。聖フランチェスコや他の修道士聖人たちは自分のために福音を要求し、この点において誤った。しかし同時に彼らは霊的な力に駆り立てられていたために、「言葉においては神の国をもってはいなかったかもしれないが、実際にはそれをもっていたのだ」[51]。クレルヴォーの聖ベルナルドゥスやほかの多くの偉大な修道士たちは霊に満たされていたために、誓願の害は彼らには及ばなかった（*venenum hoc non nocuit*）[52]のである。つまり、ルターは「これらの聖人が誓願に従って生きていた」ことを問題にしたのではなく、「彼らが誓願によっては生きなかった」[53]ことを指摘したのである。彼らは獅子の洞窟で、神の奇跡的な介入のおかげで生き延びたのである。

　バビロンの洞窟のイメージは、ルターにとっても、彼の読者にとっても、わかりやすいものだった。関係付けの方法は、説教やステンドグラス、また教理問答教育の中で好んで用いられた記憶方法の一つであり、人々の理解を容易にした。例えば、七つの大罪はキリストの七つの誘惑と七つのサクラメントに対応し、ダニエルの洞窟の七匹の獅子に対応するものとされていた。そして、このダニエルの洞窟の物語が、洞窟の中に生活する托鉢修道士と関連させられていることは全く明らかであり――初期の人文主義者であれば、その明白さを *luce clarius*

と表現しただろう――、それは現代の風刺のように、すぐに理解できるものである。[54]ルターは修道院生活を洞窟での囚われと表現し、それにより彼自身の聖なる過去から解放されたのである。このような仕方で強められて、ルターは宗教改革へ、主の日へ、そして普遍的教会の最後の残滓へ向かって、紆余曲折の道を大きく一歩、踏み出したのである。その歩みは容易ではなかった。それからさらに三年の後、ルターはなお苦労して（*difficulter*）、あるいは彼自身が卓上語録で語っているように「心痛めて」（*aegre*）、修道服を脱いだのである。ルター自身が、獅子の洞窟の中の托鉢修道士であり、そこで神の救いの介入を経験したのである。修道院は彼の記憶から――服を脱ぎ去るようには――容易に消し去ることのできない場所であったのだ。[55]

聖書を開け放て――聖書のみ

ここまで、ルターが修道誓願の問題に苦しみ、戦い、最後には解決した様子を追い、いわゆる宗教改革的転回をはるかに越えたところまできた。『修道誓願についての判断』は内容豊かで、個人的な問題に関わるものであり、しかもそれを率直な仕方で言い表した論文で、改革文書が出された一年の最後を飾るものであった。[56]しかしこの文書には、さらにまだわれわれを驚かせる内容が見出される。上述のように、ルターは修道院の扉を外の世界の務めに向けて開こう戦い、その中で彼の信仰義認論――いわゆる宗教改革の内容原理――の宗教的、社会的意義を考察した。同時に彼は、いわゆる宗教改革の形式原理である「聖書のみ」（*sola scriptura*）をも新たに定義し直した。このテーマをもって、この章の出発点、神の文法についてのルターの探求という問題に戻ろう。上述のように、ルターは聖フランチェスコら英雄的聖人の問題に取り組む中で、洞窟の修道士の問題を考えるようになった。そして、聖フランチェスコは修道院生活の有害な状況を、力に満ちた神の介入のおかげで生き延びたと理解した。熱心な修道士たちはみな、非常に危険な条件の下で生きており、神が奇跡的な仕方で彼らをこの邪悪の洞窟から救い出した（*in qua electi miraculose … serventur*）[57]。キリストは修道院生活を教えず、そのようにも生きなかったけれども、キリストは彼に従う聖人たちを通して力強く（*mirabiliter*）語り、生きた。そのため、聖人たちは誓願のもとにありながら、誓願なしに生きたと言えるのである[58]。しかし、これらの偉大な聖人たちの生き方は例外的なものであり、キリスト教的生活の慣習とはなりえない。なぜなら、彼らは並外れた存在であり、神の生きた行為であったからだ（*nam sanctos semper excipio in suis mirabilibus*）[59]、とルターは言う。

そうしてルターは、三つの誓願について論じ、それらはわれわれをより高次のキリスト教的生活へは導かず、むしろそこに達するのを妨げる障害を作り出すという強い主張を展開する。その誓願の一つである清貧については、ルターは「絶望が修道士を作る」ということわざをもって批判する[60]。従順の誓願については、すでにラテン語版序文で父ハンスに宛てて述べられていたが、ドイツ語版では詳細な説明を展開し、従順の誓願は第四戒の意味を弱め、そのことにより社会的結合の基礎を傷つける、と述べている[61]。さらにルターは、最も危険な問題、すなわち生涯を通じた貞潔の誓願により引き起こされる、感情的また社会的に困難な問題と取り組まねばならなかった。ルターはひるむことなく性的タブーに向かい、聖パウロを引き合いに出しながら議論を進めた。すなわち、われわれの五体の法則に永久に刻み込まれている欲望は霊の法則に対立する[62]。しかし聖パウロの言うように、神はリビドーを赦し、それを信仰生活の一部として受け入れられるのである[63]。それゆえ、貞潔誓願は結局のところ、人間が作り出したものであり、神の法に含まれるものではないから、これを破ることを大罪とする主張は妥当でない、とルターは結論したのである。

そうしてルターは、決定的なさらなる一歩を踏み出した。使徒言行録にあるように、ペトロは割礼を受けていない異邦人に対して、神の力強い働きに拠りながら洗礼を与え、そのことについて使徒会議で弁明を行ったが[64]、使徒パウロはこれを弁護して、「神が異邦人の間で行われた、あらゆるしるしと不思議な業」[65]について語った。パウロはこのように、異邦人を大量に回心させた神の奇跡的な行為を示して、教会の扉を開け、そのことによりモーセ的ユダヤ教を一般化するという革命的な行為を正当化した、とルターは指摘する。モーセの律法をこのように軽視するのは、真理からの逸脱であるような観を呈するだろう。それゆえ「ペトロ、パウロ、バルナバは、――完全に誤っていた――初代教会のほぼすべてに対立することになった。彼らは共に強く立ち、神の解放の業に拠りながら、自由の教えを維持したのである」[66]。彼らは「すべての人に対立して」(*adversus omnes*) 堂々と語った。この「すべての人に対立して」という言葉は、ルター自身が四年前(一五一七年)にスコラ神学を放棄する際に用いた表現であった[67]。

これに続いてルターの重要な結論が提出される。「ここからわれわれが学ぶのは、聖書に依拠すべき証言がない場合には、神の特定の業に依拠し、聖書の証言の代わりにそれを受け入れるべきだ、ということである」[68]。ルターはそれ以前にも、誓願は聖書に根拠をもたず、神が認めたことを証明する「どのような神的なしるしや不思議な業」[69]にも支えられていないと主張して、新しい啓示の問題に触れていた。今やルターは、神の啓示の介入を、明らかな証拠と決定的な証言として持ち出すのである。その際、そのような神の業が理解され、従われるためには、それらが聖書のように「確か」なものでなければならない、というルターの留保を見落とさないようにしよう。もっとも、ルターは一五一九年という早い時期にライプツィヒ論争で新しい啓示の可能性について述べ、それらの啓示はいずれも精査を経てから、認められねばならない (*nova et probata revelatio*) と付け加えている[70]。今や、ルターはこの考えに戻り、これまでよりもはるかに強く、宗教改革の進展の中でなされる神の驚くべき業――と想定されるところのもの――に拠りつつ、「ほとんどすべての教会」に対立して、彼の理解を主張するのである。その際、彼は特に、当時すでにヴィッテンベルクの彼の修道院を去っていた多くの修道士たちのことを心に留めていたに違いない[71]。この大脱出は、『修道誓願についての判断』の論文により解き放たれ、喝采をもって受け入れられた「大運動」ではなかった。宗教改革運動はここでも、ルターの思考の先を行った[72]。この大脱出はルターがこの論文を書く前にすでに始まっており、この大脱出こそが彼の衝撃的な結論に拍車をかけたのである。

このパウロとルターの思考の平行性は注目に値し、看過しえぬ問題である。多くの異邦人が教会に押し寄せたことをパウロが解釈したのと同じ仕方で、ルターは修道院からの驚くべき大脱出を解釈した。すなわち、この両現象ともに、神が与えられた重要な解放のしるしと理解したのである。ルターの恐れ（*timor*）は、この議論が正しく理解されず、その意味するところが十分に把握されないことであった。その意味の一つは、聖書に記された神の業が起こり続け、それが期待される限りにおいて、聖書（canon）は開かれる、ということである。その「確かさ」がどのように保障されるのかについて、ルターは詳しく考察していない。とはいえ、そのような新しい導きは、それが聖書に啓示された神の業と調和していれば受け入れられるものである、と表現して間違いはないだろう。

ルターが聖書の証言を強く要求したことにより、初期の論敵は次第にスコラ学の権威に依拠できなくなり、頻繁に聖書の言葉に向かわざるをえなくなったことは、よく知られるところである。それに対して、この弁証法的関係の逆の帰結については、これまで論じられてこなかった。すなわちルターは、福音が聖書に基礎をもつと主張することを決心してからは、「聖書の外」（extracanonical）の神の働きという理解を後退させた、ということである。彼の関心は、聖書のみの原理のもつ二つの重要な機能を守ることにあった。すなわち、聖書により聖書自身を解釈する（*sui ipsius interpres*）という機能と、聖書により全教会法令（*lex divina*）の有効性を精査するという機能である。神の「新しい」行為（*vice testimoniorum*）に依拠することは、疑いなく、宗教改革急進派の「内的言葉」、またカトリック改革の「外的言葉」を、きわめて容易に正当化することにつながるだろう。

ルターが後退させた「聖書の外における神の働き」という考えは、ルター派によって消し去られ、プロテスタント教会によって捨て去られた。誓願についてのルターの見解は、それが広まるにつれて、その全体像を著しく失っていった。修道院の扉を開放するだけでなく、聖書の規範性の開放をも要求した彼の神学理解は、これまで考えられていたよりもはるかに大胆な革新性をもっていたが、聖書の規範性の開放という第二の観点は、彼の生涯を越えては維持されなかった。誓願に対するルターの攻撃は、はじめは一五二一年に教養ある知識人の同僚司祭に向けられ、ドイツ語を話す人々へは一五二二年にクリスマス説教集の中で生き生きとした母国語によって伝えられ、一五二五年にはアドヴェントからイースターに至る説教の中で表わされた。この説教集は一五四四年までに二三版以上の版を重ねている。しかし、ハンス・ルフトによる一五四〇年のヴィッテンベルク版とニコラウス・ヴォルラプによる一五四四年版は、二つの決定的な項を省いている。その一つは、三つの誓願に対する明確な論考——まさにここに、前進する神の働きの使信が埋め込まれているのだが——、もう一つは、「最後の時」[73]、すなわち終末についてのルターの詳細な考察である。聖書の預言者は予言者ではなく、神の歴史への介入の解釈者であるとする定義が正しければ、この省略は運命的な一撃をもって、ルターの終末論の力強い預言者的使信を、そして彼が行った預言者的規範（canon）の拡大を、消し去らなかったとしても、曇らせた、と結論しなければならない。要するに、削り取られたルターが出現し、それが歴史の中で今日までルター像として伝えられてきた、ということをわれわれはここで目の当りにするのである。

聖書は暗黙のうちに（*implicite*）あるいは静かに（*silenter*）、聖書以後の（post-）あるいは聖書外（extracanonical）の教理を支持しているという中世末期の解釈がトリエント公会議で受け入れられたことにより、「書かれていない伝承」（*sine scripto traditiones*）への尊重が、聖書そのものの尊重と同等にまで（*pari pietatis affectu*）高められることになった。こうしてトリエント公会議は、イエスと使徒たちにまで「さかのぼる」連続的な口伝伝承を有効なものとして宣言した[74]。それに対してルターは、聖書以後に前進する神の働きを受け止めようと、「前を」見ていたのである。

このような規範外の神の介入という考えは、新しい福音を伝えず、教会戦士のための進軍命令をもたらすおそれがある。ルターの預言者的信仰の中心にある現実的終末論を見落とす限り、この考えは誤解され、否定され続けるだろう。神の新しい働きは「最後の時に」、神と悪魔の決定的な戦いの中で生き延びる努力を行うただなかで、普遍的教会を守るものとなるのである。

注

（1）AWA.

（2）Ernst Bizer, *Luther und der Papst*（München: Chr. Kaiser, 1958）; Bernhard Lohse, Zur Lage der Lutherforschung heute, in *Zur Lage der Lutherforschung heute*, ed. Peter Manns（Wiesbaden: Steiner, 1982）; Martin Brecht, *Martin Luther*, vol. 1. *Sein Weg zur Reformation, 1483-1521*,（Stuttgart: Calwer Verlag, 1981）; Otto Hermann Pesch, *Gerechtfertigt aus Glauben: Luthers Frage an die Kirche*（Freiburg i. Br.: Herder, 1982）.

（3）AWA 29, 2-4.

（4）Charles Trinkaus, *In Our Image and Likeness: Humanity and Divinity in Italian Humanist Thought*, 2 vols.（London: Constable, 1970）, esp. vol. 1; Helmar Junghans, *Der junge Luther und die Humanisten*（Weimar: H. Böhlau, 1985）.

（5）WA 5.31, 11-12 = AWA 2.37, 5.

（6）WA 9.23, 7. 一五一七年にルターは、一見、fabulator と同義と取れる概念 *illusor* を用いている（一五一七年二月八日のヨハン・ラング）への手紙。WABr 1.88, no. 34）。しかし illusor は終末における悪魔の特性であることに注意しなければならない。この両者を同一視する見方は一五一七年にはまだ確立されていなかったが、一五二一年には第二ペトロ書三章三節を引き合いに出しながら、このような見方が繰り返し表現されるようになる。WA 8.644, 1-3; WA 8.651, 3.

（7）アドルフ・ツムケラーが示しているように、ルターの属していたエアフルトの修道院、アウグスティヌス厳修修道院の教育において、アリストテレスへの厳しい批判は基本的なものであり、強く主張されていた。Znmkeller, *Erbsünde, Gnade, Rechtfertigung und Verdienst nach der Lehre der Erfurter Augustinertheologen des Spätmittelalters*, Cassiciacum 35（Würzburg, Germany: Augustinus-Verlag, 1984）. またヴォルフガング・ウルバンの優れた書評も参照のこと。*Theologische Revue* 83 (1987), 37-40. 特にグレゴリウス的方法についての考証、また真の博士（*doctor authenticus*）リミニのグレゴリウスがエアフルトのアウグスティヌス会修道士ヨハネス・クレンコック（一三七四年没）――有名なザクセン法鑑への批判者――に与えた影響についての考証を参照されたい。グレゴリウス的方法の歴史については、以下を参照のこと。Manfred Schulze, "Via Gregorii in Forschung und Quellen," in *Gregor von Rimini: Werk und Wirkung bis zur Reformation*, ed. Heiko A. Oberman, Spätmittelalter und Reformation, Texte und Untersuchungen 20 (Berlin: Walter de Gruyter, 1981), 1-126.

（8）この攻撃の背景については、第二章を参照のこと。

（9）WABr 1.171, 72, no. 74（一五一八年五月九日）ルターのエアフルトの哲学教師で次に重要なのは、ウージンゲンのバルトロメウス・アルノルディ（一四六四／六五―一五三二）である。彼はルターの勧めにより、エアフルトのアウグスティヌス修道院に入った。しかし彼はルターの「第二の転換」には従わず、死に至るまで宗教改革の堅固な敵対者であり続けた。ウージンゲンの生涯と著作目録については、以下の書の序文を参照のこと。*Bartholomaei Arnoldi de Usingen OSA: Responsio contra Apologiam Philippi Melanchthonis*, ed. Primoz Simoniti, Cassiciacum, Supplementband 7 (Würzburg: Augustinus-Verlag, 1978), esp. xii.

（10）ロイヒリンへの手紙（一五一八年一二月一四日）。WABr, Bd. 1 (2d ed., St. Louis: 1986), 286. エラスムス聖書に対するルターの評価については、エコランパディウスへの手紙（一五二三年六月二〇日）を参照。WABr, Bd. 3, 96. さらに以下の書も参照のこと。Siegfried Raeder, *Das Hebräische bei Luther untersucht bis zum Ende der ersten Psalmenvorlesung* (Tübingen: J. C. B. Mohr), 5-6.

（11）J[ohannes] P. Boendermaker, *Luthers Commentaar op de Brief aan de Hebreeën, 1517-1518*, Van Gorcum's Theologische Bibliotheek 28 (Assen, The Netherlands: Uitgeverij Van Gorcum, 1965); Kenneth Hagen, *A Theology of Testament in the Young Luther: The Lectures on Hebrews*, SMRT 12 (Leiden: E. J. Brill, 1974), esp. 117-119. ルターの宗教改革的「転回」の神学的中心を探究する中で、オスヴァルト・バイヤーは、*pactum*（または*testamentum*）の重要性をルターの初期にまでさかのぼらせ、ルターがマルコ福音書一六章一六節のテキストを「ノミナリズムの伝統に合わせて」解釈していることを示した。*Promissio: Geschichte der reformatorischen Wende* *in Luthers Theologie*, Forschungen zur Kirchen- und Dogmengeschichte 24（Göttingen: Vandenhoeck und Ruprecht, 1971）, 119. ルターの聖餐論の展開に際しての *pactum* の機能については、同書の特に二四一―二五三頁を参照のこと。また本書第二章（*Promissio, Pactum, Ordinatio; Frömmigkeitstheologie;* "Normative Centering"）で広い範囲にわたって引用したベルント・ハムの書をも参照されたい。

（12）*pactum* はサクラメントの要素を信頼しうるしるしに変える、とルターは言う。"Sermo de Testamento Christi"（April 8, 1520）, WA 9.448, 9.35-449, 5. 契約される神という見解はルターの最初期にすでにはっきりと現れている。アウグスティヌスの三位一体論の欄外書き込み *De Trinitate* 1.3（ca. 1509）, WA 9.16, 4; WA 4.350, 13（Ps. 118:88; ca. 1514）.

（13）私の論文を参照のこと。"Iustitia Christi and Iustitia Dei: Luther and the Scholastic Doctrines of Justification," *Harvard Theological Review* 59（1966）, 1-26. ドイツ語版 "Iustitia Christi und Iustitia Dei: Luther und die scholastischen Lehren von der Rechtfertigung," in *Der Durchbruch der reformatorischen Erkenntnis bei Luther*, ed. Bernhard Lohse, Wege der Forschung 123（Darmstadt: Wissenschaftliche Buchgesellschaft, 1968）, 413-444.

（14）私はルター研究の成果の範囲を二〇世紀後半に限定したが、例外として、優れた学識をもったドミニコ会士ハインリヒ・デニフレの先駆的な研究について言及しなければならない。彼の全著作を見ると、ルターへの敵意は、多くのルター研究者を動かしているルターへの愛と同じように、豊かな実りをもたらしうることが理解される。もっとも、ルターに対する彼の個人的な――実際、悪意ある――攻撃のせいで、彼が豊かな資料に基づいて行ったルターの生活の座（*Sitz im Leben*）の解明や、とりわけアウグスティヌス厳修修道士としてのルターの霊性の分析は、十分には受け入れられなかった。ハインリヒ・デニフレは彼の資料集の序文を完成させたちょうど二週間後、一九〇五年六月日に亡くなった。*Die abendländischen Schriftausleger bis Luther über Justitia Dei (Rom. 1,17) und Justificatio*,（デニフレの *Luther und Luthertum* の補遺の第一巻、Mainz: Verlag von Kirchheim, 1905）.

（15）今なお基本的な研究として挙げられるのは、Bernhard Lohse, *Mönchtum und Reformation: Luthers Auseinandersetzung mit dem Mönchsideal des Mittelalters*, Forschungen zur Kirchen- und Dogmengeschichte 12（Göttingen: Vandenhoeck und Ruprecht, 1963）. また誓願に対するルターの態度を時系列的に整理したシュタ

ムの書を参照。Heinz-Meinolf Stamm, *Luthers Stellung zum Ordensleben*, Veröffentlichungen des Instituts für Europäische Geschichte Mainz 101（Wiesbaden, Germany: Franz Steiner Verlag, 1980）.

（16）「かつて全生活を捧げる価値のあった理想と希望は意味を失い、それに対する戦いが新たな生の課題として現われてきたのである」。Bernd Moeller, "Die frühe Reformation in Deutschland als neues Mönchtum," in *Die frühe Reformation in Deutschland als Umbruch: Wissenschaftliches Symposion des Vereins für Reformationsgeschichte 1996*, ed. id. with Stephen E. Buckwalter, Schriften des Vereins für Reformationsgeschichte 199（Gütersloh: Gütersloher Verlagshaus, 1998）, 76-91. この論文への批判的評価とさらなる文献については私の書評を参照。ARH 91（2000）, 396-406.

（17）WA 1.44-52, 50, 12-20. 私の論文を参照。"Teufelsdreck: Eschatology and Scatology in the 'Old' Luther," *Sixteenth Century Jounal* 19（1988）, 435-450.; Luther: Man between God and the Devil. trans. Eileen Walliser-Schwarzbart（New Haven: Yale University Press, 1989）, 106-110.

（18）AWA 2.49, 7-10. オットー・ヘルマン・ペッシュは、ほとんど同時期に行われたルターの洗礼説教（一五一九年）に注目し、神学的に優れた洞察をもって、修道制に対するルターの態度について考察している。ペッシュは一五二一年のルターの態度を最終点と見なしており、この点では一般的見解に従っているといえるだろう。"Luthers Kritik am Mönchtum in katholischer Sicht," in *Strukturen Christlicher Existenz: Beiträge zur Erneuerung des geistlichen Lebens*, ed. Heinrich Schlier et al.（Würzburg, Germany: Echter-Verlag, 1968）, 81-96, 371-374. 洗礼説教については、WA 2.727-737.

（19）AWA 2.49, 10-19.

（20）AWA 2.49, 20-50, 4.

（21）Marius, *Martin Luther: The Christian between God and Death*. これに対する私の――温和なタイトルの――書評を参照。"Varieties of Protest," *The New Republic* 221（August 16, 1999）, 40-45.

（22）*Constitutiones fratrum Eremitarum sancti Augustini apostolicorum privilegiorum formam pro reformatione Alemanniae*, ed. Wolfgang Günter, in Johann von Staupitz, *Sämtliche Schriften: Abhandlungen, Predigten,*

Zeugnisse, vol. 5（*Gutachten und Satzungen*）, ed. Lothar Graf zu Dohna and Richard Wetzel, Spätmittelalter und Reformation, Texte und Untersuchungen 17（Berlin: Walter de Gruyter, 2001）. 聖アウグスティヌス厳修修道院（*Ordo Eremitarum Sancti Augustini*, OESA, 今日のOSA）の、特にドイツ、さらに中世末期のエアフルトのものとされる復元資料については、Eric Leland Saak, "The Creation of Augustinian Identity in the Later Middle Ages," *Augustiniana* 49（1999）, 109-164, 251-286. この二部構成の論文を私はこの本の完成後に受け取ったが、修道院の日常生活についての理解は、Saak氏の博士論文を指導する中で深められたと言わねばならない。"Religio Augustini: Jordan of Quedlinburg and the Augustinian Tradition in Late Medieval Germany"（Ph.D. diss., University of Arizona, 1993）. 今日は以下のタイトルで出版されている。*Highway to Heaven: The Augustinian Platform between Reform and Reformation, 1292-1524*, SMRT（2002）.

（23）AWA 2.50, 5-10.

（24）AWA 2.50, 11-18.

（25）WA 8.578, 4f. ルターのimmoという語の特徴的な用い方については、以下の私の論文を参照。"Immo: Luthers reformatorische Entdeckungen im Spiegel der Rhetorik," in *Lutheriana: Zum 500. Geburtstag Martin Luthers von den Mitarbeitern der Weimarer Ausgabe*, ed. Gerhard Hammer and Karl-Heinz zur Mühlen, Archiv zur Weimarer Ausgabe der Werke Martin Luthers 5（Cologne; Böhlau, 1984）, 17-38.

（26）一五二〇年二月二四日に、ルターは息をのむような衝撃的な考えを親友のゲオルク・シュパラティンに打ち明けている。ルターはちょうどロレンツォ・ヴァッラの一四四〇年の論文の注釈版――優れた詩人ウルリヒ・フォン・フッテンの編集による。この論文は、もともとはイタリアでいくつかの手稿の写しによって広まっていた――を読み終えたところだった。この論文は、『コンスタンティヌスの寄進状』が偽物であることを明らかにしていた。この時点で恐ろしい意識がルターに生じた。「多くの人が考えるように、教皇は本当に反キリストだということはほとんど疑いえず、私はとても心配している」。WABr 2.48, 22-49, 28, no. 257. ルターがはっきりと言及しているのはヴァッラのみであるが、*De Donatione Constantini quid veri habeat*（出版年、出版地不明）と題されたフッテン版にはニコラウス・クザーヌスやフィレンツェのアントニヌスにより展開されていた批判も含まれている。以下を参照。

Ulrichi Hutteni Equitis Germani Opera quae reperiri potuerunt omnia, ed. Eduard Böcking, Ulrichs von Hutten Schriften 1 (Leipzig: Verlag B.G. Teubner, 1859), 18. Cf. WA 50, 65f. 編集者ベッキングは、その出版が一五一八年の初めにマインツでなされたと推測しているが、ワイマール版（WA）の編集者は――アーデルマンの書簡に基づいて――初版は「一五二〇年初め」（第二版は一五二二年）としている。上述のルターの書簡を参照のこと。no. 257, WABr 2.51 n. 14.

(27) ルターの現実的終末論については体系的な考察が行われていないが、その原因については、以下の注73を参照のこと。ルターを近代の先駆者とする理解については、Moeller, "Die frühe Reformation," 89. メラーはこれに関連して、宗教改革は修道制の新しい形態（「新しい修道制」ibd., 88）と理解しうると言う。というのは、すべてのプロテスタンティズムには共通して会衆的な特徴がみられるからだという（ibd., 89）。これについては、托鉢修道会が全ヨーロッパを通じて継続的に行っていた、教区教会に対する批判、また教区教会の結合や特権に対する批判を思い起こすべきだろう。また一五世紀の敬虔性について、メラーは異端の存在する余地はなかったと理解するが、ヨハネス・フォン・ヴェーゼル、ヴェッセル・ガンスフォルト、ヨハネス・ロイヒリン――そして言うまでもなくルター――に対する異端審問の手続きについて公的な論争が次第に激しくなり、このことが修道士と監督者の間の高まりつつあった緊張を助長したのである。これについては本書第二章を参照。さらに以下の、多様な学問的伝統についての包括的資料を参照のこと。Luzian Pfleger, *Die elsässische Pfarrei: Ihre Entstehung und Entwicklung: Ein Beitrag zur kirchlichen Rechts- und Kulturgeschichte*, Forschungen zur Kirchengeschichte des Elsass 3 [Strasbourg: Gesellschaft für Elsässische Kirchengeschichte, 1936], esp. 146-179. またヴォルフガング・ギュンターによるヨハネス・フォン・シュタウピッツの*Decisio quaestionis de audentia misse [sic]*（1500）への丁寧な序文をも参照のこと。シュタウピッツは教区教会司祭の権利を擁護し、そのためにフランシスコ会修道士で後にルターの論敵となるカスパー・シャッツガイアーから攻撃を受けて、托鉢修道士の列から外れた。以下を参照。Staupitz, *Gutachten und Satzungen*, 5-8. ベルンハルト・ローゼはルターが教皇を反キリストと同一視したことを快く思わず、実際、それに対して弁明をも行っている。もっとも、彼はルターの思考の形態論という興味深い理解を提出し、それにより、ルターにおいては最後の審判が中心的役割を果たしていることを明らかにし、少なくとも反キリストの支配の終わりには完全な義が成就される、というルターの理解を示しえた。Lohse, *Luthers Theologie in ihrer historischen Entwicklung und in ihrem systematischen Zusammenhang* (Göttingen: Vandenhoeck und Ruprecht, 1995), 276; また345も参照。さらに優れた概説として以下を参照。Willem van't Spijker, Eschatologie: *Handboek over de christelijke Toekomstverwachting*, ed. W[illem] van't Spijker (Kampen: De Groot Goudriaan, 1999), 201-242. また同書の終末論に関する論文も参照。Willem Balke, "Zestiende-eeuwse Radicalen," 243-258.

（28）『修道誓願についての判断』、ヴァルトブルクから（「隠れた所から」）父に宛てた序文、一五二一年一一月二一日、WA 8.576, 23. このラテン語の論文は、ドイツ語で行われた公現日説教において解説され、それが人気の高いクリスマス説教集（*Weihnachtspostille*）に収められ、出版されて、教養人に広く影響を与えた。これについては、資料の豊富な以下の論文を参照。Hans-Christoph Rublack, "Zur Rezeption von Luthers De votis monasticis iudicium," in *Reformation und Revolution: Beiträge zum politischen Wandel und den sozialen Kräften am Beginn der Neuzeit: Festschrift für Rainer Wohlfeil zum 60. Geburtstag*, ed. Rainer Postel and Franklin Kopitzsch (Stuttgart: Franz Steiner Verlag, 1989), 224-237.

（29）WA 8.635, 15-21. ドイツ語クリスマス説教集における第二テモテ書三章一―九節についての議論を参照。ここには、教皇から教区司祭に至るまで、聖職者の悪徳と諸問題が挙げられている。主たる批判は聖職者よりも、むしろローマ教会や托鉢修道士、聖堂参事会に向けられている。ルターにおいて第二テモテ書三章の意味は、少なくとも一五四〇年まではつねに（以下の注73を参照）、終末（*in novissimis diebus*）という文脈の中で解釈されている。WA 10 I.1.634, 20-635, 7, 635, 13f. 635, 17-21. クリスマス説教集における第二テモテ書三章の詳説の中では、終末の恐怖の頂点としてミサへの嫌悪が示されている。Ibd., 706, 20-22.

（30）WA 8.644, 1-3.

（31）Ibd., 8.635, 15-18.

（32）『修道誓願についての判断』のラテン語原文の最初の読者の一人を特定することができる。ヨハネス・マテジウスによるルターの卓上語録の写し（一五四〇年）によると、選帝侯フリードリヒは――その様子を、ルターは生き生きと思い出している――この論文を受け取るとすぐに、そして夜を徹して熱心に全文を読み、そのために二日間、疲労困憊の状態であったという。WAT 4.624, 19f., no. 5034. 選帝侯のラテン語力は、人文主義者たちほど優れたものではなかったにしても、十分、使えるものであった。これについては以下を参照。Ingetraut Ludolphy, *Friedrich der Weise: Kurfürst von Sachsen, 1463-1525* (Göttingen: Vandenhoeck und Ruprecht, 1984), 46. 同時代の他のドイツ諸侯たちとは異なり、選帝侯はただちに（*statim*）、福音主義的自由の主張がやがては宗教改革者の公的出現をもたらすことになると理解し、ルターに新しい式服用の立派な生地を送った。この一度だけ、選帝侯はルターが動くよりも速く思考した。フリードリヒ賢侯は一五二五年に亡くなるまで、つねに伝統的なザクセンの政策に従って、教会の上層部と各部を改革するという公会議のプログラムを支持し、教会と社会の新しい秩序形成を自ら率先して行い、アウグスティヌス厳修修道院の規則の遵守を促進し続けた。この政策と、それが宗教改革前夜のドイツ帝国に対してもつ意義については、以下の考証を参照。Manfred Schulze, *Fürsten und Reformation: Geistliche Reformpolitik weltlicher Fürsten vor der Reformation*, Spätmittelalter und Reformation, Neue Reihe 2 (Tübingen: Mohr Siebeck, 1991).

(33) WA 8.610, 5-12.; WA 10 1.1.662, 5-15.; Ibd., 688, 11-13.; Ibd., 687, 20-23.

(34) WA 8.652, 23-26.; WA 10 1.1.640, 1-3. 福音主義的な修道生活の可能性については、クリスマス説教集の中で述べられているが、この部分は一五四〇年に削除された。Ibd., 700, 13-20.

(35)「一五の提題」については、以下を参照。WA 59.93-103. 侯爵夫人ウルズラの「弁明書」へのルターのあとがきについては、以下を参照。WA 26.623-625.

(36) WA 59.101, 10-13.

(37) Martin Brecht, *Martin Luther, Bd.2: Ordnung und Abgrenzung der Reformation, 1521-1532*, (Stuttgart: Calwer Verlag, 1986), 99, 453 n.2.

(38) WAT 5.657, 19f., no. 6430.

(39) WAT 5.303, 16f., no. 4414; これらの規則については前出の注22を参照。

(40) WABr 3.299, 23-25, no. 748.

(41) 修道院の教育的機能という考えは、一五二一年のルターにおいては少しも放棄されていない。それどころか、この機能は修道院の真のキリスト教性の必須条件（*conditio sine qua non*）として詳述され、そのために『聖人の生涯』（*Vitas Patrum*）が模範例として示されている。（このVitas Patrumは、多様な版で出されて大きな影響力をもっていた聖人伝集とは異なる。）WA 8.646, 39-647, 6. 観想の生活（*vita contemplativa*）と活動の生活（*vita activa*）を結合させたプレモントレ会の教育理念については、Caroline Walker Bynum, *Docere verbo et exemplo: An Aspect of Twelfth-Century Spirituality*, Harvard Theological Studies 31 (Missoula, Mont.: Scholars Press, 1979)。以下より引用。Saak, "Creation of Augustinian Identity," 118.

（42）『修道士の生涯』がアウグスティヌス修道会の『黄金伝説』として機能していたことについては、Saak, "Creation of Augustinian Identity" esp. 269-286. 食堂における朗読については、Staupitz, *Gutachten und Satzungen*, cap.21, "Constitutiones," 12, n.7.

（43）この時期、ルターはシュタウピッツについて言及していない。おそらくシュタウピッツが一五二〇年八月二八日、聖アウグスティヌスの日に、アイスレーベンでの総会で修道会総代理を辞していたことによるのだろう。今日なお最も信頼しうる資料として、Theodor Kolde, *Die deutsche Augustiner-Congregation und Johann von Staupitz: Ein Beitrag zur Ordens- und Reformationsgeschichte* (Gotha, Germany: Friedrich Andreas Perthes, 1879). 私の論文も参照。"Captivitas Babylonica: Die Kirchenkritik des Johann von Staupitz," in *Reformatio et Reformationes: Festschrift für Lothar Graf zu Dohna zum 65. Geburtstag*, ed. Andreas Mehl and Wolfgang Christian Schneider, THD-Schriftenreihe Wissenschaft und Technik 47 (Darmstadt, Germany: Technische Hochschule Darmstadt, 1989), 97-106; "Duplex misericordia: Der Teufel und die Kirche in der Theologie des jungen Johann von Staupitz," *Theologische Zeitschrift* 45 (1989), 231-243.

（44）WA 8.578. 20. シュタウピッツがアイスレーベンのアウグスティヌス厳修修道院からザルツブルクの聖ベネディクト修道院へ移った出来事について、またシュタウピッツの神学的立場の連続性については、Johann von Staupitz, *Sämtliche Schriften*, vol. 2, *Lateinische Schriften 2: Libellus de executione aeternae praedestinationis*, ed. Lothar Graf zu Dohna and Richard Wetzel (1979), 8f. nn.30f. またzu Dohnaによる、*Consultatio super Confessione Fratris Stephani Agricolae* への序文も参照。ibid., vol. 5.

(45) フランシスコ会規則の「聖なる福音に従え」(sanctum Evangelium observare) という表現をルターは「イエス・キリストの福音が彼〔フランチェスコ〕の規則である」(Regulam suam esse Evangelium Ihesu Cristi) と言い換えている。WA 8.579, 26.

(46) Ibid., 8.380, 13-15.

(47) フランシスコ会改革修道院のザクセン総会の代表者たち、いわゆる「マルティニアーナー」(Martinianer) がヴィッテンベルクに招かれ、ヴィッテンベルク大学神学部の教員たちとの間で一五一九年一〇月四日に驚くべき討論会が開催されていたことが、最近、明らかになった。この討論会の出発点は、フランシスコ会側から提出された第一提題であった。これについては、ゲルハルト・ハンマーによる優れた編集を参照のこと。Gerhard Hammer, “Franziskanerdisputation” (1519), WA 59.678-697. それに続く聖フランチェスコの聖痕についての論争で、ルターは最初の提題に戻っている。Ibid., 686, 29-30. ルターとフランシスコ会の論敵が、終わりゆく世界 (*senescente mundo*) という点では、完全に意見が一致しているのは注目すべきことである。

(48) WA. 8.590, 18-21.

(49) ダニエル書六章、またダニエル書三章一九—二三節も参照。

(50) 修道生活はバビロンの壕と同じくらい危険である。WA 8.586, 30-32. ルターはクリスマス説教集の中で、いくつものたとえを挙げながら「洞窟」の問題を議論している。WA 10 1.1.705, 21-706, 12. 神はつねに奇跡的な介入を行うわけではない。WA 10 1.1.693, 20-22.

(51) WA 8.587, 39.

(52) WA 8.600, 26-29. クレルヴォーのベルナルドゥスについては、Erich Kleineidam, “Ursprung und Gegenstand der Theologie bei Bernhard von Clairvaux und Martin Luther,” in *Dienst der Vermittlung: Festschrift zum 25-jährigen Bestehen des philosophisch-theologischen Studiums im Priesterseminar Erfurt*, Erfurter Theologishe Studien 37 (Leipzig: Saint Benno-Verlag, 1977), 221-247; Theo Bell, *Divus Bernhardus: Bernhard von Clairvaux in Martin Luthers Schriften*, Veröffentlichungen des Instituts für Europäische Geschichte Mainz, Abteilung für Religionsgeschichte 148 (1989, Dutch ed.: Mainz: Phillip von Zabern, 1993); Franz Posset, “Saint Bernard's

Influence on Two Reformers: John von Staupitz and Martin Luther," *Cistercian Studies* 25 (1990), 175-187; id., "Bernhard von Clairvauxs Sermone zur Weihnachts-, Fasten- und Osterzeit als Quellen Luthers," *Luther Jahrbuch* 61 (1994), 93-116; Bernhard Lohse, "Luther und Bernhard von Clairvaux," in *Bernhard von Clairvaux: Rezeption und Wirkung im Mittelalter und in der Neuzeit*, ed. Kaspar Elm, Wolfenbütteler Mittelalter-Studien 6 (Wiesbaden: Harrassowitz, 1994), 271-301.

(53) 傍点部分は著者による。WA 8.617, 27.

(54) Craig Hairline and Eddy Put, *A Bishop's Tale: Mathias Hovius among His* Flock in Seventeenth-Century Flanders (New Haven: Yale University Press, 2000), 10. 近年の研究に対する批判的な評価については、Craig Hairline, "Official Religion: Popular Religion in Recent Historiography of the Catholic Reformation," *Archive for Reformation History* 81 (1990), 239-262。

(55) WAT 5.657, 19, no. 6430; WAT 4.303, 17, no. 4414.

(56) WA 8.660, 31-38. クリスマス説教集にはルターの驚くべき率直さが表現されている。WA 10 1.1.707, 24-708, 4.

(57) WA 8.586, 30-32

(58) WA 8.656, 26-27.

(59) Ibid., 8.660, 6. これをルターになじみある新しい方法（*via moderna*）の用語を用いて言うならば、絶対的な力をもつ（*de potentia absoluta*）神の特別な介入ということによって、教会権力（*de potentia ordinata*）の定めた規則（*lex stans*）の正当性が問われることはない、ということである。第二章を参照。

(60) WA 10 1.1.639, 6-9. また以下も参照。WA 10 3.229, 20 (Sermon 1522); WA 29.65, 12-13 (Sermon 1529); WA 32.319, 35 (Sermon 1530/32). 一年前にルターはこのことわざを、より穏やかな表現で引用している（ルターは「さらに多くの部分」（*adhuc*-"das mehrer teyl"）と表現しており、修道士だけでなく、教区教会司祭をも含めて理解している）。このことは、ルターが一五二〇年に達していた段階についてのわれわれの認識を裏付けるものと言えよう。*An den christlichen Adel deutscher Nation* (1520), WA 6.468, 5-7.「絶望が修道士を作る」ということわざについては、*Deutsches Sprichwörter-Lexikon: Ein Hausschatz für das Deutsche Volk*, ed. Karl Friedrich Wilhelm

Wander, vol. 4 (Leipzig, 1876; Darmstadt: Wissenschaftliche Buchgesellschaft, 1964), col. 1625. エラスムスが古典のことわざ（*adagia*）を大切にしたのと同じく、ルターは自国のことわざの知恵を高く評価した。これらのことわざは時代を超えて受け入れられてきたものであるが、特に中世後期と近世の精神性を扱う歴史家たちは、これらを一つの教育的コミュニケーション形式として重視する。ことわざは、現代でいうと漫画やテレビ番組で見られるような、情報を短く、示唆に富んだ仕方で伝える生きた風刺のようなものと言えるだろう。興味深いのは、前述のことわざのラテン語版は、おそらく都市市民層を基盤としており、より広い社会的視野をもっていたということである。「絶望は三つのMを作る。修道士、医師、兵士である」（Desperatio facit tria M: Monachum, Medicum, Militem）、前掲書の「絶望」（Verzweiflung）の項を参照。ルターは修道制を批判するにあたり、それが行為による義認の最終的、究極的な展開であるとして、その批判を詳細に基礎付けていたため、修道士を攻撃するときには、単純化された風刺を用いることができたのである。また、別の側面についても注目しなければならない。それは、ルターの書を読み、ルターの理解について深く考えながらも、修道院に留まる決意をした人々の精神性と反応についてである。さらなる文献については私の書評を参照。"Die frühe Reformation in Deutschland," by Bernd Moeller, ARH 91 (2000), 396-406. 修道院脱出の大運動が神話化されたため、修道院にとどまる決意をした多くの人の存在を消し去ってしまう傾向が見られる。それゆえ少なくとも、彼らの中で弁が立ち、影響力をもった一人の人物を取り上げることが適切であるように思われる。それはヨハン・ユストゥス・ランツベルクというカルトゥジオ修道会の修道士で、アウグスティヌス会やフランシスコ会の厳修修道士に比べると、ルターの「毒」に驚くほど影響されなかった人である。この若い、ルターの同時代人（一四九〇―一五三九年）は一五〇九年にケルンの「カルトゥジオ会」に入り、一五四〇年代には二つの宗派の間に立つことになる困難なこの地域で、力強い発言を行った。その背景については、Karl-Heinz zur Mühlen ("Akten der Reichsreligionsgespräche" in 1540-1541, 1546, 1557 の編集者), "Die Edition der Akten und Berichte der Religionsgespräche von Hagenau und Worms 1540/41," in *Reformatorisches Profil: Studien zum Weg Martin Luthers und der Reformation*, ed. Johannes Brosseder and Athina Lexutt (Göttingen: Vandenhoeck und Ruprecht, 1995), 310-324. ランツベルグは修道生活についての論文や説教を数多く残したが、彼はその一つにおいて、「絶望した修道士」という周知の批判に対して冷静な対応を示している。「よく思い出しなさい。神はかつてイスラエルの子らをエジプトから導き出されました。そしてイスラエルの民はこの大きな慈しみを覚えていたことを、旧約聖書はたびたび記しています。それと同じように、神は今日も働かれ、選びに定められた者の中からある人々を、堕落したこの世から修道生活へと召し出されるのです。この修道生活は、聖人たちの証言によると、地上の天国に等しいのです。それゆえ、修道士の何人かがそこでまともな生活が送れないからといって、修道生活そのものが傷つけられることはないのです。不貞を行う者が多くいるからといって、結婚生活が非難されることがないように」。"In solemnitate SS. Apostolorum Petri et Pauli," in *D. Joannis Justi Lanspergii Cartusiani opera omnia: In quinque tomos distributa juxta exemplar Coloniense anni 1693 editio nova et emendata*, vol. 2 (Monsterolii: Typis Cartusiae Sanctae Mariae de Pratis, 1889), "Sermo secundus," 404-408, 405, cols. 1-2. ジョン・フライマイアーは親切にも、この広く読まれているルター派の敵、ランツベルクの作品の興味深い一九世紀版を教えてくれた。ランツベルクについてのさらなる文献は、Joseph Greven, *Die Kölner Kartause und die Anfänge der katholischen Reform in Deutschland*, ed. Wilhelm Neuss, Katholisches Leben und Kämpfen im Zeitalter der Glaubenspaltung 6 (Münster: Aschendorff, 1935), 27-49、ランツベルクの著作については、Wilbirgis Klaiber, ed., *Katholische Kontroverstheologen und Reformer des 16. Jahrhunderts: Ein Werkverzeichnis*, Reformationsgeschichtliche Studien und Texte 116 (Münster: Aschendorff, 1978), 164-166, nos. 1753-1766. 皇帝カール五世が一五四三年にゲルデルン（Geldern）とズトフェン（Zutphen）を征服し、ケルンに打撃を与えたのち、中枢のケルン大司教区がカトリックの陣営にとどまると、カルトゥジオ会の修道士たちは「新興エリート層」として戦いに備えた。ケルンのカルトゥジオ会の影響力については、Gérald Chaix, *Réforme et contre-réforme catholiques: Recherches sur la Chartreuse de Cologne au XVI siècle*, Analecta Cartusiana 80 (Salzburg, Austria: Institut für Anglistik und Amerikanistik, Universität Salzburg, 1981), 1:157-163, 175-202. また以下の明快な解釈を参照。Sigrun Haude, *In the Shadow of "Savage Wolves": Anabaptist Münster and the German Reformation during the 1530s*, Studies in Central European Histories (Boston: Humanities Press, 2000), 60-69.

（61）WA 10 I.1.641, 12-16. 以下も参照。ibid., 640, 28-641, 4. 中世末期と近世において家父の権威と市民的服従が強く主張された様子については、Robert James Bast, *Honor Your Fathers: Catechisms and the Emergence of a*

Patriarchal Ideology in Germany, 1400-1600, SMRT 63 (Leiden: Brill, 1997).
(62) ローマ書七章一四—二〇節。
(63) WA 8.653, 30-32. ルターは全く率直に——現代のわれわれの時代と比べても驚くほど率直に——これらの言葉を自分に関連させて語ることができた。WA 10 1.1.707, 24-708, 4. 前出の注56を参照。中世では「リビドー」はたましいの下位にある「女性的」な部分とされ、徹底して否定的な見方がなされていた。それに比べてルターが行った再評価は予期せぬ意味を内に含んでおり、それについてのさらなる考察が必要である。
(64) 使徒言行録一五章六—三〇節。最初の教会会議である。
(66) 使徒言行録一五章一二節。
(66) WA 8.654, 5-9.
(67) Luther "Disputatio contra scholasticam theologiam, 1517," WA 1, 221-228.
(68) WA 8.654, 9-11. ワイマール共和国末期の決定的な時期、すなわちアドルフ・ヒトラーが台頭した時期に、この「神に与えられた逆転」の理解が「ドイツ・キリスト者」の中心的綱領となったとき、ルターのこの考えがきわめて爆発的な機能をもつことが明らかになった。このような聖書を離れた啓示は、聖書的ルターの示した終末についての手堅い理解の仕方から離れると、容易に現実に適応する神の摂理の教理となる。「指導者」たちが好んでこの教理を引き合いに出したのみでなく、エマヌエル・ヒルシュのような影響力あるルター研究者もこの教理によってナチ・イデオロギーへの道を歩み、そこから離れることはなかった。彼が、力強い「神の摂理の導き」(Gottes Lenkung) を示すものとして理解したのは、「民族の運命」(Volksschicksal) と「国家の再生」(nationale Wiedergeburt) であった。これらは「ドイツ民族の秩序と民族性」(Deutschen Volksordnung und Volksart) の再建を基本的な徳目として伴い、ヒルシュはこれを"Deutsche Humanität"と表現した。訳すのが難しい言葉だが、これはその後、急速にヨーロッパ中に拡がり、ドイツ語のまま用いられた。ヒルシュの聖書外の啓示への依拠を明確に示したものとして、Emanuel Hirsch, *Das kirchliche Wollen der Deutschen Christen*, 3d ed. (Berlin-Steglitz: Evangelischer Pressverband für Deutschland, 1933), 6. 千年王国が終わって後に行われた彼の紛れもない心からの弁明 ("Rechenschaft") については、"Meine theologische Anfänge," *Freies Christentum* 3, no. 10 (1951), 2-4;

"Mein Weg in die Wissenschaft, 1911-1916," no. 11, 3-5; "Meine Wendejahre, 1916-1921," no. 12, 3-6を参照。ヒルシュは、学問と政治は密接に——この場合は分かちがたく——絡み合っていることを、現代の彼の称賛者よりも明確に理解していた。はじめに抵抗せよ！（*Initiis obsta!*）注意せよ！　一人の人間を正当化するために、またその人の思想や世代や国を、あるいは空間と時の中にある誰かや何かを正当化するためにルターの義認論が用いられるのなら、それは濫用である。

（69）WA 8.617, 18f.

（70）Ibid., 59.466, 1062.

（71）WABr 2.404, 6f., no. 404; November 22, 1521.（ルターがヴァルトブルクからシュパラティンに宛てた手紙）ルターはかなりの数（およそ一三名ほど）の同僚修道士が修道服を脱いだというヴィッテンベルクからの報告を受け、その返事として『修道誓願についての判断』を書いた。ワイマール版の編集者は、「至る所で」（*passim*）修道士たちが修道院を去って行った、というカスパー・クルーツィガーの報告を引用している。Ibid., n. 4. これはルターに「力強い行為」と映ったに違いない。もっとも、ルターはそれが正しい動機に基づいてなされたものかと心配（*timor*）したため、ペンを執って書き始めたのである。ルターは三年後、南ドイツとアルザスの宗教改革の進展の様子に「素晴らしい」（*mirifce, wunderbarlich*）という感嘆の言葉を用いているが、これは正確には、神の力強い行為に基づく驚くべき喜びの出来事であることを表現したものである。WABr 3.299, 16-18, no. 748.（カピトとブツァー宛の手紙）プロテスタントの歴史家たちが後にルターの成功のしるしとして称賛した「大運動」は、まさに——そして正しくも——ルターが元来、最も恐れていたことであった。聖母被昇天の祝祭日に書いているように、ルターは良心に基づいた決断は大勢（*turba*）の中では容易にはなしえないと考えていたのである。WABr 2.380, 33-36; 一五二一年八月一五日（ルターがヴァルトブルクからシュパラティンに宛てた手紙）。

（72）「われわれ（アウグスティヌス修道士）の何人か」が修道服を脱いだという「曖昧で根拠のない噂」（*vaga et incerta relatione didici deposuisse*）のために、ルターは『修道誓願についての判断』を書こうとペンを執った。「彼らの行為は、確固とした決断に必要な深い思慮に基づいて生じたものではない（*forte non satis firma conscientia*）と私は思い、大変心配（*timui*）している。この深い憂慮から、私はこの論文を書かざるを得なくなった（*Hic timor extorsit mihi eum libellum*）……。彼ら自身が気を取り直し、善意の人々が勇気付けられることを願って」。前出の注38を参照。WABr 2.404, 6-405, 11, no. 441; 一五二一年一一月二二日（ルターがヴァルトブルクからシュパラティンに宛てた手紙）。前出の注71を参照。

（73）第二テモテ書三章一―九節。『修道誓願についての判断』の広く普及したドイツ語版は第二テモテ書三章一―九節に関連して終末の恐怖を説明しているが、結果的にこれは一五四〇年に削除された。以下を参照。WA 10 1.1.555, 16-728, 24, *Weihnachtspostille*, 1522; *Predigten von Advent bis an Ostern*, 1525（一五四四年までには少なくとも二三版を重ねている）. ハンス・ルフトのヴィッテンベルク版（一五四〇年）とニコラウス・ヴォルラプのヴィッテンベルク版（一五四四年）では、この終末に関する部分は、修道誓願についての詳しい考察（WA 10 1.1.681, 24-709, 9）と共に、削除された。以下を参照。WA 10 1.1.8-11. 意義深いことに、イングランドにおいてはルターの本来の意図が「受け入れられた」ことを証明する資料がある。Frank Engehausen, "Luther und die Wunderzeichen: Eine englische Übersetzung der Adventspostille im Jahre 1661," ARG 84 (1993), 276-288. エンゲハウゼンは急進的「ピューリタニズム」を論じる中で、ルターのアドヴェント説教集（一五二二年）からの抜粋の英語版について言及している。「キリストの再臨のしるし、そして終末のしるし……」（ロンドン、一五六一年）。もっともこの訳は推敲されたドイツ語のテキストに基づくものでなく、一五四六年の推敲されていないラテン語のバーゼル版に基づいたものであることに留意せねばならない。この英語版は、ルカ福音書二一章二一―三三節に基づいた第二アドヴェントの説教を強調している（WA 10 1.2, 93-120）。

（74）以下を参照。Hubert Jedin, *A History of the Council of Trent*, trans. Ernest Graf, 2 vols. (London: Thomas Nelson, 1957), vol. 2, chap. 2, esp. 74. 以下の私の論文も参照のこと。"Quo vadis, Petre? Tradition from Irenaeus to Humani Generis" [1962], in *The Dawn of the Reformation: Essays in Late Medieval and Early Reformation Thought*, ed. Heiko A. Oberman (Edinburgh: T. & T. Clark, 1986), esp. 286-289.

（村上みか訳）

第四章
宗教改革——終末、現代、未来

新しい方法 対 古い方法

宗教改革の元なる神話の一つは宗教改革という用語そのものと関連がある。Reformation と単数形で用いる場合、私はヴィッテンベルクで始まる運動について述べている。それは、思考と経験、周囲の世界の見方、出来事の成り行きの解釈といったものが、マルティン・ルターによって根本的に新しい形態に形作られ、そして告知されたのを認める運動のことである。最も信頼に足る批判家、さらに距離を置いて見ていた観察者たちでさえも注目していたように、私たちはルター以前と以後、すなわち一五一九—一五二〇年前後の心性について語ることができる。この決定的な年代は、公会議と教皇の権威が「真の福音」によって、公の吟味にさらされたときであった。Reformations と複数形で用いる場合、私は読者にルター以前、同時代、以後、彼に対抗して生じてくる運動を想起させようとしている。そこからは、ただ信仰告白的な党派心が改革（*reformatio*）の指示を抑圧して現れ出てくるだけで、この改革は、あたかもルターにだけ与えられた名誉のバッジのようである。実際ルターは、後期中世に盛んとなる改革プログラムを明確に拒絶した。ゆえに確立した伝統の力に逆らってでも彼のプロテスタント運動は、対抗宗教改革（Counter Reformation）と名付けられるほうがよいのかもしれない。古い方法（*via antiqua*）と新しい方法（*via moderna*）、古い方法をとる人（*antiqui*）と新しい方法をとる人（*moderni*）とのあいだの中世の論争の中で、確かに改革の立場は対立していた。古い方法は普遍を念頭に現実へ接近した。生得観念は——皆ここでは同意したのであるが——感覚によって伝達された混沌としたメッセージを選択し、解釈し、秩序付ける。しかし、ここから二つの方法は分岐する。新しい方法をとる人にとっては、こうした普遍的なものは人間の精神によって作り出された概念であり、知識に接近するための手段であり、私たちが取り囲まれている世界の中で類似した事物を把捉して区別するための手段であり、何といっても個々の人物や対象のユニークな特徴を発見するための手段である。古い方法をとる人にとって普遍的なものは、その定義からしても個物を超越している。それは存在論的なミサイル弾頭とでもいいうるものをもっており、階層的な道に沿って、存在し、かつ存在を有するすべてのものの起源に向かって発展していく。

古い方法をとる人は、現代の用語では観念論者となる。しかし彼ら自身の見方からすれば、実在論者であった。彼らの普遍は概念的手段ではなく、神による創造の秩序への参与を通じた実在的手段なのであった。この哲学的普遍主義にとって根本的なのは、形而上学のあらゆる側面を取り扱う際に、聖書を拠り所にすること、神が最高の普遍——全き存在——であることだ。これは聖書の語彙が永遠のロゴスを反映していると主張した。その結果、至高の話し手であり最高位の普遍としての神に至る瞑想のはしごを登ることを通じて、真理の文法は綴られることになる。[1]

一方で、中世における新しい方法の提唱者たちは次のように主張した。普遍的なものは、用語において定義されたり再定義されたりするような、人為的に調整可能なモデルである。それは用いられる文脈の中で、常に的確に新しい意味を受け取る。こうして人間的対話のための世俗的責任を再び要求することで、新しい方法は、論理的なルールや批判的なコントロールを超えて明確に偽りの世界を作る古い方法を告発した。しかしながら学術的にも技術的にも矛盾しているようだが、両者の方法にとって聖書の解釈は、それゆえに究極の権威は、危機に瀕することになる。こうした理由によって論争は、たとえこれらが今日の私たちを魅了する論争であるとはいえ、言語学的、論理的、あるいは認識論的な理論に関する抽象的な議論に制限されることはなかった。

新しい方法のプログラムは、知識の土台において継続的な衝撃波を打ち立てた。一五世紀、新しい方法をとる人は後期中世のトマス主義とぶつかり、宗教裁判に触れることになる。一九世紀も遅くになって観念論の盛りの中で、彼らはドイツ体系の構築者と対峙した。近代の普遍主義者――新トマス主義者と彼らに対する新プロテスタント派の対抗者――は肩を並べて、自分たちが世界の調和と規律を守るのに、意図せずとも連合していると見ていた。新しい方法をとる人、すなわち偶然性の擁護者たちは、戦線が形而上学から科学と歴史に移動したとき、新しい役割を担って再び登場した。後の新しい方法をとる人が、もともと論理と文脈における意味の定義に関心をもっていた一方で、彼らは自分たちの批判的な観察手段を、虚構から科学的事実を切り離すことに用いた。彼らはそう思っていたのだが、自分たちの責務は、永遠法という地位を求めながら、一般概念の中に偶然的な出来事を閉じ込めて飼い慣らそうとすることの無意味さを明示することにあった。

理性の時代がドイツに到来したとき、古い方法は新しい力と共に再度登場した。三人の偉大なる常軌を逸した人々――ゼーレン・キルケゴール、フリードリヒ・ニーチェ、カール・バルト――は、時代においても、文学と哲学から聖書研究に至る分野においても異なるとはいえ、それぞれが独自の見方でもって、その時代の体系構築者の強大な勢力を、個々の反抗を通じて証明することになる。彼らの声は、調和的理性の甘美な調べによって、当世風のライトモチーフによって、効果的にかき消されてしまう。ますます優勢となる歴史的な議論の中で、古い方法は、歴史的ドラマのカオスを出来事の自明の連鎖の中へと再編成した。そして、すべての理解がえられたと歓喜に満ちて告知した。失われたのは驚嘆の素養であった。驚きは、一般人や未熟な人々の粗野な精神を示す野暮な感傷とされてしまう。

こうした二つの方法のあいだの戦いの歴史は、中世という時代がどれほど私たちと共に残存しているかを示している。一四九四年、セバスティアン・ブラントはドイツ領内を廻る『阿呆船』(*Das Narrenschiff*)を世に送り出した。一五一一年、そのラテン語版ともいえる『痴愚神礼讃』(*Stultitiae Laus*)が加わった。ミラノからロンドンへ向かってがたがた揺れる馬車の中、エラスムスによって書かれたものだ。これらのベストセラー作品は、皮肉なユーモアを技巧的に用いて、急速に成長しつつあった一般読者を、日常生活の偽善に対して鋭敏にさせた。しかし宗教改革の途上に至るには、嗤いを超えた現実的変化が必要であった。これら風刺以上に、新しい方法は形而上学的な基礎、つまり長いあいだ触れてはならないものと思われていた教会と国家という神が定めた構造に対して、より深く突き進んでいった。新しい方法は古い方法と一五世紀にはじめて衝突した後、マルティン・ルターの中に予期せぬ代弁者を発見した。彼はこの方法を、すべて自分自身の演壇と結び付けた。聖書の錠前を開けることにより、ヴィッテンベルクの宗教改革者は悪魔と戦うために死力を尽くしたのである。なぜなら、彼は時が迫りつつあることを知っていたからであり、さらにその理由も知っていたからである。

ところでプロテスタントの歴史は、生身のルターではなく、彼が机の前に座り、聖書を読み、まさに転回として描かれた大発見をするルター像に倣っている。終末の人としてではなく時季を通じた人として、勝利をえたプロテスタンティズムの象徴として、ヴァルトブルクの不動の英雄として、ルターは一八一七年の第二帝国の設立を祝福し、さらに一九三三年の第三帝国を合法化するが、それ以降は無視されるか、愛国的な栄光の雲の中にカモフラージュされる運命にあった。これは大雑把な物語ではある。が、一六世紀の荒れ狂った戦いのせいではない。もともと新しい方法の転覆を忌み嫌っていた記録保持者たちの手から、歴史的記録自体がもぎ取られねばならなかったからである。まるで通りの泥や騒めきから保護され、市場の騒々しさや臭いを忘れて精神の成長に集中することで、私たちは歴史上のルターの姿を、いとも簡単に見失うことができる。しかし実際のルターは、同胞と同じく、日々の生活の厳しい現実の中に生きていたのだ。そうした背景から思想は生まれ、あるいはこうしたときに特定の聖書箇所が突然に現れて出て、声高くはっきりと主張を開始したのである。同時に、皇帝から市参事会員、高位聖職者に貴族から地方の官吏に至るまで、これら権威の持ち場にある人々――変化への挑戦に応える責任をもつ人々で、しばしば「支配的なエリート」として退けられた――は、宗教的かつ社会的な権威に対する挑戦を、社会的結束や共同体的価値に対する脅しと見なさざるをえなかった。社会思想史の中に分け入り、泥と市場、組合会館と参事会館とを、厚みある記述に取り入れることによってのみ、私たちは何とかして信仰告白的な勝利主義に打ち勝ち、公正な判決という重大な課題を遂行できるのである。私たちが宗教改革と呼ぶ不可避な衝突の中で、あらゆる党派が火あぶりにされたことを考慮したうえで、それは可能となる。

オックスフォードとハーヴァードのおかげで中世の知性史家に成長する準備ができたので、いよいよ私は文書資料を携えてテューービンゲンへと乗り込んでいった。これは宗教改革が中世の思想に深く負っていること――ルターの場合には新しい方法におけるノミナリストとしての訓練――の証拠で満ちていた。私はまた、こうしたアプローチがドイツの宗教改革研究者の誰からも歓迎されないことも知ることになった。この認識はすぐに確かなものとなる。しかし、この嫌気を「始まりをもたない男」、すなわち新鮮なスタートを切って伝統を打ち破った男への、既得の信仰告白的関心のせいだけにしたのは間違いであった。問題は、遥かに原理的なことであることが証明された。つまり、ルターによって中世的伝統の暗黒面であり重荷と見なされてきた古い方法は、イマヌエル・カントと初期のマルティン・ハイデガーとのあいだでドイツ哲学の支配的な特徴となり、共通の推力になっていたということである。一貫性の理念は飛躍の一つの出発点を求めた。それは高く崇められた始まりであり、証拠と真理の条件として高名な一元論を伴っていた。その目的は、閉じられた体系にあった。それに対して、多元性は不確かな状態である。こうした心性は一九世紀と二〇世紀の歴史的な解釈にも、宗教思想にも決定的な影響を及ぼしてきた。ところが新しい方法は、実験によってテストされる柔軟なモデルをデザインし、絶えず新しいデータと適合した。それに対して古い方法は、経験された現実を演繹法によって説明するのに、根本的公理を奉じていた。帰納法原理の現代的追求は、英語を話す世界では科学者にとっても歴史家にとっても、事実をテストするのに最重要であるが、ドイツ観念論の門人には異質なままだったのである。

こうした古い方法は、これに好意的な文化風潮と追い風になる経済状況の中で台頭していった。ドイツのエリートによる一九世紀イデオロギーは、これまで認められてきた以上に、政治に対して――おそらく積極的な参加と同じくらいその撤退においても――より深い衝撃をもたらした。ヴァイマール共和国が消滅してからアドルフ・ヒトラーが台頭してくるあいだ、ドイツ学術界の受け身的な姿勢に関する最近になって書き換えられた研究は、ハイデガーの後ろに、一九三〇年代という決定的時期に偉大な指導者がいたことを予見し始めた。彼らは世論を結集させるのに失敗してしまった。ドイツ文化の根底にある弱点の一つ、古い方法に対する知的な従属に対しては、さらに摘発が待ち受ける。これは国家の運命、人種のアイデンティティ、そして民族性といった普遍的なものに形而上学的な合法性を提供することで、ナチズムイデオロギーの格好の餌食となった。宗教改革史においてこうした心性は広く行き渡り、それに合わせて有害なものとなる。二〇世紀前半の五〇年間、ルターと宗教改革史における彼の役割が解釈されてきたやり方については、ドイツの学者たちが中世的過去を範としていたということを理解する必要がある。それは彼らが自分たちの背後に永久に置き去りにしたと主張したものだった。中世的ルーツから自ら離脱したので、春に花が満開となるように、この宗教改革者は故郷の土壌から花咲くことが可能になった。それによって彼の思考の成立や展開に伴う複雑な過程は、覆い隠されてしまったのである。

ジャン・カルヴァンは明らかに、よりよい状況にあった。歴史的ルターの挑戦が新しい方法をとる人としてのルーツに気づくことなしに理解されえないにしても、彼によって鼓舞された最も影響ある運動の一つは、全く異なった軌跡を辿ることになる。改革派宗教改革は、ルターのように満足と安堵を感じて古い方法から遠ざかることは決してなかった。これは部分的には、スコラ主義全体から何かを救い出すには、これがあまりにも時代遅れであるというカルヴァンの人文主義的確信によるものであるが、さらに彼の運動の社会的基盤状態にもよる。一五三六年に入るとすぐ、ジャン・カルヴァンは『綱要』（*Institutes*）の初版を考案した。それは後に、充実しながら均整の取れたものへと発展し、簡潔な宣言書、信仰の本質に関する的確な要約となった。しかし厳格で堅固な組織は、学生やいつか学派の開祖となることを夢想する熱心な門弟に基礎を教えるのに役立つ。フランスへと向かう大胆な密使たちに明確な手引きを与えるため、カルヴァンは絶妙な組織を発展させ、この点でも近代のルターとは異なる道を選んだ。カルヴァンはこの手引書を、聖書教義への導入として、ただ「教える目的」（*docendi gratia*）のためにあると再三主張した。にもかかわらず、その追従者たちは、トリエント公会議で蘇ったカトリック主義や迫害がますます強まってきたので――故意にではないが指導者の目的を曲解して――教義システムとして『綱要』を信奉するようになる。こうしてカルヴァン主義は、ヨーロッパを渡り新世界の岸にまで、聖書の根本にある真理の明確な要約を運んだ。これ以後、国際的プロテスタンティズムは、ルターによるカトリック主義から身を守りつつ、人生と思考のための断固とした反‐カトリック的プログラムに変わった。

ルター主義は、教義上の共通理解と安定に向けて努力しなければならなかった。これはその創設者により組織的指導者がいないまま置き去りにされていたが、それでも後継者、新しい方法をとる人、フィリップ・メランヒトンが「ドイツの教師」（*Praeceptor Germaniae*）という称号をえる。しかし実際、彼にこの役割が負わせられることはなかった。一五五五年のアウクスブルクでの不安定な和議、そして甚大な被害をもたらした三〇年戦争（一六一八―一六四八）の後、ハインンツ・シリングのいう宗派主義の時代が続く。それは、生活のすべての領域で平和と秩序とを求める雰囲気が漂う時代でもあった。同じく異端への憎悪は安定した教皇制を求め、トリエント宗教改革に火を点けた。そしてドイツのプロテスタンティズムに、その教授たちに厚い信用を与え、強力な権威を大学に委ねるようにさせた。プロテスタンティズムは組織を必要としていたので、新しい方法をとる人を相対主義的懐疑論者だと非難した。これは宗教に経験可能な知識という地位を認めず、新しい方法の開かれた批判的な態度を、自然科学の領域に追いやってしまったのだ、と。こうして大学のエリートたちはドイツ観念論を歓迎するように準備され、閉じたシステムとしての古い方法が蘇る。そして、これこそが知的な確実性をもたらすものだ、と歓喜して迎えた。

結果はプロテスタントの統合失調症であった。それはルターの思想を純粋に称賛することと、ルターの思考法を拒絶することとの融合であった。診断未確定とはいえ、これはそれ自体においては例外的でも、また必ずしも有害なものでもない。すべての文化において、東でも西でも哲学説は往来し、それに応じて知識を増し加えながら、その意味では持続的な貢献をする。しかし、そうした進展は歴史家たちに、与えられたシステムの同調者としてではなく、信頼ある過去の財産管理人となることを要求する。記録を保持する者がシステムの形成者でもある場合、歴史家は容易に預言者になりすましてしまう。フリードリヒ・ヘーゲルという強力な影の下で、まずは知的な多元主義に疑いがかけられた。そして、これはおとしめられ、ついには第一次世界大戦のあいだに、西的つまり非‐ドイツとして退けられてしまった。このようにしてドイツの教養人は民主主義の到来に対して適切な心構えをとることが全くできなかった。それはただの混沌となり、当然のこと一般大衆の声は教養を欠いていた。一九三〇年代の激動の中、国民の運命は危ういものとなったが、高慢だが、広く尊敬されてきた教授たちは、ヴァイマール共和国を支援することにすら失敗してしまう。その代わり総統の誘惑に屈服したのである。

第二次世界大戦後の目を見張る経済復興のゆえに、ドイツは大いに称賛されてきた。さらに輝かしいのは、政治上の復興である。ヨーロッパで最初に民主的な制度を構築し、責任ある政党、堅固な貿易連合、情報メディアによる豊富な多元主義を作り上げたのだ。それとは対照的に、大学は傍観者であることに満足してきた。一九六〇年代の短い学生革命を挟んだ後は、保身と復興に専念した。つまり一九世紀に果たした役割に安心して戻ったのだ。なおも宗教改革について大学からの見方が今日の正統主義であると主張する限り、これら大学は継続中の進歩と戦わざるをえないであろう。

古傷は社会的な孤立という環境の中で容易に膿み始めている。ドイツのルター研究では、過去は更生の過程だという初期の兆候が、いくつか見受けられる。かくしてエマヌエル・ヒルシュとその業績を称賛するグループは、彼のルター研究への貢献を称えるために協力しただけではなく、宗教改革史におけるヒルシュの学問業績の編集作業も進めてきた。しかし学問と政治とは分離されるし、またすべきであるという誤った確信を理由に、彼らはヒルシュが第三帝国期間中に自身の態度を正当化するためルターの権威に拠り所を求めていたことをなおざりにしようとする。企画編集者に編集後記があるように、現代の神学はヒルシュの声を「無視できない」でいる。それは確定されていない細部を除けば、「客観的な読者ならば誰しも結論を下すであろうものとして」[2]今日でも聞くに値するものだ。エマヌエル・ヒルシュは、ドイツをヒトラーの熱狂へと向けさせる運動の中で、決して非主流の人物などではなかった。むしろルター学者としての全権威を、ヴァイマール共和国の消滅とアドルフ・ヒトラーの台頭を準備するのに用いたのである。[3]ヒルシュによる時代兆候の解釈は、摂理の教義へと入り込んでいった。これはナチのイデオロギーへの道を舗装し、これを彼は決して否定しはなかった。そのような神的なものが介入すること（神の指導）の鍵となる兆候は国家の再生であり、これはドイツ人文主義によるドイツ的人間性（*Deutsche Humanität*）というユニークな現象によってもたらされた。古い方法という典型的普遍性は英語には容易に翻訳しきれないが、それでもヨーロッパ中に広まっていった。むしろエマヌエル・ヒルシュのほうがその信奉者たちよりも、政治と学問が接近していて、こうした場合には分離できず、互いに結び合っていることを明確に見抜いていたとは、皮肉である。ルターの聖書的な終末論に対しての認識をもたずして神の啓示という船へと乗り込むという、ドイツ史において最も暗黒の時代をヒルシュは作り出したのだ。彼は自身の過去に関する誠実な始末書を提出しようとした。[4]私たちにも次の世代に対して、同様の誠実さを負う責務が課せられている。

終末から現代へ

預言者ゼカリヤ。その説教と記述は紀元前五二〇年から五一五年のあいだとされ、正確には定められない。彼が「小預言者」として知られていないのは重要ではないからではなく、主の日が近づいていることに彼が明確に気づいていたからであった。イザヤやエレミヤのような分厚い書物となるような時間は残されていなかったのである。こうした意味でルターは小預言者であり、彼はその終末の宣言から理解されるべきである。ルターによる宗教改革の初期プロテスタンティズムへの移行は、彼の終末論的信念が近代の期待へと変容する歴史である。

　図書館は、近代の性格や始まりについて記されたすべての書物を網羅して建てられねばならない。そうした重要な問題に関して、答えは時と場所に応じて変わり、それは著者についても主題についても明らかにしてくれる。「新しい」人に対してはどこででも時間系列に沿って心地よい議論が求められる。コロンブスからナポレオンのあいだ、イングランドのエリザベス一世やスペインのフェリペ二世にも、デカルトやスピノザにも、コペルニクスやケプラーそしてニュートンにも、そうである。宗教改革史における主要人物は、しかしながら、信仰告白上の自負心という理由を抜きにしても、そうしたリストにあげられるのはまれである。しかし近代は、かつて誇っていたようなものではない。後近代（*postmodern*）という批判的用語の出現は、グローバルな原理主義と一致する。それは過去の価値観の保護と、近代性のすべての発現に対する懐疑とを結合する。右派と左派はまれな連立政権を形成して、近代性という彫像を少しずつだが精力的に取り崩しつつある。

　私たちの責務は、こうしたイデオロギー的闘争に加わることではない。この書物の目的に沿えば、近現代の始まりを確定する必要もなければ、その概観を辿ったりする必要もない。私たちは、ともかく何らかの未来を暗示するものを捜し求めたいのである。というのも、実存的な希望は近現代と密接に結びついているからである。私たちは、いったい歴史のどの地点に立っているのだろうか。

　ここでの主要な二人の役者、ドイツのルターとフランスのカルヴァンは、しばしば同じ宗教改革者という称号の下に組み込まれるが、彼らはそうした問いに答えるにしても時代がかけ離れている。したがって改革に対しても、彼らは非常に異なった教義を示している。理解するのにどれほど苦しむにしても、社会グループの流動化は未来の解釈によって引き起こされ、これによって政治的な戦略や指針の選択も導かれる。終末が差し迫っていることを想起する預言者たちは、自分の考えをはっきりいうことも、その計画を長期的な利益と妥協させることもできない。

　ルターとカルヴァンの終末論を論じる場合、私は年齢の若いほうから始めたい。というのも、そのほうが私たち二一世紀から見た過去、現在、そして未来の感覚により近く、容易に捉えることができるからである。エラスムスの時代は過ぎ去ったとはいえ、その基本的ないくつかの前提は生き残っており、ゆえにいろいろな点で同時代人であるカルヴァンに、私たちは感謝しなければならない。「エラスムスの時代」という言いまわしは、しかしながら、精巧で独自なこのフランス人による貢献を過小評価したものだ。ジャン・カルヴァンの精神を形作ったパリの人文主義は、地方での初期の福音運動と同じくらいフランスでは心地よいものであった。エラスムスとルターは、両者ともフランスの舞台に遅れて登場する。もっともエラスムスは一四九五年から一四九九年のあいだパリで勉強していた。一五二三年、ルターのテキストを翻訳したことがフランスの福音派ルイ・ド・ベルカンの投獄をもたらし、一五二九年、彼は火あぶりにされ殉教した。しかしながらエラスムスは、神聖ローマ帝国でのヨハネス・ロイヒリンのように、故郷ではギョーム・ビュデやジャーク・ルフェーブル・デタープルを遥かに凌駕していた。これは、明らかに彼の驚くべき創造性、その文通者や称賛者の幅広いネットワーク、ルターとソルボンヌ派との二つの同時戦線、同じく世論に対する彼の用意周到な準備、あるいは死後の名声によるものである。

　エラスムスはヨーロッパの文化的伝統を象徴するようになった。それは二つの大戦による猛攻撃により崩壊するまで、その生存能力を保ち続けた。エラスムス的規範は、古代の知恵の奪回によりルネサンスの展望を具体化した。それはギリシアとラテンの著作家と良き文芸は同等であり、そうした古典を学ぶことは人生にとって最良の学校を提供すると教えていた。古典学習による教養（*paideia*）だけが機能的な社会にとって必要不可欠なのではない。理想的市民とは、キリストの哲学（*philosophia Christi*）によって教育された学識あるキリスト者であり、それは真の学識と本来の人間性（*humanitas*）とを結合した人々である。今日ではギリシア、ラテン、そして古代の歴史は秘教的な知識となり、エラスムス的な伝統の痕跡はほとんど残っていない。しかしながら基本的な市民権利という近代の成果は、人文主義的に教育されたキリスト者の社会からもぎ取られねばならず、エラスムス自身も反ユダヤ主義者ではないが、（たとえためらいがちにとはいえ）トルコ人に対するキリスト者の戦争を、公正だとして支持していたということを私たちは忘れてはならない。また同時に、私たちは大統領や教皇を選ぶとき、共同社会の幸福が健全な学校教育や責任あるふるまい（私的かつ公的な規律の結合が結合したもの）によって成し遂げられると教えるとき、エラスムスの楽観主義を表現している。私たちはこうした定式の細部に異議を唱えることもできるが、これは私たち近代民主主義における社会契約の基礎として役立っている。

平等の観念は、オランダ人のエラスムスよりもフランス革命により多く負っているとはいえ、この卓越した学者は、ときに尊大であり、帝国や教皇のヒエラルキーを支持し誇示する儀式的外的セレモニーに対して我慢がならなかった。この点で彼は近代的敬虔の伝統に深く負っている。エラスムスは階級のない社会を想像していたのではないが、後に革命によって襲撃されることになる構造を、支援するよりも甘受した。社会的な差異を愚者たちのゲームだと嘲笑うことで、彼は多くの者に――異端審問に関わっている者も含めて――社会の土台を揺さぶっているという恐怖を引き起こした。

この点でジャン・カルヴァンはエラスムス派であった。個人の成長もしくは聖化（*sanctificatio*）への彼の確信は、真の教会、キリストの王国（*regnum Christi*）という未来での成長に寄せる彼の信仰と同じくらい驚嘆すべきものである。カルヴァンは精神による発明を優れた学派による成果と見なし、六日間の創造物語をモーセの思考様式に神が調整したもの（*accommodatio Dei*）だと説明し、科学的証拠への敬意を示した。ついに彼は、キリスト教の改革は宗教的敬虔を要求するのみならず、公の奉仕を必要とすると信じるようになった。それは教皇つまり反キリストによる支配（*dominium antichrist*）によるのと同じく、王による絶対主義によって崩壊したヨーロッパ（*Europa afflicta*）を救うためである。こうしてカルヴァンは、そうした一六世紀の世論形成者のあいだでエラスムスと共に位置付けられることになる。彼らは現代の惨事を、よりよき未来の途上にある障害物と見なし、すべての戦争を終わらせるために、これらは戦争によって乗り越えられるべきだと見なした。

異なる言葉を話し、異なる故郷に思いをはせていたことに加えて、エラスムスとカルヴァンは、カトリック教会に関しても異なる観念を抱いていた。エラスムスは特定の教皇――もっとも有名なのはユリウス二世――を批判しはしたが、教皇職への忠誠は、疑いの期間を耐えて抜いて生き残った。結果ついに、それは検査されることはあっても破壊されることはなかった。彼はローマ・カトリック教徒と呼ばれるに値する。しかしカルヴァンは、真の教会を神学、組織、そして儀式の点で、聖書の線に沿って根本的に考え直したので、彼には「プロテスタント」という名称が的確である。さらに改革派教会の影響力ある組織形成者としても、最初のプロテスタントと呼ばれるに値する。

エラスムスもカルヴァンも、決まった住居をもたない巡礼者であった。学識あるエラスムスは「私の蔵書のあるところが自宅である」と主張できたのに対して、祖国からの追放はカルヴァンに、キリスト者の巡礼の意味をより深く探究するよう強いた。約束の地（創一二・一）へのアブラハムの旅は、彼にとって神の書物の中に記されている確かさと同様、鍵となる物語ともなった（*praedestinatio*）。いかなる国も彼には与えられない、というアイデンティティのしるしである。エラスムスが人文主義者の君主として称賛される一方、カルヴァンは亡命者による宗教改革の指導者となった。彼らは攻撃され、古い世界の中でも、また新しい世界へ渡っても、岸から岸へと追い立てられた。このすべての逆境の中で、彼とその追従者たちは、時機は自分たちにとって有利にあるという確信によって支えられていた。多くの時間、つまり未来である。

カルヴァンとルターとの距離は次の点で明らかである。ルターにとって教会は一つの分ち難いものである。カルヴァンは二つの西方教会が存在しうる現実性から出発する。一つはキリスト者による教会であり、一つは教皇によるものである。これらはリベカの子宮での双子の争いによくなぞらえられる苦悩状態にあり、嫡子の権利（創二五・二三）のために戦っている。コントラストは鮮明である。マルティン・ルターは根本的に違った世界に生きている。自分自身の言葉で考え話している。自分自身のデーモンと、事実としての悪魔そのものを感じて戦っている。ドイツの宗教改革史家は過去、従順が最高の美徳であるという仮定の下で、カルヴァンをルターに最も従順な門弟として称賛しようとした。しかし、これほどの誤解はありえない。ルターは――エラスムスやカルヴァンの両者が生きたような――近代の境目に生きていたのではなく、終末の日々（*finis mundi, Endzeit*）に生きていたのである。ルターはこの世の歴史の、まさに最後のステージを経験していたのである。世界の時計がカチカチと音を立てているという鋭い認識は、今日でも非主流的なグループでのみ生き続けているが、ユダヤ的な黙示信仰だとして学者たちによって退けられてしまう。ルター学者は、その英雄の価値を保証するために、ルターの思想と行動の中心的焦点を脇へと追いやってしまった。そしてルター本来のメッセージの主要部分を見失うことで、ルターによる衝撃の神秘の解明に失敗してしまったのだ。

近代のキリスト教は、エキュメニズムの傘を広げようと熱心になり、天国と地獄を解体して、リアルな神とリアルな悪魔とのあいだに生きた男、歴史的なルターから遥かに遠ざかってしまった。ルターのメッセージを今日の教訓として評価すること。つまり歴史の終わりは急速に迫りつつあるというルターの増し加わる確信を再発見し、これを取り入れるとするなら、時間において膨大なステップをさかのぼらねばならない。もし学者がルターのリアルな悪魔に狼狽するなら、世界は終末の段階にあるというルターの確信に出逢って、完全に沈黙したままとなる。ルターはアモス、ゼカリヤ、イエス、ペトロ、そしてパウロとそうした確信を共有していた。彼らは皆、未来は何世紀どころか数か月しか残されていないと見なしていた。善意の内に疑いようもなく無意識的に、ルターの最善の学者でさえ、彼の黙示的な声を沈黙させてしまった。

一五二三年五月、福音を奪われた会衆の権利を主張して、そのための説教者を招聘したとき、ルターは全信者が司祭職にあることを宣言した。正確な最新版（ベルリン、一九八三年）で編集者は、力ある反キリスト者は[5]「この永遠の断罪を受けた最後の時に」(*in dieser verdampter letzten Zeit*)[6]福音を封じている、というルターの警告の平明な反ユートピア主義にもかかわらず、彼がいうところのルターの会衆の権利に関する「ユートピア的な観念」に困惑を隠せないように見える。ルターは使徒ペトロ（「終末の時に」(*in novissimis diebus*) 二ペト三・三［ウルガタ］）とパウロ（「こうした危険な最期の時」(*periculosa tempora*) 二テモ三・一［ウルガタ］）によって、まさにすでに語られたシナリオが開かれるのを見ていた。ルターはこの警告を初期にも後期にも不断に繰り返したにもかかわらず、彼の言葉を読んだルター学者たちが、そのメッセージを受信することはない。

こうした時代は、なぜ危険だったのか。一五二〇年二月、邪悪な何者か、すなわち反キリストがローマの神の家の中心に入り込んだ、とルターは予感し始めた。使徒パウロとペトロの古い預言は「これらの日」に成就される。カトリック教会そのものが、内部から脅かされ占領されてしまう。一五二〇年、ルターの筆はキリスト教貴族たちへ来たる闘争の準備を熱烈に呼びかけて爆発した。救いにとって聖書にある秘跡は必要であった。カトリック的な財産の収集と保持に捧げられる生を基礎付けていたからである。秘跡は恐ろしい仕方で根絶の危機にあった。「これらの日」が終末の時期に違いないというのだ。[7]ルターの現実的終末論――おそらく「ユダヤ人の黙示信仰」よりは軽い概念であるが、終末に関して同じシナリオを描いている――は、カトリックと呼ばれるにふさわしい資格を彼に与えている。近代の方法に導いたルターの教師たちが発見したように、言葉は永遠の文法の不変的反映ではないが、明瞭なコミュニケーションのための、注意深く選択されるべき人間的道具である(*nomina sunt ad placitum*)。これに照らせば、カトリックとはまさにふさわしい用語である。

キリスト教史におけるルターの位置は、ローマ・カトリックのエラスムスとプロテスタントのカルヴァンとのあいだにある。「我ここに立つ」という有名な言葉は、現実にルターによって発せられたのではないだろうが、ルターがその立場をカトリック教会に――右にも左にも少しもずれることなく、まさにそこに――置いていたことは明らかである。彼にとってローマ・カトリック主義は明確な矛盾となってしまった。「昼間の闇」（マタ二四・二九）の真ん中で、預言者は明らかに悟り、そして大声で主張する。教皇制の意図は、東方教会のより古いカトリックらしさの評価をおとしめ、その無謬性に疑いがあるとし、自身の聖人を作り出すことにある。そして苦悩する神の僕ナザレのイエスの名において世界を支配することにある――戯画の戯画――。そうした「荒廃」（マタ二四・一五）の脅かしの下、教会の真のカトリックらしさは強力に妥協なく擁護されなければならない。この世の終わり、大切な日は少しも伸ばしたり縮めたりはできない。

反キリストが聖なる領域を占拠してしまった（マタ二四・一五）。捕囚からの脱出はカトリックの生き残りを意味したが、その代わり聖なる椅子を後にするには、高い代償が必要となる。これは神の言葉（*vox Dei*）を聞き広めるための、権威ある機関であった。しかし今ではローマは敵の手の中にある。キリストの代理者がキリストの場を強奪した。主の日は遠くない（一五二二年）[8]。ルターの宗教改革への希望は、この失われた領域を回復するための大規模な反撃ではなかった。実際のところ「ルターの宗教改革」は、ローマのカトリック主義と同じく、明確に矛盾している。もはや宗教改革は人間が主導することではなく神によるのであり、その王国の到来により間もなく実現されるものである。反キリストが教会だけでなく、すべての人間生活を脅かす限り、公の平和と秩序は緊急の関心事となる。メランヒトン、マルティン・ブツァー、そしてカルヴァンが抱いていたような、宗教改革（*restitutio reipublicae*）の成果としての平和なドイツへの希望とは、宗教改革史家がそのドイツの英雄たちに投影した夢である。

歴史的なルターを再発見する道には、なおもう一つ障害がある。現代における最大の挑戦は、終末の日の恐怖を把握することではない。私たちは核による災いと、沈黙の春による絶えざる脅かしにさらされる時代に生きている。いかなる恐怖の不安材料よりももっと困惑させるのは、主の日が急速に迫っているというルターの感覚である。一五二一年、キリスト者倫理の革命的な再編に関する序文で、彼はこう記した。「私にはその日が近いことは確かである」(*Confide enim instare diem illum*)[9]。そして再び生涯の終わり、自分の死が間近であることを確信し、同じくはっきりと語った。「間もなくこの世は過ぎ去る。それは確かだ」(*mundus . . . mox mutandus, Amen*)[10]。私たちの現代的時間感覚は、礼拝フレーズにある「世々限りなくとこしえにあらんことを。アーメン」という世俗化された感覚と容易に一致する。「主の日」の意味を真につかむことは、新奇な挑戦ではない。初期のキリスト教共同体は、大部分はユダヤ人で、小預言者によるラビの教えを受けた者たちであったが、同じ問題に直面した。ヘレニズム世界を改宗させるために送り出された最初の伝道師たちは、キリストの再臨(*Parousia*)あるいは降臨(Advent)をどう表現したらよいのか、という問題を抱えていたのである。これはイエスの福音において鍵となる救済用語であり、その当時(あるいは現在でも)それを表現する言葉がなかったのだ。神の王国を建設し、新しい天と新しい地とを始めるため、救世主が終末の時にやってくるという考えは、前‐キリスト者であるユダヤ人の考えによっている。これはギリシア語七〇人訳聖書に対応するものをもたない[11]。初期のキリスト教伝道師たちは、異教徒がこうした馴染のないメッセージを理解できるよう、それに見合う言葉を作り出すのに奮闘しなければならなかった。最も効果的な解決策は、ローマ皇帝による都市への祝祭的な入場と、属州への祝祭的な訪問を描写する用語を借りることであった。特に最後の皇帝が即位して以来、都市と地方ではすでに年号を記録していたことが役立った。だが結果としては、混乱が生じざるをえなかった。すでに初期のキリスト者たちはキリストの誕生以来、年号を数え始めていたのである。それによって「主の日」を待ち望む、不快で、常に先延ばしにされる時間は、キリスト教的時代が輝かしく延長されている、というように変容された。キリスト教がそのとき信じ始め、あるいは今日信じているものが何であるかにかかわらず、最初期のキリスト者の終末論の中心には、救いはもうすぐやって来るという期待があったことは疑いようもない。

自由意志に関するルターとエラスムスとの有名な不一致は、未来に関する彼らの見解のあいだの根本的な違いにも、より多くの影を投げかけた。エラスムスにとって人間性は、未来を形成する役割を果たす。ルターにとって歴史の最後のドラマは、神の全能の御手によるものであった。こうした人間学の違いは、彼らのみならず、それぞれの門弟を分かつ膨大な不一致の一部にすぎない。一方では、それのみが宗教改革の名に値する急速に迫る介入（*reformatio causa Dei est*）の前に、最終の立場に向けたルターの呼びかけに応える一六世紀ヨーロッパ人がいた。ここでは人間の働きはもはや有効ではなく――教皇でも、枢機卿でも、宗教会議でもなく――神自身が行動しなければならなかった。他方では、未来に前向きなエラスムス派人文主義者と都市住民階級から運動が起こり、一五三四年までにカルヴァン主義と呼ばれるようになった。この運動は、変容されたヨーロッパという未来像に鼓舞された人々を魅惑した。宗教改革は、その最初の段階となるはずである。カルヴァン派の人々は、平和、秩序、そして正義がすべてに広がっていく深い自信を共有していた。幸福の追求は、すべての王国の終わりにある王国（*regnum Christi*）で最高潮に達する。その支持者たち、市参事会員、商人、そして学校教師たちは、はじめはためらいながらも、後には国際的なカルヴァン主義を担う新しいエリートとなった。ヨーロッパにプロテスタント的特徴を与えたのは、まさしくこの運動であった。

未来改善への期待をめぐるルター派とカルヴァン派のあいだの隔たりは、その非常に異なるルネサンス評価にも及んでいた。エラスムスとカルヴァンはルネサンスに対して無批判ではなかったが、それが望みある未来への扉を開くことに確信をもっていた。こうした確信に対して、ルターの評価は鋭い対照をなしていた。ルネサンスの成果を否定したということではない。彼は、運動の射程を通常の「よき文芸」からグローバル貿易、絵画、彫刻、版画のみならず可動活字や大砲にまで広げた。[12] こうした成果はキリストの誕生以来、私たちが目にするものの中で比類ないものである、と彼は述べた。「今日で二〇歳の若者は、かつての二〇人の博士たちよりも行動し、知ることができる」。しかし、このようにこの世の事柄で熱狂的に爆発的に前進することは、霊的な領域におけるのと同様、過度の興奮のしるしであることは明らかだ、とルターは考えていた。そこで福音は廃棄され、憎悪は高い天にまで臭うことになる。「こうしたことはもう続くはずがないことを私は疑っていない。君がそれを知る前に、すべては終わりになるだろう。アーメン」[13]。もし、ルターが「ルネサンスと宗教改革の歴史」について連続講義をすれば、今日のそれと似たところは――特に現代のルター学者によるものとは――ほとんどなくなるのは明らかだ。もっと正確にいえば、ルターの講義は、カルヴァンや彼から影響を受けたプロテスタントのものとも、非常に異なっていることだろう。

プロテスタンティズムがルターから距離を置いたなかで、ルターによる教皇の反キリストとの指摘をプロテスタンティズムが拒絶したことほど意味深長なことはない。ルターという、長らく確信を持ち続けたローマ・カトリック教徒にとって、警告的呼びかけとしての「反キリスト」は、中世における激怒の兵器庫の中でも最も重い兵器であり、恐怖の叫びでもあった。それは想像もつかないことの発生を表していた。地獄からきた驚愕すべき者、悪魔が、教会の中心に、ローマの最も神聖な司教区に突入したのである。反キリストは枢機卿によるコンクラーヴェ（教皇選挙会議）で、悪魔的実在を確立した（二テサ二・一―四）。「この終末の時」における福音のメッセージは、カトリックらしさを活発化するための呼びかけである。教会の信仰、その価値、その学問、その支配は、もはやキリスト教という船を浮かばせておくには十分ではないが、教会に託されていた不変的カトリックの財産――神の約束、御言葉とサクラメント――を整理して、この船を着岸させるチャンスは一度だけ残していたのである。ローマ教皇庁に足場を獲得した悪魔的なる者の仮面を剥がした最初の人がルターである限り、彼は西洋のキリスト教を飲み込んだ教皇の大波と戦った最初のカトリック信者である。ほぼ一〇年後マールブルクでの会談の後、そこで彼は聖餐に関する自身のカトリック的見解と、新しいプロテスタント的見解との隔たりに気づくことになるが、敵対者による最後の極めて寛大な申し出に対して、次のように答えている。「あなたたちと私とのあいだには克服できない違いが、精神においても心においてもある」（*sensu et affectu sumus dissimiles.* チューリッヒ、五月一四日、一五三八年）。これは聖餐におけるキリストの実在に関する嵐のような討論で明らかにされた違いを遥かに超えたものであった。ルターのカトリック的なものの感覚は、独自のものであった。しかもそれは、終末の時に関する宗教改革理解の根本的なものであった。カルヴァンとブツァーは未来のため妥協による一致を求めたのに対して、ルターは「ここ」の立場をとった。なぜなら未来は現在となったのであり、もはや失う時間も、交渉している時間もなかったからである。

改革派プロテスタントの伝統でも反キリストという用語を広く用いるが、それは違う意味においてである。悪意な教皇による政治であるにせよ、イエズス会士による逆襲であるにせよ、フェリペ二世によるオランダの荒廃にせよ、スペインの無敵艦隊の侵略による脅かしにせよ、そこで反キリストが邪悪な策略を特徴付けることはない。改革派はなおも反キリストを悪の帝国と理解しているが、それは時と共に消滅しなければならないものであった。反キリストによる陰謀は一時的な後退に導くかもしれないが、信仰というより大きな尺度のうえでは、それは歴史の支配者への介入のように見られた。この支配者は人々を約束の地へ、規律という道具（*flagella Dei*）を用いて導いてくれる。ときに現在はもの悲しく見えるが、それは終末の時を合図するどころか、そうした試練はヨーロッパにとって、そしてすぐに新世界にとって、幸福な運命を暗示する神聖な道なのである。

ある手紙の中で、私たちは初期カルヴァン主義の基質に接近する。それはヴォルフガング・カピトによって書かれたもので、彼はマルティン・ブツァーと共に数年間、シュトラスブルクで指導的な宗教改革者であった。それは、カピトがカルヴァンに避難所を用意した重要な年に当たる。カルヴァンはジュネーヴを丘の上の都市に変えるという使命に失敗した。聖職者支配という重荷への回帰に反対する市長老たちの抵抗に、打ち勝つことができなかったのである。そこで一五三八年ジュネーヴから追放され、シュトラスブルクに時機をえた最適の場所を見出したのである。ここは一時的な避難所である以上に、伝道手段を考え直し洗練させる実験場となった。一五三八年一月一二日の手紙でカピトはシュトラスブルクをありのままに評価して、都市の宗教改革が、当局と牧師に俗人たちを等しく見殺しにするように導いている、と記している。しかし、こうした危機は今ここで反キリストが引き起こしているのではなく、長期的な無神論によるものである。公の道徳は世俗の権威に委ねられない、と彼は断言する。というのも彼らは、自分たちの短期的な政治目標によってのみ駆り立てられているからである。同時に、聖餐について二つに割れた討論が、福音派の牧師を争いの横道へと唆している。こうした争いによって彼らの第一の義務、つまり信徒の霊的な世話がなおざりにされている。このようにして見捨てられることで、長いあいだに人々の多くが宗教の感覚を全く失ってしまうことになるのだ（*ut nihil tandem credat*）。「残されたただ一つの望みは、主の杖が恵みの道に戻るように私たちを駆り立ててくれることだけである」（一月一二日、一五三八年）。この神の杖は、間もなくカルヴァンと国際的なカルヴァン主義を駆り立てることになるが、それは終末の時の罰としてではない。信仰者を激励する杖であり、彼らを希望ある未来の方向へと連れ戻す杖である。この計画は、その最も重要な立案者であり卓越した語り手としてのジャン・カルヴァンと共に、ルターのカトリック教会の本質と使命を徹底的に再考した。

最初のカトリック教徒であるルターと、最初のプロテスタント信者であるカルヴァンとの対照は、それぞれの活動によるそれぞれの影響と大いに関係し、ともに一六世紀ヨーロッパの一連の出来事に甚大な影響を及ぼした。これは、たとえ聖餐のような議論が戦わされている領域や、あるいは彼らは競争相手でしかなかったとはいえ、二つの主義のあいだに重要な連続性がないことを意味してはいない。しかし時代という時計の読み方において、その差異は遥かに離れたものとなり、ついには平行線的な関係となる。カトリック教会の土台が揺らいでいるという発見は、ドイツのルター主義に安定性への渇望をもたらしたが、それはカルヴァン主義が探求しようとも尊重しようともしなかったものである。ルターの選帝侯フリードリヒ賢侯による保護と、一五五五年アウクスブルク宗教和議による安定的な影響は、ルター派に世俗の権威に対する、ある程度の信頼をもたらした。それは改革派の避難民が決してえられないものであった。さらにルターは、キリスト者に世界とその素晴らしさを、より満喫するように鼓舞した。というのも「明日」は主の日だから。カルヴァンと国際的なカルヴァン主義は天へのパスポートをもっているだけであり、自分たちに与えられた地上での時間は、訓練と永遠の生のための準備であると信じられていた。十戒は、砂漠で道を示す地図のようなものであった。かつてルターは修道士であったが、真の平信徒となった。一方で改革派の平信徒は、アブラハムの子ども、イサク、そしてヤコブ、彼らの大修道院長イエス・キリストの下に結びついて、真の教会の最古の秩序に加わった。このプロテスタントの秩序は、ヨーロッパの精神と良心をかけて、ローマによる刷新された修道制との、来るべき戦いに備えていた。

カルヴァン派の巡礼者たちがヨーロッパの海岸に至り、そこから大西洋を横断して渡る準備をするまでに、彼らは主の杖、主の意志を知り、また歴史における主の計画も知った。そのとき彼らはルターの世界の終末から離れて、大陸のみならず時代からも距離をとった。彼らの未来は、摂理という広大な地所にあった。彼らは帆を上げ、神聖な潮流に沿って流され、そして上陸した。近代への途上にある選ばれし先駆者として、彼らは見知らぬものに対して勇敢に立ち向かった。彼らはその鞄の中身が、ルターが恐れと内的な苦しみを伴って否認した修道院の過去の財宝であることに、まるで気づいていなかった。この中世の遺産は「プロテスタント・ピューリタニズム」と誤って名付けられている。というのもヨーロッパとアメリカの歴史は、互いに隔たっていたからである。しかし、私たちが巡礼者の帽子の下に修道士頭巾を発見すれば、彼らが上陸した土地、適切にプロヴァンスタウンつまり管区町と名付けられたところから西へと導く足跡を、私たちは見つけられるはずである。不測の出来事に対処していくため、彼らは摂理を常に新しく作り直していったとはいえ、彼らの確たる現実認識と適合した独立心や、自給自足の感覚も身に着けていった。この新しい岸辺でプロテスタンティズムは、幸福の未来図、終わりなき世界の中で自分たちが探し求めた末に見出した虹に作り替えられたのである。その起源が何であるか知らない人々ほど、プロテスタント的な幸福社会を信じる人々はいない。

巡礼者たちは開拓者であり、新しい世界を自分たちのイメージや好みに合わせて形作ろうとする避難民であり、その最初の波であった。今日の文化的エリートは、新世界のるつぼという概念に懐疑的であるが、「アメリカン・ドリーム」、つまり楽園への人間の夢という形で生き残っている。宗教改革は、未来の改善というインスピレーションと同時に、現在の厳しい現実に関する鋭敏な認識をもっている。これらはともに、地球で人間が置かれ状況を評価するための基準を提供している。

注

（1）普遍論争については、次を参照。Marilyn McCord Adams, "Universals in the Early Fourteenth Century," in *The Cambridge History of Later Medieval Philosophy: From the Rediscovery of Aristotle to the Disintegration of Scholasticism, 1100-1600*, ed. Norman Kretzmann et al.（Cambridge: Cambridge University Press, 1982; rev. ed., Cambridge: Cambridge University Press, 1977）, 411-439.〔邦語では、次を参照。山内志朗『普遍論争――近代の源流としての』平凡社ライブラリー、二〇〇八年。〕

（2）Emanuel Hirsch, *Lutherstudien*, vol. 3, ed. Hans Martin Müller, *Gesammelte Werke / Emanuel Hirsch 3*（Waltrop, Germany: Hartmut Spenner, 1999）, 327.

（3）Emanuel Hirsch, *Das kirchliche Wollen der deutschen Christen*, 3d ed.（Berlin-Steglitz: Evangelicher Pressverband für Deutschland, 1933）, 6-8.

（4）主に次を参照。Emanuel Hirsch, "Meine theologische Anfänge," *Freies Christentum* 3 no. 10（1951）, 2-4; "Mein Weg in die Wissenschaft, 1911-16," no. 11, 3-5; and "Meine Wendejahre, 1916-21," no. 12, 3-6.〔邦語では、次を参照。R・P・エリクセン『第三帝国と宗教――ヒトラーを支持した神学者たち』古賀敬太・木部尚志・久保田浩訳、風行社、二〇〇〇年。深井智朗『ヴァイマールの聖なる政治的精神――ドイツ・ナショナリズムとプロテスタンティズム』岩波書店、二〇一二年。〕

（5）*Martin Luther: Studienausgabe*, ed. Hans-Ulrich Delius（Berlin: Evangelisches Verlagsanstalt, 1979）, 3.77, 20.

（6）*Studienausgabe*, Delius, 3. 79, 4; WA 11, 411, 26.

(7) Martin Luther, *De captivitate*, WA 6, 497-573.
(8) WA 10 1.2.95, 18.
(9) WA 8. 576, 23.
(10) WABr 10. 554, 8, no. 3983.
(11) アモス書五章一八節。
(12) 一五二二年 *Adventspostille*.
(13) WA 10b1. 2.95-97; 97, 25.

（菱刈晃夫訳）

第五章
ルターからヒトラーへ

マルティン・ルターの宗教改革がアドルフ・ヒトラーの第三帝国への道を備えたという命題は、その時々にさまざまな論拠に基づいて主張されてきた。しかし、第二次世界大戦以降、この命題は、ドイツの反ユダヤ主義がホロコーストの隠れた推進力だったという一つの見解に依拠することになった。この問題に触れることを全く避けてきた宗教改革史家たちの思わぬ貢献であるとしても、宗教改革の遺産の大半は、世間一般の認識においてほとんど損なわれてはいない。しかし、彼らがこの問題にあえて触れたときには、ホロコーストというトラウマに深く根ざした先入観と闘わねばならなかったのである。確かに、ドイツ人が「ヒトラーの自発的死刑執行人たち」(1)と呼ばれるようになるかなり前から、すでにルターに関する書物は非公開になっていた(おかげで、私はエルサレムのヘブライ大学の図書館で、ユダヤ人に関する、そしてユダヤ人を反駁するルターの著作の唯一の校訂版の頁を、ひそかに切り取る羽目になった)。私の著書『ルター——神と悪魔の間の人間』(*Luther: Man between God and the Devil.* 一九八九年)について、著名な朝刊紙フィラデルフィア・インクワィアーが「史上最強の反ユダヤ主義者」という見出しで書評を掲載した際、批判の的になったのは、私がこの本の第二部でようやくルターとユダヤ人について取り上げたことと、書評者にとって至極当然な結論に行き着かなかったことだった。また(極右の御用歴史学者エルンスト・ノルテにアデナウアー賞を授与したことのある)ドイツの首相が、『ヒトラーの自発的死刑執行人たち』（*Hitler's Willing Executioners*）の著者ダニエル・ゴールドハーゲンにドイツ共和国功労勲章を授与した時でも、この議論が深まることはなかった。〔訳注1〕むしろそのことでドイツ政府の指導者は、ホロコースト以後に生まれた特典が留保されていた人々すべてに、集団的犯罪の烙印を押すことになったのである。私の『反ユダヤ主義のルーツ』（*The Roots of Anti-Semitism,* 一九八四年）では、問題の焦点をルネサンスと宗教改革の時代に遡及して論じたが、それは、この感情が爆発する地雷原に踏み込むことによって、さまざまな伝説に包まれた物語を非神話化すること、そしてそのために考慮すべき問題を示すためであった。

それは、まず原則として、キリスト教が伝播したところには、反ユダヤ主義の種が蒔かれ、条件さえ整えばそれはどこでも芽生える、という前提から出発しなければならないことであり、反ユダヤ主義はまるでヘビのように、絶えずその装いを変化させるということである。ダーウィン以前においては、それはしばしば反ユダヤ教として現れたし、二〇世紀には反シオニズムの姿に変えられてきた。五世紀の聖アウグスティヌスと一九世紀後半の教皇ピウス九世との間にある違いを理解するためには、それぞれの歴史上の時期にふさわしい問いを立てなければならない。一五、一六世紀においては、キリスト教に改宗したユダヤ人に対する態度が有効なリトマス試験紙になる。それは、一四九二年にスペインからユダヤ人が追放された後、ユダヤ人という出自のしみを洗礼がぬぐい消すことができるか否かが焦眉の問題になったからである。つまり、マラーノ〔スペイン語で豚、ないし汚れた人をさす語で、改宗したユダヤ人への蔑称〕がキリスト教ヨーロッパ全体に拡散するという不安が増大したことを意味する。反ユダヤ主義に対するこのリトマス試験紙の結果は、ルターよりもデシデリウス・エラスムスの名声を貶める結果になる（それは、偉大な人文主義者でオランダの数少ない国民的偶像エラスムスの信奉者を、フィラデルフィア・インクワィアー紙の書評者のように、がっかりさせるに違いない）。ルターが、改宗したユダヤ人と非ユダヤ人〔ユダヤ人から見た異邦人＝キリスト教徒〕を、一つの分け隔てのない教会に属する対等なメンバーであると考えたのに対して、エラスムスは洗礼の水にそれほど大きな効力があるとは信じていなかった。例えば、洗礼を受けたどのユダヤ人の腹を切り裂いても「六〇人の洗礼を受けないユダヤ人が生まれる」と彼は公言していた〔訳注2〕。エラスムスにとって、ユダヤ人は、何をしようとも所詮ユダヤ人でしかなかったのである。この点についてエラスムスの忠実な支持者であったのが、ルターに対抗した最初のドイツ人の論敵ヨハン・エックである。彼はルターがユダヤ人に好意的（ユダヤ人の父）であると論駁し続け、彼が「キリスト殺し」の味方だと言われることを断固拒否するようルターに要求した。そこでルターは、すべてのユダヤ人はキリストと教会の敵であるという中世のカトリック教会の固い信念を、余すところなく詳述したのだが、ルター自身は、ユダヤ人の憎悪も福音によって克服され、洗礼の水において洗い浄められると考えていた。

われわれが一六世紀の反ユダヤ主義のために考案したリトマス試験紙においては、エラスムスよりルターのほうが有利だとしても、他の観点ではルターに厳しい結果が出ることは避けがたい。キリスト教教義の核心にある毒素を解毒するためには、中世のいかなるオピニオンリーダーよりもヴィッテンベルクの宗教改革者ほどふさわしい者はいない。すなわち、イスラエルはその不従順によって神との契約を破ったのであり、キリストの教会という新しい契約によって取って替わられたのだ。はっきり言ってしまえば、イスラエルは追い出されたのだ、という前提をルターは取り除いたのである。ただ恩恵のみによる信仰義認というルターの発見は、神は人間の不従順に対して神ご自身の仕方でふるまわれることによって、神が神として際立たせられ、そして契約を破棄するのではなく、新しい契約を立てることによって、神は歴史を創られるお方である、ということを確信させたのである（エレ三一・三二）。ルターの名が知れ渡るようになったのは、救済は人間の道徳的な信頼性にではなく、契約の神の誠実さに基づくという認識によってである。しかしながらルターは、その同じ洞察がイスラエルに対する彼の厳しい判断を招来するかもしれないことには気づいていなかった。その点に関して、ルターも時代の子だったとか、同時代人のエラスムスやエックはもっと極端な考え方をしていたと指摘することで、彼の失点が回復されるわけではない。伝統的な信仰の妥当性を、聖書を根拠に吟味することを要求した彼が、中世カトリック教会のユダヤ人憎悪に承認を与えたことについては、重い責任が負わせられてしかるべきである。
聖書時代以後のユダヤ教に対する敬意の徴候が最初に現れるのは、ルターの宗教改革の圏内ではなく、全く別の世界に、すなわち、亡命者たちによる別の宗教改革によって形成された国際的なプロテスタンティズムの世界においてであった。この改革運動を構成する誰もが、アウグスティヌス会修道士の旧態依然の言明、すなわち「キリスト殺し」は自分の国土を持てずに不安定な生活を送ってきたという事実そのものによって、明らかに神の怒りを負っている、ということの意味を改めて問いただすことを学んだのである。逃亡と迫害の経験を通して改革されていった亡命者たちは、新たな洞察眼をもって聖書を読み始めた。旧約聖書は、聖書の正統な権能を有する部位に復帰させられ、天国への通行証は別として、他のいかなる書類もなしで信仰を持って国と国とを移動するための手引きとなった。こうして一七世紀初頭、オランダの北部と南部で、ユダヤ人にはじめて市民の権利が与えられることになったのである。
もしもルターからヒトラーに直接結びつくような関係があったとしても、ナチス自身にはそうした考えはなかったように思われる。一九三六年、ナチスの後援のもとにルターの反ユダヤ的なパンフレットがベルリンで出版された際、ドイツ人のルター研究者たちに対して、彼らがこれまで義務を果たさなかったが故に、ルターの「本当の声」を沈黙させてきたという非難が巻き起こった。だがそれに対する研究者たちの反論は、ウィーンよりもベルリンのほうがもっともらしく聞こえたのは間違いない。というのは、ナチスがドイツにルターの反ユダヤ的遺産を思い起こさせる一〇年以上も前から、ドナウ下流のカトリック国オーストリアの反ユダヤ主義は、東側に接するポーランドと同様に公然のことだったからである。それには、最近公開されたオーストリアのユダヤ人ヴァルター・レーヴェンタールの一九二四年七月以降の書簡が、ヒトラーと彼の初期の支持者たちの思考に影響を与えた精神的傾向の例証になるだろう。〔訳注3〕
一九一八年から一九三三年という決定的な時期におけるヨーロッパ各国の反ユダヤ主義の進展を比較すると、

ヒトラーは、ドイツよりもむしろ、まもなく彼に対抗して同盟を結ぶフランスやイギリスの世論のほうが、彼の反ユダヤ的綱領を歓迎すると考えていたのではないかと推論することができる。それは、ドイツほどにユダヤ人との同化が進んでいた西側の国はなかった上に、学問の世界にまでそれが浸透していたからである。しかしながらこの事態の逆転は、すべてのドイツ人と同様、ユダヤ人にとって精神的な衝撃となった。ユダヤ人歴史家のアーノルド・バーニーは、まさにこれで文化が崩壊するという悲痛な予感に襲われたと記している。彼は、マルティン・ハイデガーが（今日のドイツで輝きを再び取り戻すはずだった歴史家たちの支持を受けて）フライブルク大学をナチの支配下に置いた後、ドイツ人の身分証明書を放棄するよう強制された。また、近代ドイツ史を専門とするテュービンゲン大学のユダヤ人歴史家ハンス・ロートフェルスは、第一次大戦で負傷して鉄十字勲章を授与されていたが、一九三九年の難局に直面して、戦争が始まるわずか二週間前に辛くもアメリカに脱出することができた。戦後テュービンゲンに戻った彼は、「狂信的になったオーストリアが、寛容なわがドイツを征服するなど思いもよらなかった」と私に述懐した。

ルターとナチ帝国の自発的死刑執行人の直接的結合という命題を適切に評価しようとするならば、一九三三年から一九四五年の第三帝国を独自な時期として切り離して考えるべきである。ヨアヒム・フェストとクラウス・ショルダーは、ドイツ人であることの弁明のそぶりをみじんも見せることなく、次のように指摘した。それは、この時期において、戦争が勃発する前と後とを区別することが正しい理解につながるということである(2)。当時のすべての他の議会制民主主義国家と同様に、戦争は国家の団結を強固にし、反対の声を弱めた。とはいえ戦争の前でさえ、一九三三年のナチスの権力掌握は、こんにち経験できないほどの抑圧的な事態をもたらしたのであり、それは人々の罪の意識と責任を考える際に考慮されなければならない。ナチスの全体主義という新たな現実は、アメリカにたどり着くことができたユダヤ人難民の「我らがドイツは、一つの巨大な強制収容所になった」という悲嘆によく表されている。戦時中のドイツを題材にした、ヴォルフガング・フォン・ブッフの『我ら子供兵士』[3]（*Wir Kindersoldaten*）における極めて深刻な記述の一つが、その嘆きを的確に裏付けている。当時まだ少年だったフォン・ブッフは、ドイツ全土が強制収容所と化した中で、他と異なる意見をもつことは反逆だと見なされ、そして民族的憎悪に煽られずとも迫害の狂気に駆られた、と書き留めた。秩序という名のもとに、反ユダヤ主義の合法化として始まったことが、全面的なテロリズムの隠れ蓑になったのである。情報および法の執行と秩序——保安（*Sicherheit*）と奉仕（*Dienst*）を組み合わせる秩序の理想——を完全に管理した全体主義体制をドイツが受け容れることができたのは、一九三九年当時のハンス・ロートフェルスには想像も及ばない出来事だった。しかし、いかなる事情があったにせよ、ドイツはそれを受け容れたのであるから、今日われわれはなお、日常的な現実に対するその影響のすべてを理解しようと努めているのである。

この分析は、早く生まれるべく運命付けられていたドイツ人を免責しようとするものではない。むしろ私が注意を向けたいのは、一九二五年から一九三五年の決定的な一〇年間であり、とりわけ、学問の世界の指導者たちの責任である。彼らはその後のヨーロッパで比類ない名声を得てきた。中でも、マルティン・ハイデガーとエマヌエル・ヒルシュ、および他の学者にも、ヒトラーのイデオロギーの重要な実行者を輩出した一種のナチのシンクタンクを創設した責任がある。それゆえ、こんにち彼らに学者としてのふさわしい名誉は回復されたとしても、尊敬すべき人間性たる存在と見なされる資格は剝奪されている。

注

（1）Daniel J. Goldhagen, *Hitler's Willing Executioners: Ordinary Germans and the Holocaust* (New York: Alfred A. Knop, 1996).〔後出の本書には邦訳、『普通のドイツ人とホロコースト——ヒトラーの自発的死刑執行人たち』（望田幸男監訳、ミネルヴァ書房、二〇〇七年）があり、訳文中の「自発的死刑執行人」の訳語はこれに従った。〕

（2）Joahim C. Fest, *Fremdheit und Nähe: Von der Gegenwart des Gewesenen* (Stuttgart: Ulstein, 1996); Klaus Scholder, *The Churches and the Third Reich*, trans. John Bowdon, vol. 1 (Philadelphia: Fortress Press, 1988).

（3）Wolfgang von Buch, *Wir Kindersoldaten*（Berlin: Siedler Verlag, 1998）.

〔訳注1〕この訳文と続く次の文の二つの文章がドイツ語版本文では削除されている。その理由は全く不明であるが、あえて推測すれば、著者オーバーマンがここでノルテを「極右の御用歴史学者」と断じたことに、ドイツ語版訳者が何らかの危惧の念を抱いたのではなかろうか。というのは、アウシュビッツも比較史的には他の大量虐殺との類似点からして、必ずしも特異ではないとするノルテの主張に対して、哲学者Ｊ・ハーバーマスによる歴史修正主義との批判があって、歴史観を巡る「歴史家論争」を巻き起こしたことが背景にあるのではないかと考えられるからである。

〔訳注2〕ドイツ語版では、これと違う例がエラスムスの手紙（3. November 1517; Opus Epistolarum Desiderii Erasmi; hrsg. v. P. S. Allen, Bd. 3, 127, 24）から示され、「洗礼を受けたユダヤ人（Johannes Pfefferkorn）の腹を裂いたら、一人ではなく六〇〇人のユダヤ人に出くわす」となっている。

〔訳注3〕ドイツ語版では、「ヴァルター・レーヴェンタールではなく、マックス・レーヴェンタールとその著述『双頭の鷲とハーケンクロイツ』（*Doppeladler und Hakenkreuz: Erlebnisse eines österreichischen Diplomaten* [Innsbruck: Wort und Welt Verlag, 1985]）のことかもしれない」、と注記されている。

（宮庄哲夫訳）

第六章
宗教改革時代の聖画像をめぐる論争

現代の研究の殿堂に生じたひび割れ

一五一五年の夏の終わり、その時にはすでに人文主義者としても社会問題の批評家としても名声を博していたデシデリウス・エラスムスは、理論上の改革と実践上の改革の間に生じた激しい合流と劇的な出会いをした。彼は友人のジョン・コレットと共にイングランドを旅していたが、二人は著名な大聖堂を見ようとカンタベリーへと向かっていた。それは、彼が後に「ペレグリナティオ」〔訳注1〕という名で権威付けた旅の一つであった。二人はその地で、聖トマス・ベケットの立像に人々が向けていた度を越えた傾倒心と、彼らがベケットの足に雨と降らせたキスに驚嘆した。コレットとエラスムスの反応は正反対であった。オックスフォードの新約学者だったコレット[1]は、聖画像に対するこうした敬意を「忌むべきもの」(*indigna*)と見なしたのに対して、エラスムスはそれが迷信であることに同意しつつも、騒動を起こさずに(*sine tumultu*)こうした悪弊が取り除かれるまで、忍耐する必要があると考えた。エラスムスは、コレットとこの深遠な相違を滑らかな韻を踏んだ語句で表現した。すなわち、“in tollendo quam in tolerando”(「忍耐よりも撤去の方が[危害が大きい]」)という言葉である。[2] エラスムスは、現代のエラスムス擁護者、イーモン・ダフィーが認めようとする以上に、はるかに批判的であった。エラスムスにしてみれば、それは迷信であったが、「宗教改革は、馴染みで愛しい習慣を奪い去ることであった」[3]というダフィーの結論に完全に同意していたであろう。非常に対照的なコレットの解決法（撤去による改革）とエラスムスの解決法（抑制と再教育による改革）は、イングランド聖公会を分裂させることになっただけでなく、大陸の宗教改革の道筋を形成することにもなった。

一目見ると、カンタベリーでの出来事は、一六世紀の聖画像論争に関する標準的な記述にほんの少し補正をするだけでいいと思われるかもしれない。われわれはこれまで、その起源はヴィッテンベルクに尋ね求めねばならないと当然のように想定し、ほとんどの研究者は、一五二二年一月一〇日をその日付にしてきた。それは、アウグスティヌス隠修修道会の修道士たちが最初に修道院の礼拝堂から聖画像を撤去した日のことであるが、その際、アンドレアス・カールシュタットはそのことを市参事会に精力的に推奨し、自著『聖画像の撤去について』（*Von Abtuhung der Bylder*）で聖画像撤去を包括的な宗教改革の基本原理にまで高めていた。標準的になった呼び方「ヴィッテンベルクの混乱」（Wittenberger Wirren）は、この混乱が、ルターがヴァルトブルクにいて留守の際に、（たまたまというわけでないが）起こった副作用であった、と仄めかしている。

こうした解釈は、急遽戻ってから四日目の三月一〇日に、ルターが行った二番目の四旬節説教の中にある目を引く表現が傍証になっている。宗教改革の道筋を神が指し示してくれるのを待つという典型的な戦術を指すのにルターが「眠っていたり、ビールを飲んでいたり」という比喩を使っている箇所は、矛盾していると思われるかもしれないが、あまりにもわずかで、あまりにも深遠な現代の研究状況に痕跡を残したという点で、少し長いが引用に値する。

要するに、私は説教し、語りもし、書きもしましょう。しかし強制したり、力ずくで迫ったりは、私は誰にもしようとは思いません。なぜなら信仰は心から、強制されずに受け入れられるものだからです。私に関わる実例に注目してほしいのです。私は贖宥とすべての教皇主義者とに反対しましたが、いかなる力もふるいませんでした。私はただ神の言葉だけを推し進め、説教し、書いたのです。ほかにはなにもしませんでした。私が眠っていても、ヴィッテンベルクのビールをフィリップ（メランヒトン）やアムスドルフ（ニコラウス・フォン・アムスドルフ、一四八三―一五六五年）と飲んでいても、御言葉がことを行ったので、これまでどんな君侯でも皇帝でもこれほど多くの損害を与えなかったほどに、教皇制を弱めてしまいました。私はなにもしたわけではありません。御言葉がすべてを行い、打ち立てたのです。私が荒々しくことに及ぼうとしていたら、ドイツ全体を大きな流血に至らせていたことでしょう。しかしそれでどうなったというのでしょうか。馬鹿芝居にしか過ぎなかったでしょう。私は何もしませんでした。御言葉をして働かせただけです(4)。

膨大な二次文献の中では、慎重に論じられ、綿密に資料に裏付けられた二つの貢献が傑出している。それは、現在の学問的見解を規定している通説となっている。最初の研究が、一九八〇年にヴァルター・フォン・レーヴェニヒが行った重要な分析である。その中でレーヴェニヒは、論文の冒頭で次のように結論を要約した。「ルターにとっては、聖画像の問題は二次的意義しか持っていなかった(5)」。この要約にフォン・レーヴェニヒは、二つの指摘を付け加えた。最初の指摘は主観的で伝記的である。「聖画像はルターにはもはや何の力も持っていなかった(6)」。二番目の指摘は、「それ（出エジプト記にある像の禁令）は、（ルターの）教理問答文書にはどこにもない(7)」という論争の余地がない客観的事実である。

一〇年後の一九九〇年、ウルリヒ・ケップは、レーヴェニヒの主張を確証し、結論の中に宗教改革全体を包み込むことによって、その主張を大幅に拡張した。「聖画像問題は、宗教改革の神学の中心的主題ではない(8)」。「中心的」というもともと柔軟な意味合いの広がりの幅は、改革派のさまざまな信仰告白文の中では、聖画像問題に個別な箇所が割り当てられてはいるが、この主題に関する「独自な教理」が形成されることはなかったという指摘によって、明らかになっている[9]。

われわれは依然として、改革派の運動の評価に立ち入らねばならないが、フォン・レーヴェニヒの主張に対して総じて同意があることは、とりわけ重要な意義がある。一九八〇年にルターにとっては二次的であると特徴付けられた事態は、理論と実践との間の対立という枠組みの中で、今ではもっと厳密に理解されるようになった。実際、このことは、後になって初めてイコン論争を始めた聖画像抜きの改革神学が先にあったことを前提にしている。「この論争は、宗教改革運動がすでに民衆の強い支持を受け、宗教改革の神学的衝動を教会の実践の中に移し替えるという課題を担うようになった時に、最初にヴィッテンベルクとチューリッヒで勃発した。しかし、その神学的重要性がいかにわずかであったとしても、聖画像問題が取り上げられるようになると、その問題はただちに、聖画像が宗教生活に関わりを持っていた民衆を強力に揺さぶることになった。これほどの熱情の奔流を引き起こした主題は、多くはなかった」[10]。神学と熱情の間の対立の背後に、研究の平穏さと街頭の騒動の間、あるいは、ルターの場合の対比のように、リラックスしてビールを飲んでいることと過激な行動の間に、別な対立を想定したとしても間違いではないであろう。こうした対立の数多くの変化型はすべて、ルターの短いラテン語の言葉、*sine vi sed verbo*（力ずくではなく、言葉によって）に包摂される。

しかし、仮にわれわれが理論と実践の間の関係を弁証法的に理解するとしても、また、ルターの改革綱領を真の意味で把握しようとして研究室から街頭を見つめることを望んだとしても、聖画像問題は……いずれにしてもルター自身の場合には……二義的な重要性しかなかったという結論は依然として有効である。しかし、われわれは、はるかに根源的な仕方で宗教改革運動全体に対するルターの考察とこの主題を関連付けねばならないであろう。

聖画像に対するルターの判断に関しては、われわれは暗中模索の状況にはない。ヴィッテンベルクの情勢について心を許した友人ニコラウス・ハウスマンに宛てた手紙の中では、ルターは曖昧ではなかった。“damno imagines."（私は聖画像を断罪する。）しかし、聖画像の撤去は、信仰に基づいた合意という手段によって行われねばならなかった。意図的な行動に関する限り、一五二二年のルターの態度は、六年前にエラスムスが助言していた立場と少しも違わないように見える。すなわち、聖画像は騒動を起こさずに（*sine tumultu*）撤去することができるようになるまで、忍耐されねばならない、という立場である。ヴァルトブルクから戻って来たばかりの三月一七日、ルターは聖画像に対する自分の戦略を次のように要約した。「神の前ではシンボルは無であることを人々が教えられ、知るようになれば、聖画像は自分から倒れるであろう」[11]。しかし、全体として見れば、ルターの歴史観は、他の改革者たちの立場から離れているのと同じほど、エラスムスの立場からも離れている。

この状況を解明するためには、われわれはルターから初めて、個々の段階を進んでいかねばならない。その時に、われわれは、かなり最近の三つの結論が研究者の間で持つ意味合いを評価することができるようになる。

ルター——教会がそれによって立ちもし、倒れもする争点

一五一五年に見られたエラスムスとコレットの間の見解の相違は、ヴィッテンベルクの混乱が、年代的な出発点として受け取るためには遅すぎたことを示しているだけではない。それは、すでに宗教改革に先立つ騒擾状態の中で、改革（reform）を宗教改革（the Reformation）に変容させようとする努力の中で、刷新運動は信仰心の外面化に反対する闘争であると見なしていた誰によっても、聖画像問題は基本原理の一つとして受け取られていたことを認めるよう強いてもいる。撤去することによって（*tollendo*）か忍耐することによって（*tolerando*）かという二者択一、即時の撤去か長期にわたる再教育かという二者択一が、道を誤らせることになってはならない。一五二〇年代の広範にわたる決定の直前、人文主義的聖書学者たちは、反ローマか親ローマかという点で硬軟の両派にまだ分裂していなかったが、聖画像問題を避けることはできなかったし、避けようともしなかった。この

点では、聖画像問題は、少しも二義的ではなかった。そうではなく逆に、聖画像問題は教会改革という争点と不可避的に結び付いていた。

だから、エラスムスがカンタベリーに巡礼したのとほぼ同じ時期に、マルティン・ルターがローマ書講義の中でヴィッテンベルクの学生たちに、聖画像問題の大きな重要性について指摘していたことは、驚くべきことではない。信仰の弱い人について語ったとき（ロマ一四・一）、パウロは、不安や迷信が理由で外的な事物や外的な律法に依存している人々のことを考えていた。彼らは「神の国はあなたがたのただ中にある」（*regnum Dei intra vos*）ということを知らないからである。「『なさねばならない』ことや、キリストを信じることなど必要なことでは、愛はそれでも力や不当な強制を使うことはない」[12]。内面性というこの見解は、断食であれ、祭日であれ、祭服であれ、祭壇の飾りであれ、修道士の誓願であれ、聖画像であれ、あらゆる儀式からの解放である。このうちのどれ一つとして、救いのためにはもはや必要とされていない。こうしたものは、隣人に愛を持って奉仕するのに役立つ限りにおいて保持されるべきである。

こうしたあらゆるもの、こうした崇めるべきあらゆる儀式は、余分なものであり、撤去されるべき（*tollendo*）ものなので、そうされるべきかどうかという問いに対するルターの答は、曖昧さのない *Absit*（違う）であった[13]。福音の正しい宣教によってしか、断食や祭日から良心が解放されることはない。同じことは、修道士の誓願にも該当する。「もし、修道士になることによってしか救いを得ることができない、とあなたが考えているなら、始めることさえしてはならない……（しかし）この理由から、今日修道士になることは、過去二〇〇年のどの時代と較べてもずっと良いと私は信じている。なぜなら、今日に至るまで、修道士は十字架から遠ざかり、修道士であることに栄誉があったからである。しかし、今では再び、愚かな衣服が理由で、修道士になることは人々にとって、善良な人々にとっても、不快なことになってしまったからである。しかし、修道士になることは、この世から憎まれ、愚か者と見なされるという意味だったからである……しかし、言うのも悲しいことだが、修道士以上に傲慢な階層はいない」[14]。

聖画像問題が孤立して見られてはならないことを証明するために、ここではかなり大幅な引用をした。ルターにとっては、それは新たな包括的な生き方の一部であって、彼の見解では、それには当然ながら、そしてとりわけ、修道生活が含まれていた。『ローマ書講義』は、単に宗教改革以前の著作ではない。『修道誓願についての判断』は、儀式からの自由という同じ基盤に基づいており、新たに主張されている厳格な批判にもかかわらず、修道士としての完全に福音的な生き方の可能性を示している。このように、そこには修道誓願の完全な拒否は含まれていない。ルター自身も三年後の一五二四年一〇月まで、修道服を捨てることはしなかった。修道誓願であれ、聖画像であれ、正しい姿勢は義とする信仰に基づいた内的な自由によって達成されうるし、それによって規定されている。

宗教改革による突破が生じた年代については、まだ決着がついてはいないとはいえ、聖画像、修道誓願、断食などの緊急問題を含む儀式問題に対するルターの解決策は、彼がキリスト教的自由は信仰に由来するという理解にすでに至っていた、という決定的な証拠であると考えていいであろう。一五二〇年代になると、このことが宗教改革の総体的企図になる。しかし、そのことは、先に論じた「力ずくではなく、言葉によって」（*sine vi sed verbo*）という原理には該当しない。この言葉は頻繁に引用されるが、十分に理解されているわけではない。「力ずくではなく、言葉によって」は、剣の拒否を意味していたのではないし、平和主義者の解決法を意味していたわけでもなかった。エラスムスもツヴィングリも平和主義者としての時期があったが、ルターについてはそう主張することはできない。ルターは一五二〇年、「キリスト教的身分の改善のためには」迷信的な儀式は合法的な権力によって除去されねばならない、と勧告した。ルターはそこで、グリムシュタールのヴィルツナハト、シュテルンベルク、トリールにある「田舎の教会堂や農村部の教会堂」、さらには、かつてはユダヤ教会堂であった「美しいマリア」に献堂されたレーゲンスブルクの教会さえ「破壊されねばならない」、と要求した。それは、二年後に『教会暦説教』(*Kirchenpostille*, 一五二二年)で提唱した聖画像に対する攻撃であっただけでなく、「こうした無益な偶像や模造品が理由であらゆる魂を失うことについては言わないまでも、ただ一つの魂が滅びるのを許すよりも、すべての司教を殺したり、あらゆる宗教上の施設や修道院を廃絶したりする方がずっと良い[15]」と指摘したように、教会に対する攻撃でもあった。

「力ずくではなく、言葉によって」は、闘争の放棄を意味するのではなく、異なった武器による闘争、それどころか、依然として有効な唯一の武器である霊の武器による闘争を意味している。この「依然として」は強調される必要がある。それは、急速に拡大していたプロテスタント運動とルターとを分離した彼の狭量化を示しているからである。それは、その重要性からして、「第二の宗教改革的突破」と呼ばねばならない事態にも足場を置いている。われわれは、この第二の宗教改革的発見の年代をもっと厳密に位置付けることができる。一五二〇年の二月、ルターは『コンスタンティヌスの寄進状』(*Constitutum Donatio Constantini*)の権威に対するヴァッラの攻撃を研究した[16]。それは、その著作の完成から七年後、ウルリヒ・フォン・フッテンが刊行していた[17]。ルターは、他の改革者たちの誰もが書かなかった内的動揺と深い痛みをもって、教皇こそ長く待たれた反キリストであることにもはや何の疑問もありえない、と結論付けた。一五二〇年二月二四日、ルターは自分の恐ろしい新たな確信をゲオルク・シュパラティンに表明した。「私は恐るべき苦痛を感じている。教皇は本当に世論があまねく待望している反キリストであることに、もはやほとんど疑問を感じていないからである[18]」。悪魔の仕業を神によって許され、カトリック教会をその中心部で脅かしている仕業、と正しく評価することが、決定的に重要である[19]。ルターは、最初と二番目の宗教改革的発見の合流を次のように新たな宗教改革上の戦術として短文の中に要約した。「われわれが必要とするのは、知性でも強力な武器でもなく(non prudentia nec armis)、祈りと、キリストをわれわれの側に(pro nobis)保つことができる信仰である。もしわれわれが自分の力に頼るなら、われわれは終わりだ[20]」。

存続のための戦略としての信仰義認論は、更に別な側面も持っている。「依然として」という言葉は、勝敗を決する闘争は長続きせず、真の信仰者は、神が許した悪しき業に対抗する防御壁を築いていたということも意味している。こうしたあらゆる側面は、ルター研究では不十分にしか解明されてこなかった。しかし、われわれの目的にとっては、「ルターにとっては、聖画像問題は二義的な重要性しか持っていなかった」というフォン・レーヴェニヒの主張は、拡張される必要があることを理解するのが重要である。真の信仰と内的自由から逸脱した、宗教改革の実施に関するあらゆる問題は、反キリストを呼び起こし、彼の怒りに油を注いだ対立に通じるだけであった。根本的に言って、ルターは最初のプロテスタントである以上に、カトリック教会の宝物庫に押し入って盗みを働いているローマの教皇制に抵抗するために、神によって召し出されたことを知っていたカトリックの改革者であった。

二番目の宗教改革的発見によって、脅威の強さが初めて明らかになる。すなわち、信仰義認論は、単に教会がそこに立つ信仰箇条であるだけでなく、文字どおり教会が倒れもする信仰箇条なのである。

聖画像から偶像へ――バアルとしての反キリスト

「ビールを飲んだり、眠ったりしているにしている間に」という目につく比喩によって、ルターは、どのような行為であれ、その前提としての意識の変化に依然として依拠し、神の介入を待つことに拘っていた一方で、それ以外の点では知られていないスイス人で、トッゲンブルク出身のウリ・ケンネルバッハという人物は、すでにもっと先に踏み出していた。ウツナハの宿屋で、一方ではマリアと共に十字架に架けられたキリストの絵と、もう一方では聖ヨハネの絵とを剣で貫き、「そこの偶像は無価値で、何の助けにもならない」(di götzen nützend nüt da und si möchten nüt gehelfen) と叫んだ。一五二〇年六月二一日にケンネルバッハは、呪いと冒瀆の罪で斬首になった[21]。剣が処罰の道具であると共に彼の犯罪の道具でもあったという事実は、彼がそれなりの社会的身分であったことを想定させる（ちょうど二週間前、一人の女性が魔女の嫌疑で訴追され、火刑台で火炙りになったが、それは斬首以上に体面を傷つける処刑法だと考えられていた）。他方、ケンネルバッハの説明は、それが意図的な抗議行動であって、泥酔による無骨な行為ではなかったことを示唆している。彼は、聖画像を「偶像」と呼んでいる。この事例は、ヴィッテンベルクの混乱を安易に標準的な出発点とすることは、アンドレアス・カールシュタットのような神学者は、学者の間で論じられていただけであった新たな争点を性急に大衆の間に広めたのだから、急進主義者だったという誤った結論へと通じることになる。ヴィッテンベルクの混乱のはるか以前に、聖画像問題は、政府が聖画像の聖性を守る責任を負っていたという限りで、公然とした事態であった。聖画像が偶像として断罪されたことも新奇なことではなかった。カールシュタットは、彼の文書『聖画像の撤去について』（*Von Abtung der Bilder*）が暴動を焚き付けたという非難に対して、自分を正当に擁護した。その文書は、一五二二年一月二四日にヴィッテンベルク市参事会が交付した布告、すなわち、市参事会が「偶像崇拝」（*Abgötterei*）と呼んだ事態を防止するために、聖画像は撤去されねばならないという布告を敷衍し、説明していたにすぎなかったからである。

しかし、「迷信から偶像崇拝へ」という非難の格上げの中に、ツヴィングリとブリンガー、さらに世紀半ばには、フランスと低地三国へと通じる重要な道筋が発見された。聖画像崇敬とバアル礼拝とが関連付けられることによって、西方教会における分離状態が作られる。それは、ルターの中には見いだされない分離状態である。反キリストを発見して以来、ルターの使命は、カトリックの遺産をローマの教皇制による奇形化から守ることにあった。それは、唯一の中世ラテン教会内部での闘争であった。ルターは生涯の最後の日まで、進展中の宗教改革における信仰をめぐる戦いを、母親のリベカの胎内での双子の兄弟の取っ組み合いとして理解した。

新たに形成された信仰共同体の名によって、偶像崇拝という非難の声がいったん上げられると、それは全く違った方向へとわれわれを引き入れる。この信仰共同体は、無論、反キリストから脅威を受けていたが、教皇制のもとにある教会と違って、反キリストの手中にはなかった。二つの教会というこの教理は、ジャン・カルヴァンによって教義として精緻に練り上げられ、その結果、聖画像に対する禁令は、改革派のさまざまな信仰告白の中で確固として確立されている。聖画像の教理と教会論との結び付きを証明したのは、長い間そう主張されてきたのとは違って、カールシュタットではなく、[22] 依然としてツヴィングリの追随者であったと見なされねばならない時期のルートヴィヒ・ヘッツァー（一五二九年没）であった。[23] 一五二三年の綱領的文書『人はあらゆる偶像と聖画像にどのように身を処すべきかに関するわれわれの夫、神の判決』（*Ein Urteil Gottes unseres Ehegemahls wie man sich mit allen Götzen und Bildnissen halten soll*）という表題の中でさえ、ヘッツァーは神に「夫」と呼び掛けている。どの程度までこの呼び方が適切であるかが、次いでただちに明らかになる。聖画像に対する禁令は、神との協定と契約の一部である。[24] それは、教皇主義者（bäpstler）と選ばれた民（das usserwelt volk）の間に神によって引かれた境界線である。[25]

ヘッツァーの文書の歓迎ぶりとその影響とは、（一五二三年九月二四日に）出版されてから一か月後、一〇月二六日から二八日までチューリッヒの市議会ホールで行われた参事会の議論の議事録をまとめるようヘッツァーが招かれたことに示されている。聖画像問題に専念した初日の議事で、レオ・ユートは名指しでヘッツァーの文書に言及した。どのように説教し、牧会するのが最善かを定めるために招集されたチューリッヒ市とチューリッヒ州の牧師たちによる一二月の協議会で、ツヴィングリも同じようにこの文書に言及した。[26] ツヴィングリは、信仰の弱い人々を疎外することがないようにこの教説の施行を遅らせて、ヘッツァーが間もなく加わることになった自分のグループの左派と距離を置いた。しかし、ここには一時的な連携以上のものがある。それどころか、これは、ツヴィングリが「キリストの王国は外的でもある」（regnum Christi etiam est externum）と手短にまとめたスイス改革派の根本原理である。最近、ベルント・ハムとペーター・ブリックレは、とりわけルターの自由概念と比較した場合に[27]、自由概念が政治的に拡張されたことにわれわれの関心を向けさせた。キリスト教的自由は、共和主義的な特徴を帯びるようになっている。しかし、「外的でもある」(*etiam externum*)という語句は、ここでの主題にとっても妥当性がある。それが、聖画像論争の中心的意義を証明しているからである。

われわれは更に一歩踏み出すことができる。聖画像をめぐる論争が、聖餐の犠牲をめぐる論議と交差するまさにその地点で、新たな出発点が見えてくる。その新たな出発点は、ブリンガーとカルヴァンが理由で、宗教改革をヨーロッパの運動に変容することになった。コルネリス・ヘーンからほんの二年後に借用された *est*(である)は *significat*(意味する)という意味であるとする解釈は、聖画像は模造にすぎないという根拠で、犠牲としてのミサを受け入れるのをブリンガーが拒んだこととにすでに確立している。「そうでなければ、一人の人物の肖像画はその人でもある、ということになる[28]」。

『聖人と聖画像の崇敬における誤謬の起源について』(*De origine errorum in divorum et simulacrorum cultu*, 一五二九年)という大部の弁明文書の中で、ハインリヒ・ブリンガーはそのためにエラスムスを引用しながら[29]、礼拝のための聖画像に対するツヴィングリの拒否的姿勢を強化し、そのことは教会の外での画像表現芸術に対する自分の敬意を少しも減じることにはならない、と正当に強調した[30]。しかし、聖画像論争の範囲を教会の装飾に限定することはできなかった。いったん聖画像が偶像と見られ、聖画像崇敬が偶像崇拝と見られてしまったら、それは信仰と敬虔に関わる他の中心的争点と重なることになった。そのことはチューリッヒに留まるものでもなかった。マルティン・ブツァーは、神学論争に関する見事な教科書の中で、誓願、断食、戒規に先立つ位置に聖画像問題を置いただけでなく、ブリンガーがそうしたように、聖画像問題を聖人への嘆願と密接に関連付け、そのことで直接的に信仰による義認と関連付けた。最近出版されたこの著作の校訂版『カトリシズムの諸原理に対抗する擁護論』(*Defensio adversus axioma catholicum*)で使われた研究手段は[31]、ドイツ南部とスイスでは、聖画像問題は二義的な問題などでは全くなく、偶像崇拝と敬神の間の境界線や、真の教会と偽りの教会の間の境界線をめぐる論争では、中心的な判定基準として機能していることをはっきりと示している。

街頭に戻って――継続された聖画像論争

ヤロスラフ・ペリカンは、ギリシア正教会に関する包括的分析の中で、聖画像破壊闘争の歴史は、「本質的には政治的な対立を合理化するための宗教的口実」として理解されねばならない、という総体的結論を出している。[32]こうした政治的基礎付けは、ビザンティンのイコン論争の諸相を解明してくれるかもしれないし、一五六六年のオランダにおける大衆運動としてのイコン破壊闘争に理解の手掛かりを与えることができる。しかし、こうした解釈は、おそらく福音主義運動の形成期にとっては、あまりにも限定的である。これまでは、聖画像をめぐる論争の重要性とそれが信仰をめぐる闘争とどのように関連しているのかを評価するために、われわれの関心はほとんどの場合、公式の言明、神学関連文書、教会会議の教令に向けられてきた。われわれは更に、神の国は「外的でもある」というツヴィングリの強調が、重要な政治的主張を引き起こすという結論にも至った。しかし、思想史の視点は、宗教的動機を否定したり、それが言い訳であるという誤った観念に対する考察からその視点を引き離してしまったりするほどに、草の根からわれわれを切り離してはならない。

注

(1) ジョン・コレット(一四六六年あるいは七年から一五一九年)はオックスフォード大学のマグダレン校を卒業してから、フランスとイタリアで三年間を勉学に費やした。おそらく一四九六年にイングランドに帰ると、オックスフォード大学で聖パウロの書簡について講義したが、聖パウロ大聖堂の主任司祭に任じられると、その後の経歴のほとんどは、ロンドンで研究者、説教者、教会改革者、著作家としての働きとなった。一五〇九年にはコレットはそこに聖パウロ学院を設立した。彼の著作には、『聖パウロのローマ書注解』、『善いキリスト教的生活様式の秩序に関する正当で実り豊かな勧告』、『ディオニュシオスの（二つの）位階論に関する論文』などがある（DW）。

（2）ASD, 1, 156, line 215.〔原書では、*in tolendo quam in tollerando* という具合になっていて、ラテン語の表記に誤りがあったので、*in tollendo quam in tolerando* と正しい表記に変えている。〕

（3）Eamon Duffy, *The Stripping of the Altars: Traditional Religion in England, c. 1400-c. 1580* (New Haven: Yale University Press, 1992), 591.

（4）Text: WA 10-3, lines 10-19, 28-35 and 19, ll. 1-7. Translation: LW 51, 77-78.〔ミヒャエル・ハイメル、クリスティアン・メラー『時を刻んだ説教』（徳善義和訳、日本基督教団出版局、二〇一一年）、九三頁以下から引用。〕

（5）TRE VI, 546, line 42.

（6）Ibid., 547, lines 11012.

（7）Ibid., 547, lines 6-17.

（8）"Die Bilderfrage in der Reformationszeit," Blätter für Württembergische Kirchengeschichte (1990), 38-64, eso. 38.

（9）Ibid., 38, n. 2.

（10）Ibid., 38-39.

（11）"Sponte sua caderent, si populous institutus sciret eas nihil esse coram deo." To Nikolaus Hausman, WABr 2 (no. 459), 474, lines 23-24. Translation: LW 48, 401.

（12）WA 56, 493, lines 15-16.

（13）WA 56, 494, line 17.

（14）Ibid., 497, lines 19-32, 498, lines 1-12. Translation: LW 25, 491-492.

（15）WA, 10-1, 253, lines 3-4. Translation: LW 39, 253.

（16）Lorenzo Valla, *De falso credita et ementita Constantini donatione declamatio* (1440).『コンスタンティヌスの寄進状』は、皇帝コンスタンティヌスの臨終の際の遺贈を記録したと称していて、教皇制はこの寄進状を根拠に、ローマ帝国に対する俗権的支配権を主張した。ヴァッラは、人文学者の本文批判の手法を使って、その文書が八世紀の教皇庁周辺に出所がある偽造文書であることを証明した（DW）。

（17）ウルリヒ・フォン・フッテン（一四八八年から一五二三年）。ドイツの人文学者で、諸侯に対抗して騎士階級の権利を擁護した。また、スコラ主義と修道院の反啓蒙主義を風刺した著作、『蒙昧なる人々の手紙』の著者の一人。ヴァッラの著作のフッテン版（Basel, Cratander, 1518）は二番目の版。最初の版はシュトラスブルクで出版された（Johann Grüninger, 1506）（DW）。

（18）“Ego sic angor, ut prope non dubitem papam esse proprie Antichristum illum, quem vulgate opinione expectat mundus.” WABr2, 48, 26-27; 2, 49, 1-2.

（19）“In medium filiorum Dei”（no. 313）. Ibid., 2, 145, line 21.

（20）“Opus itaque erit non prudentia nec armis, sed humili oratio, et forti fide quibus obtineamus Christum pro nobis: alioquin vere actum est, si viribus nostris nixi fuerimus. Itaque ad orationem mecum confuge, ne ex scintilla late incendium conflet spritus Domini malus. Non sunt contemnenda parva praesertim Quae autore Satana exordium sumunt.” Ibid., 145, 31-36.

（21）Emil Egil, *Aktensammlung zur Geshichte der Zürcher Reformation*（1879; Nieuwkoop, repr., 1973）, 126, p. 24.

（22）Adolf Laube, *Flugschriften der frühen Reformationsbewegung*（1518-1524）, 2 vols.（Vaduz-Berlin, 1983）, 1, 281による。

（23）J. F. Gerhard Goeters, *Ludwig Hätzer (ca. 1500 bis 1529) Spritualist und Antitrinitarie: Eine Randfigur der frühen Täuferbewegung*（Gutersloh: C. Bertelsmnn, 1957）.

（24）Ibid., 2, 272.

（26）Ibid., 1, 281; 2, 278.

（26）ZW 2, 654, lines 14-16.

（27）彼らの著作の中では、Berndt Hamm, *Bürgertum und Glaube: Konturen der städtischen Reformation*（Göttingen: Vandenhoeck and Ruprecht, 1995）; Peter Blickle, *From the Communal Reformation to the Revolution of the Common Man*, trans. Beate Kümin（Leiden: Brill, 1988）を見ること。

（28）ZW 2, 757, lines 23-25.

（29）ASD 5-5, 98, lines 889-898.

（30）ZW 2, 658, lines 8-14

（31）*Defensio adversus axioma catholicum*, ed. William Ian P. Hazlett, in *Martini Buceri Opera Latina*, SMART 83, Bd. 5 (2000).

（32）*The Christian Tradition: A History of the Development of Doctrine*, 5 vols. (Chicago: University of Chicago Press, 1961-1989), vol. 2, 92-130.〔ヤロスラフ・ペリカン『キリスト教の伝統2　東方キリスト教の精神』（鈴木浩訳、教文館、二〇〇六年）、一五五―二二一頁。〕

〔訳注1〕ペレグリナティオとは、家から離れて外国を長期間旅行することを意味する。アイルランドなどの修道士が、国を離れて宣教活動のために大陸に出掛けることもペレグリナティオと呼ばれた。

（鈴木　浩訳）

第七章
歴史的カルヴァンの回復を目指して

真実を説教するのはおやめなさい
　ミシェル師よ
それが福音書にあるからと言ってもね
牢屋に連れて行かれるのはまっぴらだから。
読むだけ、読むだけ、読むだけにしましょう
　――新手のシャンソン

歴史的カルヴァンの消失

一世紀前にはヨーロッパの信頼のおけるどの歴史書も、必ず一章をカルヴァンとカルヴィニズムに当てたものだ。著者たちは、教皇とかスペインのカトリック国王とフランスのキリスト者国王との連合に果敢に抵抗するカルヴィニストの物語を作り上げ、フランスの宗教戦争を描く際にはギーズ公家、その他カトリックの戦士たちよりもゴイセン、別名「海乞食」なるカルヴァン派の海賊どもに多くの頁数を割いたものだ。彼らはオランダとスコットランド王国へ広がるカルヴィニズムとなり、知的な軸をハイデルベルクからゆくゆくはハーヴァードにま

で広げた。カルヴィニズムの組織の中心がカルヴァンの治めるジュネーヴであったことは自明であり、疑う余地のないことだった。

こうした解釈は、今は退潮のホイッグ党の歴史家たちだけの専有物ではなかった。一五七二年八月二四日のサン・バルテルミの大虐殺は、五〇年ほど前にさかのぼる一五二五年のドイツ農民虐殺より重要な出来事として一般的には扱われた。これはカルヴァンの批判者たちでも賛美者たちにおいても等しく言える。シュテファン・ツヴァイクが『昨日の世界』(*Die Welt von Gestern*) において近代ヨーロッパの苦悩を論じた時、彼はカルヴァンを、ミカエル・セルヴェトゥスを処刑した傲岸な独裁者として描き、ドイツ・ナチスの脅威を予示する者だと仕立て上げたのである[1]。全くのところ、カルヴァンのセルヴェトゥス断罪とセバスティアヌス・カステリョの処分は、一六世紀における他の幾千もの殉教者を合わせたものよりも注意をひく。

しかしながら、カルヴァンの偉大さは減少し、私たちがカルヴァンの消失と呼ぼうとしているものを評価するためには、ヨーロッパ宗教改革の地図をより大きなスケールで描き直すべきであろう。私たちはまず国際的カルヴィニズムの登場を説明する必要がある。歴史的カルヴァンに私たちが近づくことを妨げたのは学識不足ではなく、とりわけ或る主要な学問的風潮がもたらした歪んだ見取り図である。これに当てはまるケースは、一九二九年のフランスに「経済・社会史年報」(*Annales d'histoire économique et sociale*)〔いわゆるアナール学派〕が創設されたことであった。これは文化史から経済史への移行、また個人の働きに向かう姿勢から長期にわたる・根底にある・個人を越えた探究への移行であった。ただしこの派の創始者であるマルク・ブロックとリュシアン・フェーヴルが文化史家ヨハン・ホイジンガを最初の編集委員会に招こうとしたことを見逃してはならない。もしこれが実現していたら、強力な三頭体制となっていただろう。ホイジンガは断った。長期間にわたる進展を分析すれば歴史的法則とみられるプロセスを見出せると考える、つまりフェーヴルに言わせれば、詳細を積み上げれば一般法則を産み出せると仮定することを、たとえ方法論的に一貫していても彼は〔不可能なこととして〕退けた。

ホイジンガの答は妥協を許さぬものだった。「全くの幻想さ。歴史の分野では、因果律は限られた範囲でしか有効でない[2]」。それからの数十年間、長期間にわたるプロセスを追及すれば個人の年代史の消滅は当然であるとして、ホイジンガの警告は忘れ去られた。個人ではなくプロセスが歴史を作るなら、なぜジャン・カルヴァンのような歴史的人物を学ぶのか。

しかしながら、どの世代も一つの限られた枠内で推移していても、これが個人の指導力を無効にしたり、自由でさまざまな応答を抑え込むわけではない。非個人的な、経済的な力を過小評価してはならない。それらが社会史の外郭を形造っているからだ。チェコの碩学フランチェク・グラウスは次のように指摘した。すなわち、かつて政治的・経済的困難は神が下した災いだと考えられていたが、人間に責任があり、よって人間が咎められるべきであると次第に考えるようになったのが、近代初期の典型的な特徴であると[3]。カルヴァンは、現状（status quo）を問う際に、率先して、天から下された災厄と人間の罪悪の結果とを区別をするよう注意を払ったことは、近代的意識を発展させる形成力となった。カルヴァンの思想には神の摂理というものが格別な役割をもったということはしばしば言われている。しかし、この神の摂理は、最近の歴史研究がいう不可避の、必然的進展ではなく、予知しがたく見通しのきかない結果に対する確かな期待をもつものなのである。就中、それは教会や社会の病弊を、破滅と宿命の世界から、人間の取り組むべき応答の世界へと移す根拠を与えるものである。

今日、「歴史主義」（*Historismus*）と呼ばれるものは、歴史の意味を資料の中に見出せるという素朴な一九世紀的信頼を指すのに使われる蔑視的業界用語である[4]。しかしこの貶められた歴史主義によって、我々は中世からルネサンス、そして宗教改革に至る研究のための近代的スタンダードを打ち立てた校訂本の圧倒的な力に負っているわけである。例えば『総説ドイツ史』（*Monumenta Germaniae Historica*）、『宗教改革者全集』（*Corpus Reformatorum*）、『フランス・プロテスタント学会誌』（*Bulletin de la Société de l'Histoire du Protestantisme Français*）、『カトリック教会全集』（*Corpus Catholicorum*）のような、骨の折れる学問成果である。

この偉大な成果を二〇世紀の「問題から見る視点」が拒否したために、歴史を全く狭く捉える見方が生じた。一六世紀研究では、まず宗教改革史はマルティン・ルターの生涯と事績に縮小され、ついで一九五〇年代後半から、若きルターと彼の宗教改革を突破していくことに集中した。初期には、宗教改革の町に関する印刷や説教、政治などの調査に期待が高まったが、一五二〇年代と三〇年代に固執するようになった。宗教改革史研究家たちは、「ルター派的狭隘性」(Lutherische Engführung)[5]という誤った概念に立って、つまりルターへトンネルを掘るという仕方で、ハプスブルク家の分割統治下のドイツ史とか、シュマルカルデン戦争の影響とか、カール五世の退位などにはもはや興味を示さないように思われる。こうした歴史上重要な出来事を宗教改革の文脈に組み込むことに失敗したので、トマス・A・ブレイディの到達した仰天させられる結論にも説明がつく。彼は、ドイツ宗教改革の政治に関する再構成を論じる中で、「ルターがドイツ宗教改革を引き起こした決定的な力は、彼が語った内容ではなかった」[6]と言う。教会史を教区的枠組みだけで研究すると神学のもつ力を周辺においやってしまう。

カルヴァン研究も一般にドイツ宗教改革の付録のように扱われたことにより、同様に萎縮した。一九三〇年代に盛んになったカルヴァン・ルネサンスは、カルヴァンの人間理解をめぐってカール・バルトとブルンナーの起こした激しい神学論争によるものだった。第二次大戦後、これにオットー・ヴェーバーとエルンスト・ヴォルフが加わり、ヒトラーに対する改革派の抵抗運動のルーツを探る作業がなされた[7]。一九七四年、碩学ゴットフリート・W・ロッハーが、第一回カルヴァン学会(Calvin Research Congress)を開くと、彼は同じ信仰者として参加している者たちに、カルヴァン神学に的を絞った研究プログラムを続けることでカルヴァンの宗教改革研究を継承する志を分かち合おうと呼びかけた[8]。

以後二〇年間に出版された学会誌は、ほとんど〔研究に〕変化がなかったことを示している。すなわち、カルヴァン信奉者たちは今でもカルヴァンの明らかにしたものが役立つという信念を持って神学的問題を扱う。歴史的カルヴァンの探究を一新したのはウィリアム・J・ボウスマで、その重要なカルヴァン研究の中で、教会聖人というイコンを無視し、カルヴァンを、一貫性のない、疑い深い、痛みも悦びも感じる、何より不安を抱く人として見た。[9]カルヴァン研究における神学の専横ぶりを嘆くが、私はフランス宗教改革の土台を据えたカルヴァンの決定的な力が、ブレイディの言うところの「メッセージの内容」に見出だされることを否定するつもりはない。だが同時に、ボウスマの取ったイコン破壊の道を辿ることによってのみ、私たちはフランスにおける宗教改革受容における、カルヴァンの実際の役割を見出すだろう。後で触れるが、カルヴィニズムの社会的・政治的歴史はウィリアム・モンター、ロバート・キングドン、フランシス・ヒグマン、ヘンリー・ヘラー、ベルナール・ルッセル、ハロー・ヘップル、フィリップ・ベネディクト等の働きによって顕著な進捗を遂げてきた。[10]ただユグノー研究は、カルヴァンの思想とカルヴァンの影響との間に隔たりがある限り、益を得ることは不可能であろう。このカルヴァンの影響とは、自分たちの研究課題の今日への妥当性や今日の精神的傾向への関連という基準に沿わせて設定する神学の歴史研究家たちによって広げられ続けているものである。

皮肉なことに、ジュネーヴの古文書の豊かさそのものが、宝の山であると同時に障碍にもなっている。残存する市議会記録や牧師会記録、長老会記録などは、カルヴァン派の低潮と高潮についての詳細な情報や、亡命者たちの果てしない流入や、ジュネーヴ人たちの日常生活を規制する何らかの規則を根気よく打ち立てようとする長老会の努力の細部にわたる情報を提供する。当然のことながら、歴史家たちは情報源のあるところに向かう。だがこの場合、知識が増えていくだけなら、より広範に、しかもバランスよくカルヴァンの実際の地位とか役割を評価することを妨げる。郷土の古文書に集中すると、当時の状況や日常生活の様子をより詳細に把握できるが、これはカルヴァンを語るのはジュネーヴを語ることだという固定観念をさらに強化するだけである。

カルヴァンの最大の関心事はジュネーヴではなかった。一五三六年七月に初めてこの地で職を得た時、カルヴァンは聖書教師であり、フランス人の改革者ギヨーム・ファレルの右腕であった。二年後に市議会から追放処分を受けた時、彼は二度と戻るまいと決心した。一五四一年九月に考えを変えたのは、ただジュネーヴがフランスに近接しているので、愛する祖国に宗教改革を導入するには都合の良い足場になると考えたからに他ならなかった。

カルヴァンは、死の五年前、一五五九年まで市民権を得なかった。ジュネーヴがカルヴァンの考えの中で第一の地位を占めなかったことはこの点や他の点からも明らかであるが、伝記作家たちはこのことにほとんど注意を払ってこなかった。しかしシャーロット・C・ウェルズの研究のおかげで、フランスの国籍を断念して彼の亡命を正式なものとすることで、カルヴァンにとって権利や義務、忠誠という言葉がどのような意味をもつかが今ようやく分かる。(11) 彼の帰化の年に、ローザンヌの学校に代わってジュネーヴ・アカデミーが設立され、続々と登場するフランス改革派教会のための伝道者たちをここで養成した。むろんカルヴァンはジュネーヴで宗教改革が完成することを望んでいたが、まずはフランスとヨーロッパにおけるキリストの神の国のモデルとして――もしも改革がそこで失敗したら躓きのモデルとして――役立つようにと望んだのである。すなわち「都市改革者・カルヴァン」は、フランスや広くヨーロッパにおける亡命者たちによる宗教改革とジュネーヴとの結び付きを樹立した「地域改革者」としての地位を与えなければ十分に理解できないであろう。

歴史的カルヴァンの消失に関わる要素の中で、信条主義が占める割合は甚だしい。この信条主義の型はビーレフェルトとフライブルクから始まり、今やドイツ歴史文献学の中にしっかり根付いている。その主たる提唱者の一人であるハインツ・シリングは、通常彼に与えられている評価よりもはるかに広い領域を持った近代初期の歴史家である。(12) 初期オランダ共和国の社会、政治、文化の歴史に関する確かな洞察力を持ち、彼は都市型カルヴィニズムや、オランダまた北ドイツにおけるカルヴィニズムの影響について我々の理解を深めることに多大の貢献をした。(13) ヴォルフガング・ラインハルトと共に、シリングは信条主義の理論を推し進め、一六世紀後半と一七世紀の神聖ローマ帝国におけるルター派、カトリック、改革派のそれぞれの地域における教会から市政府へ並行して移行する様子を明らかにした。[14] 広範な歴史を扱うこの方法は利点がいくつもあるが、中でも軽視できないのは信条間アプローチ（interconfessional approach）であり、この方法は長い期間にわたる宗教史、社会史、政治史に分かれていた関心領域の関わりを統合することができる。しかし単一のテーマに集中すれば、スポットライトの効果を持ち、周辺領域に深い影を作り出す。[15] まず、信条主義の理論は全ヨーロッパに適用する努力が施されているが、その起源と目的はドイツの土壌と宗教改革以後に発展した帝国に深く根ざしている。カルヴィニズムを「第二の宗教改革」と定義するのは、全くの誤解である。この用語はドイツにおける幾つかの限られた地域にのみ適合できるからである。[16] 大部分のヨーロッパで、カルヴィニズムは宗教改革の「最初の」出現を意味した。ヨーロッパの外では、カルヴィニズムは、既成の社会を揺るがす、宗教思想から社会的・政治的思想へ移行の役割を果たすものとなった。

　マルティン・ヘッケルが示したように、一五五五年のアウクスブルク宗教和議は、地域的分割性（itio in partes）、すなわち各地域がそれぞれ宗教的自己決定権をもつことによる、一つの、分割されない教会という仮構を法制化した。[17] この法的解決は、ルターの言う「普遍的」信念とよく一致していた。それは、改革派と非改革派のキリスト者は、ちょうどレベカの胎内で双子が争ったように相続権を争ってもそれぞれ教会の体に属し続けるのだという信念である。ヨーロッパでカルヴィニズムが最初の宗教改革として現れたところでは、ローマ・カトリック教会への服従を拒否するだけでなく、「ニコデモ派」、つまり組織された可視的教会に加わらない者たちを排除する法をもつ独立の各個共同体を建てることが要求された。以後、二つにはっきりと分かれた教会は、同じ相続権をめぐって競い合うことになる。

　信条主義理論のさらに大きな欠点は、それが「不可避性」という疑わしい仮説を含んでいることだ。[18] 神の定めという宗教的観念がここでは世俗化されているが、三〇年戦争の災禍後のドイツ再建と国家建設を説明する可能性は限定的である。一五五〇年から一六五〇年までの一〇〇年間の初期カルヴィニズムは、短い期間で進むネットワークが予期せぬ出来事により絶えず妨害され取り除かれていることから、不可避性の仮説に直面する。戦闘で引き裂かれたカルヴィニズムの歩みは、「定義によって」では結果の判断がつかない戦争によって特徴付けられている。

良い歴史家は「偶然性」を大切にする。彼らは、起こり得たかもしれないことを考慮せずに、本当に起こったことを理解することは難しいということを知っている[19]。例えば、改革主義者レジナルド・ポール枢機卿が一五四九年の選挙において一票差で教皇の座を失わなかったら、ユリウス三世は誕生せず、私たちが教皇庁による対抗宗教改革と呼んでいるものは準備されなかっただろう[20]。また一五八八年のスペイン艦隊への勝利は、不安定なエリザベス朝の統治を覆し、ヨーロッパの勢力均衡に悪い影響を及ぼしたかもしれなかった。今日私たちは、スペインの船舶技術は悪天候には適応していなかったことを把握しているが、更に深刻なのは、スペインの船舶はイギリスのそれに比べ火器の装備が劣っていたことも分かっている[21]。こうした説明は、神が直接関与したと語る宗教神話よりも説得性があるし、オランダにおけるスペイン軍の敗北も、大陸の海賊たちにはオランダ的勇気があったという俗説よりも説得力がある。しかし肝心なのは、現存するすべての資料が確証しているが、いずれの成り行きも危機一髪のものであったということだ。

一六世紀末から一七世紀末にかけてのフランスにおけるカトリック絶対王政の勝利も、歴史の不確実性のもう一つの例だ。一五八九年のユグノー教徒アンリ・ド・ナヴァールの王権獲得がそもそもありそうもないことで、不測の事態が次々起こった。一五九〇年夏、新王となったアンリ四世は軍事行動を起こし、アルクとイヴリーで勝利を収めてパリへ攻め上るばかりとなった。パリでの反ユグノー勢力は「恐怖の支配を引き起こしていた」[22]。八月三〇日、パリ市民は勝利に輝く君主が入場してくるものと期待していた。ところがアンリは彼の兵站線《へいたんせん》の包囲を解く決断をした[23]。一五九四年三月二二日、ようようパリ入りを果たした時点には、王はカトリック側に戻っており、四年後のナントにおいて、国家の統合というさらなる事業を成し遂げるため、彼はかつての同信者たちに対し、制限付きではあるが寛容を付与した。一六八五年にルイ一四世がナントの勅令を廃止したことは、フランス絶対王政がいやおうなく進歩するためには必然的出来事であったと見えるかもしれないが、ナントの勅令発布とその廃止は、必然でも不可避でもなかった。フランスの絶対王政という現象を見れば、信条主義ではユグノーの勃興と勝利寸前に至ったことを説明できないのと同様、信条主義の進展とも容易に調和しない。

歴史哲学ではなく信仰が、昨今のカルヴァン研究において無視される主要因である。少なくとも現代の宗教のその部分を我々はエキュメニズムの精神として呼んでいる。信条をめぐる論争への不寛容さは過去の戦いの音をかき消す。「対抗宗教改革」(Counter Reformation) という用語は、好ましからざる言外の意を含むため『オックスフォード宗教改革百科事典』(*The Oxford Encyclopedia of the Reformation*) では、別の見出し語〔Catholic Reformation〕となっている。[24] 三本の対抗宗教改革の柱——宗教裁判、イエズス会、トリエント公会議は、現在見直し中である。つまり、宗教裁判は法手続きを尊重する近代的先駆けとなる行政的な制度への移行と考えられる。イエズス会士はルネサンス人文主義の教育理念を熱烈に受け継ぐ人々として、また霊的に鼓舞された世界規模の宣教師たちとして描かれる。トリエント公会議の教令のうちカトリック宗教改革の端緒をつけたものだけが、語るに価値があるとみなされる。これらの見解をいくつか、あるいはすべてを保持する修正的な学者たちに対して、弁明的な方便をするとして疑義を呈する学者たちは、ホイッグ派的歴史家だとして斥けられる。すなわち〔ホイッグ派的歴史家とは〕議会民主主義や社会的解放などは、圧政の、教皇帝国の手からもぎ取らねばならぬという神話を奉ずる一九世紀風の論者である。

この進歩主義者の見解をどのように悪く言おうと、それは、保守的ローマ教会主導の合同という計画のもとにあった対抗宗教改革の現実を見落とすことである。これこそかつて初期カルヴィニズムが立ち向かわなければならなかった、そして中世後のヨーロッパにおいて主導権を争ったものなのだ。[25] 確かに、一五八〇年にはイエズス会士ルカ・ピネリは、自らテオドール・ベーズをジュネーヴの私宅に尋ねることができた。しかしスコット・マネッチがベーズのヨーロッパ圏中に送られた書簡の広範な分析の中で示したように、一六世紀末までにフランス国内の迫害を蒙っている教会からジュネーヴに届いた報告の数々は、初期カルヴィニストたちと新しいカトリックの修道会、特にイエズス会との間に激しい競争があったことを確証している。[26] 主たる争点は学校教育〔の拡大〕と〔自分たちの〕情報の伝播であった。イエズス会は聴罪司祭としてルイ一三世、一四世のヴェルサイユに近づくよりずっと以前から、カトリック連合による対抗宗教改革の綱領の支持者であり、フランス・イエズス会支局はフィリップ二世の宮廷における彼らの代理人また資金調達者であった。

思想の市場におけるイエズス会とカルヴィニズムの販売競争は実に熾烈なものだったから、彼らが中世の主教制度と托鉢修道会制度に対する批判で一致したことには驚きを禁じ得ない。しかしながらデイル・ファン・クレイが指摘するように、この両者は共に神の誉れと栄光に身を捧げたが、「イエズス会士にとっては、神の栄光と誉れとは天に固く据えられているものではなく、むしろ王侯や貴族の頭にこんこんと流れ落ち、神性の反映する社会的階層を形成するものであった」[27]。天と地を一緒にしてしまうのは、クレイが語る以上に顕著なものだった。イエズス会は、教皇絶対主義の柱となる前から、ヨーロッパの再カトリック化のために戦う保守勢力の前衛となっていた。フランスにおいてはカルヴィニズムとしのぎを削った。

ルターの改革は、同じように競い合う状況の中で展開しなかったので、それゆえカルヴァンの改革よりも分かりやすい。ルターはヴァルトブルク城から帰って、一五二二年三月に急進的、革命的同志と対面した際、暴力によらぬ計画を説明したのだが、その言葉はほとんど忘れられている。すなわち、「私たちの戦いは教皇や司教とではなく、悪魔との戦いなのだ[28]」と。カルヴァンは人間の力と悪魔の力の間にこんな区別はつけなかった。彼は教皇や司教たち、また彼らの手下ども、殺し屋たちの支配下にある悪魔と戦った。もしホイッグ派の歴史が、宗教裁判とイエズス会とトリエント公会議を、保守的かつ後ろ向きのローマ・カトリックの反撃を支える三脚とみなすなら、ジャン・カルヴァンもホイッグ派的歴史家の最たる者だ。カルヴァンについてたとえどのように理解しようとも、対抗宗教改革の理念はより正確な定義を必要とすると考えても、前者を見逃すことによっても、後者を否定しても、ジャン・カルヴァンの世界を理解することはできない。

注

（1）エピグラフは最初期のユグノー歌（一五二五年一二月頃）。Henri-Léonard Bordier, *Le chansonnier Huguenot du XVIe siècle*（Paris, 1969; reprint, Geneva: Slatkine Reprints, 1969）, xv. ミシェル師とはギヨーム・ファレルの友人であって、ファレル同様ブリソネ司教に呼ばれてモーの説教師を務めたミシェル・ダランドのこと。Stefan Zweig, *Castellio gegen Calvin oder ein Gewissen gegen die Gewalt*（Vienna: Herbert Reichner Verlag, 1936）, esp. 322-325. ツヴァイクは自伝の中で、より広い枠組みで、被害者を勝利者よりも重んじる意図をはっきり出している。例えば「歴史的成功を収めたかよりも倫理的に正しかったかどうか」を問い、「エラスムスであってルターではなく、マリア・ステュアートであってエリザベスではなく、カステリョであってカルヴァンではなく」と。*Die Welt von Gestern: Erinnerungen eines Europäers*（Stockholm, 1944; reprint, Berlin: Fischer Verlag, 1968）, 159.

（2）Johan Huizinga, "De Wetenschap der Geschiedenis"（lecture written in 1934; rev. ed., 1937）, in *Verzamelde Werken*, vol. 7（Haarlem: Tjeenk Willink, 1950）, 129.

（3）František Graus, *Das Spätmittelalter als Krisenzeit: Ein Literaturbericht als Zwischenbilanz*, Medievalia Bohemica, Suppl. I（Prague: Historický ústav CSAV, 1968）.「プラハの春」の悲劇的結果の中で、この重要な試論は限られた範囲にしか出回らなかった。*Spannung und Widersprüche: Gedenkschrift für František Graus*, ed. Susanna Burghartz et al.（Sigmaringen, Germany: Jan ThorbeckeVerlag, 1992）, 315-324, 319.

（4）ヴォルフガング・J・モムゼンが言ったように、「過去の情勢とか事件とは、それ自体ではほとんど死んでおり無意味なものだ」。*Die Geschichtswissenschaft jenseits des Historimus*（Düsseldorf: Droste Verlag 1971; rev. ed., Düsseldorf: Droste Verlag, 1972）, 45.

（5）Bernd Moeller, "Was wurde in der Frühzeit der Reformation in den deutschen Städten gepredigt," *Archiv für Reformationsgeschichte* 75（1984）, 176-193, 193. 一〇年後メラーは誤解を避けるため「ルター的（Engführung）」を

「福音的（Engführung）」と言い換えているが、“Engführung”という実際の問題点は残している。Berndt Hamm, Bernd Moeller, Dorothea Wendebourg, *Reformationstheorien: Ein kirchenhistorischer Disput über Einheit und Vielfalt der Reformatio*（Göttingen: Vandenhoeck und Ruprecht, 1995), 21n.22. 綱領的相違や共通信条（common conviction）に関して、平信徒群の目立った多様性についてのバランスのとれた分析に関しては Miriam Usher Chrisman, *Conflicting Visions of Reform: German Lay Propaganda Pamphlets, 1519-1530*, Studies in German Histories（Atlantic Highlands, N.J.: Humanities Press, 1996）参照。

（6）Thomas A. Brady, Jr., *The Politics of the Reformation in Germany: Jacob Sturm (1489-1553) of Strasbourg*（Atlantic Highlands, N.J.: Humanities Press, 1997), 3.

（7）Scholder, *Die Kirchen und das Dritte Reich* 参照。

（8）G. W. Locher, “Festvortrag: Reformation als Beharrung und Fortschritt: Ein Votum Calvins gegen Ende des 20. Jahrhunderts,” in *Calvinus Theologus*, ed. Wilhelm H. Neuser（Neukirchen-Vluyn: Neukirchen Verlag, 1976), 3-16.

（9）William J. Bouwsma, *John Calvin: A Sixteenth-Century Portrait*（New York: Oxford University Press, 1988). Bouwsma の著書は、他のいくつかの長所に加え、一六世紀の文化史の詳細を表している。

（10）E. William Monter, *Calvin's Geneva*, New Dimensions in History, Historical Cities（New York: John Wiley, 1967; reprint, Huntington, N.Y.: R. E. Krieger, 1975); Robert McCune Kingdon, *Geneva and the Coming of the Wars of Religioon in France, 1555-1556*, Travaux d'humanisme et renaissance 22（Geneva: Librairie Droz, 1956); Francis M. Higman, *La diffusion de la réforme en France, 1520-1565*, Publications de la Faculté de théologie de l'Université de Genève 17（Geneva: Labor et Fides, 1992); Henry Heller, *The Conquest of Poverty: The Calvinist Revolt in Sixteenth Century France*, Studies in Medieval and Reformation Thought 35（Leiden: E. J. Brill, 1986). Bernard Roussel が最終チェックを入れた見出し語を特に注意すること。*The Oxford Encyclopedia of the Reformation*, vol. 1. ed. Hans Joachim Hillerbrand（NewYork: Oxford University Press, 1996), 132-133, s.v. “Béarn”; Harro Höpfl, *The Christian Polity of John Calvin*, Studies in the History and Theory of Politics

(Cambridge: Cambridge University Press, 1982); Philip Benedict, *Rouen during the Wars of Religion*, Cambridge Studies in Early Modern History (Cambridge, Cambridge University Press, 1981).

(11) Charlotte C. Wells, *Law and Citizenship in Early Modern France* (Baltimore: John Hopkins University Press, 1995).

(12) シリングの、"Disciplinierung oder Selbstregulierung der Untertanen? Ein Plädoyer für die Doppelperspektive von Makro- und Mikro-historie bei der Erforschung der frühmodernen Kirchenzucht," *Historische Zeitschrift* 264 (1997), 675-691 における、学問の現況についての公平な議論参照。

(13) Heinz Schilling, *Civic Calvinism in Northwestern Germany and the Netherlands: Sixteenth to Nineteenth Centuries*, Sixteenth Century Essays and Studies 17 (Kirksville, Mo.: Sixteenth Century Journal Publishers, 1991). さらに網羅的な、豊富に資料付けされたものとしては同著者の *Religion, Political Culture, and the Emergency of Early Modern Society: Essays in German and Dutch History*, SMRT 50 (Leiden: E. J. Brill, 1992).

(14) Wolfgang Reinhard, Heinz Schilling, *Religion, Political Culture, and the Emergency of Early Modern Society* の書評、*Zeitschrift für historische Forschung* 22 (1995), 265-267.

(15) Volker Press, "Stadt und territoriale Konfessionsbildung" in *Kirche und gesellschaftlicher Wandel in deutschen und niederländischen Städten der werdenden Neuzeit,* ed. Franz Petri, Städteforschung, Reihe A, Darstellungen 10 (Cologne: Böhlau Verlag, 1980), 251-296; id., "Soziale Folgen der Reformation in Deutschland" in *Schichtung und Entwicklung der Gesellschaft in Polen und Deutschland im 16. und 17. Jahrhundert: Parallelen, Verknüpfungen, Verleiche,* ed. Maruan Biskup and Klaus Zernack, Vierteljahresschrift für Sozial- und Wirtschaftsgechichte, Beiheft 74 (Wiesbaden, Germany: Franz Steiner Verlag, 1983), 196-243.

(16) Heinz Schilling ed., *Die reformierte Konfessionalisierung in Deutschland: Das Problem der Zweiten Reformation: Wissenschaftliches Symposion des Vereins für Reformationgeschichte 1985*, Schriften des Vereins für Reformationsgeschichte 195 (Gütersloh: Gütersloher Verlagshaus Gerd Mohn, 1986). この書は、ドイツに適用することによって、継起する信条主義の諸相をまことにはっきりと示すことができている。以下参照。Schilling,

"Nochmals zweite Reformation in Deutschland: Der Fall Brandenburg in mehrspektivisher Sicht," *Zeitschrift für Historische Forschung* 23 (1996), 501-524.

（17）Martin Heckel, "Die reichsrechtliche Bedeutung des Bekenntnisses," in *Bekenntnis und Einheit der Kirche: Studien zum Konkordienbuch*, ed. Martin Brecht and Reinhard Schwarz (Stuttgart: Calwer Verlag, 1980), 57-88.

（18）シリングが、イデオロギーとしての信条主義の経過は歪曲する力を持っていることに十分気づいていたことを指摘することは重要である。そこでこれは解釈上のモデル（Erklärunsparadigma）として考えるべきであろう。Wolfgang Reinhard and Heinz Schilling, eds., *Die katholische Konfessionalisierung: Wissenschaftliches Symposium der Gesellschaft zur Herausgabe des Corpus Catholicorum und des Vereins für Reformationsgeschichte*, Schriften des Vereins für Reformationsgeschichte 198 (Gütersloh: Gütersloher Verlagshaus, 1995).

（19）私の始業講演を見よ。"The Devil and the Devious Historian: Reaching for the Roots of Modernity," in *Koninklijke Nederlandse Akademie van Wetenschappen: Heineken Lectures*, 1996 (Amsterdam: Royal Netherlands Academy of Arts and Sciences, 1997), 33-44.

（20）Thomas F. Mayer and Peter E. Starenko, "An Unknown Diary of Julius III's Conclave by Bartolomeo Stella, a Servant of Cardinal Pole," *Annuarium Historiae* Conciliorum 24 (1992), 345-375. Thomas E. Mayer, "Il fallimento di una candidatura: Il partito della riforma. Reginald Pole e il conclave di Giulio III," Annali dell'Istituto storico italo-germanico in Trento 21 (1995), 41-67.

（21）Colin Martin and Geoffrey Parker, *The Spanish Armada* (London: Hamish Hamilton, 1988), 23-66 参照。

（22）Bernard Chevalier, "France from Charles VII to Henry IV" in *Handbook of European History*, vol. 1, 395.

（23）一五九〇年八月三〇日朝目覚めたパリ市民たちは、大幅な譲歩がなされようとしているまさにその時、アンリ王が軍隊を引き揚げさせたのを見て驚いた。Leopold von Ranke, *Französische Geschichte vornehmlich im 16. und 17. Jahrhundert*, 6 vols. (1852; 4th ed., Leipzig: Duncker und Humboldt, 1876), vol. 1, 366.

（24）私の書評記事参照。"The Present Profile and Future Face of Reformation History," *Sixteenth Century Studies Journal* 28 (1997), 163-171.

(25) 政治的教皇主義の反自由主義的抑圧力へのホイッグ流の畏れについては、Patrick Collinson, "The Elizabethan Exclusion Crisis and the Elisabethan Polity," *Proceedings of the British Academy* 84 (1994), 51-92.

(26) Mario Scaduto, "La Ginevra di Teodoro Beza nei ricordi di un gesuita lucano, Luca Pinelli, 1542-1607," *Archivum Historicum Societatis Jesu* 20 (1951), 117-142. Scott Manetsch, *Theodore Beza and the Quest for Peace in France 1572-1598*, SMART 79 (Leiden: E. J. Brill, 2000).

(27) Dale K. Van Kley, *The Religious Origins of the French Revolution: From Calvin to the Civil Constitution, 1560-1791* (New Haven: Yale University Press, 1996), 53. A. Lynn Martin が指摘したように、カルヴィニストたちとイエズス会派の人たちとの正面衝突は比較的遅く、一五五九年になって、「イエズス会はカルヴィニストの脅威に対してやっと立ち上がった」。*The Jesuit Mind: The Mentality of an Elite in Early Modern France* (Ithaca: Cornell University Press, 1988), 89. この著者がイエズス会の展望に全く同志的に同化していることは、他の暴露的並行記事によって確かめられる。例えば、近代のルター研究と反対に、イエズス会、カルヴァンのどちらの研究も「弟子たち」に占められていて、「仲間内」の域を出ていない。

(28) WA 10 3.9, 1f.

(久米あつみ訳)

第八章
ヨーロッパ宗教改革の新たな見取り図

天上の主に祈ります
　その慈しみによって
光を投げかけてくださいますように
私たちの心に
　その優しさによって
福音を刻み付けてくださいますように
読みましょう、読みましょう、さあ読みましょう
　——新手のシャンソン

プロテスタントの歴史家たちと同じくカトリックの歴史家たちまでもが、中世末期の教会が神学的にも、構造的にも脆弱であったという神話を広めたが、そのせいで、長きにわたって誤った問いが立てられてきた。問題は、宗教改革がなぜ、どこで失敗したかではなく、どこで、なぜ成功したのかということである。当時、改革への反発が特に激しかったのは、聖職禄の枠組みや、教会法と世俗法の判例体系などの制度においてである。激し

く中傷された聖職禄の枠組みは、おそらく無駄も多かっただろうが、資金は豊富で、機能的であった。他方、判例体系は、幾世期にもわたる輝かしいローマ教会とその教会法体系の権威を誇っていた。さらに拡大する保守主義は、どの改革も、神が建てた秩序を覆すものと考えた。振り返れば、天使教皇〔中世末期に流布した理想教皇〕による真の改革という古き夢は別にしても、中世末期のキリスト教世界が自己改革を進めるためには、新しく、体系的で、現実的な選択肢が二つ存在した。一つは、コンスタンツ公会議〔一四一四―一四一八年〕とバーゼル公会議〔一四三一年〕で希求されたような公会議の取り組みである。ブライアン・ティアニーの『公会議の理論の形成』（*Foundations of the Conciliar Theory*）によると、公会議が他のすべての教会権力に優越すると宣言した「ヘック・サンクタ」〔*Haec Sancta*, コンスタンツ公会議で採択〕は、一見すると革命的な教義ではあるが、実際は、伝統的で教会法的な起源を有しているという。つまりティアニーによれば、「すべての公会議主義者は教皇主義者」だったのである。(1) だがもっと重要なことに、公会議主義を標榜する教皇主義者の数は減少しつつあった。結局、教皇庁は公会議主義へ向かう破壊的な力を恐れ、ヴォルムスの勅令〔一五二一年〕からトリエント公会議開始〔一五四五年〕まで二五年間の衝突が生じた。それが、のちのプロテスタントの宗教改革に機会を与えることになった。問題の解決を試みるも果たせず、改革のエネルギーは、不満が募るドイツのルター主義から、ヨーロッパ全土に広がる改革運動へ移行していった。

中世末期のキリスト教世界を建て直す二つ目の可能な道は、〔国民的な〕公会議主義の道であった。バーゼル公会議における「ヘック・サンクタ」の教令を実現する努力は実らなかったが、この公会議は疑いもなく、「ガリア教会」発展の母胎となった。ローマ教会の長女たるフランス教会の「解放の歴史」については、まだわからないことも多い。(2) だがフランスの国土にガリア教会ができたことで、教皇の司法管轄が「国民化」された。ガリアの自由は、ペトロの聖座の霊的権威に異を唱えることなく、至上権を要求する教皇の主張を無化せしめた。一五一六年のボローニャ政教協定において、教皇はフランス王にガリア教会に対する幅広い権限を与えた。しかしガリカニスムは中央集権化されたが、それでガリカニスムが終わったわけではなかった。フランス王フランソワ一世の姉で、のちにナヴァール女王となるマルグリット・ダランソン〔マルグリット・ド・ナヴァール〕の支援によって、ガリカニスムと聖書的ユマニスムが融合し、宗教改革拡大に有利な雰囲気が醸成された。さらにそれは、宗教改革が檄文事件という厄災（一五三四年）を乗り越えるのにも役立った。[3] カルヴァンは、ガリア教会の綱領をかたくなに支持する人々をニコデモの徒と呼んで攻撃したが、ガリア教会がローマ教会から独立したことは、宗教戦争全般にわたって、「中間の道」（*via media*）を行くことを容易にさせたことは否めない。なおイングランド王国は、その後の二〇年、フランスとは異なった道を辿った。この時期に起きた国王の「大いなる問題」が「英国国教会」（*ecclesia anglicana*）を設立に至らしめたのである。ヘンリー八世の恐るべきエゴイズムは、王妃キャサリン・オブ・アラゴンやトマス・モアに対する処遇を歪んだものにしたが、しかしそこには、王朝の存続という重要な問題があった。[4]

教会を領土化していく同じような動きに、「ゲルマン教会」（*ecclesia Teutonica*）の登場があった。司教領主たちと皇帝の弟のフェルディナントを含め、すべての帝国等族の承認のもと、一五二四年一一月一一日のシュパイアー帝国議会開催のために招集状が送られようとしていた時に、スペインにいた皇帝はそれに拒否権を発動した。だが、その発令には重要な意味があった。なぜなら皇帝カール五世は、頭と肢体を改革する、彼自身のハプスブルク帝国に対する計画を押し進める一方、みずからの提案事項をトリエント公会議で承認させることができなかったからである。[5] 公会議は、教皇至上権の制限を画策する皇帝案を拒否したのち、各地の司教区の改革の問題に移行した。これはささやかな達成だったが、公会議にとってはおそらく最大の達成であった。カトリック改革の出来事は対抗宗教改革の出来事でもある。スペイン王フェリペ二世の主導のもと、また「マドリードから煉獄まで」の道筋に沿って、トリエント公会議から始まった対抗改革は、激しさを増して強度なものとなったが、フランスでの軍事的成功がネーデルラントにおける失地を補った。[6]

中世後期のキリスト教世界における教皇庁、公会議、国民単位の組織改革に関する知識は、非計画的な改革という、可能性としてはもっともありえなかったはずの事態がいかに生じたのかを検討するのに不可欠である。そのような改革にとって最大の問題は、教皇抜きでも人々に受け入れられるようなカトリックを作り上げることであった。公会議であるならばそれはできたかもしれないが、あるいは、平信徒が主導権を握ってもよかったかもしれない。もしルターが、みずから確固たる公会議主義者であることを示していたら、あるいは反聖職者主義の強烈な波に乗る用意があったなら、より多くの初期の支持者の忠誠心を繋ぎ止めておけたであろう。だが代わりに、彼の最も急進的な刷新である「万人司祭論」と、それに伴う「信仰義認」の教義は、叙階された聖職者たちを排除しなかった。それどころか、このような考えは、悪魔との戦いの戦場にいる信者たちを、御言葉の説教、聖餐の執行、(私的な)告解を通して支えるために、教皇や司教、司祭を頼りとせざるをえなかった。

ルターの改革が生き延びたのは、何をおいても、いわゆる「諸侯たちの改革」のおかげである。マンフレート・シュルツが明らかにしたように、諸侯たちを改革したことはプロテスタント改革の悲しい末路ではなく、中世末期の保育器のようなものだ。つまりこの中で、生まれたばかりの改革運動が成熟するための環境が整えられたのだ。(7) 改革の一世紀前、教皇は教皇国家の拡大と過激な公会議主義への対策に忙殺されていたため、特に神聖ローマ帝国の領邦諸侯に、教会の監督と改革の特権をますます与えるようになった。アウグスティヌス会厳格派のザクセンは、ここがルターの最初の支持者となるかなり前に、すでにこうした諸侯主導の改革の主要な器となっていた。ヴォルムス国会における勅令が発動された後、ザクセンのフリードリヒ賢公はルターに不安定ながら安全を保障したが、それは、この骨の髄まで中世的な君主がルターを個人的に敬愛していたからというより、選帝侯としての長い改革政策に根ざしていた。確信をもって言えるが、君侯の保護がなければ、ルターの声はかき消され、改革の動きは蕾のままもぎ取られてしまったはずである。

こうした早い段階における諸侯の改革は、欠かせない要因ではあったが、ルターの反抗の行く末を決定するのに十分な条件ではなかった。ルターその人も、改革を前進させる環境を整えたからである。一五二二年三月、ヴァルトブルクから急遽ヴィッテンベルクに帰還したルターは、初めてコミューン運動に遭遇した。このコミューン運動によって、改革は速度を増し、カールシュタットの主導のもと聖像破壊が正当化された。他方、ルターは一週間に及んだ一連の説教で忍耐の福音を説き、反乱や蜂起に警告を発した（「誠実なる勧告」）。その頃、ルターは状況を制御することができたが、三年後には、霊的に高揚したカールシュタットの同盟者たちは農民を扇動し、みずから司祭の役割を果たして、新たな綱領を作った。この綱領を、ルターは容赦なく断罪する。ミュールハウゼンでの一連の衝突と、さらにそれに対する非情な報復の間に、七万人あまりの農民が殺された。その数は、一五七二年のサン・バルテルミの大虐殺の犠牲者にほぼ匹敵する。

ペーター・ブリックレのドイツ農民戦争に関する辛辣な弔辞は、多くのすぐれた歴史家たちの関心を引き起こした。いわく、一五二五年は「宗教改革の転換点」であるという彼のテーゼである。宗教改革は、（常に失望感を込めてというわけではないが）「その活力の大部分」を失ったと言われる。[8] 時折、農民たちへの無慈悲な鎮圧とドイツに「典型的」な「市民として自己を主張する勇気」の欠如を結び付けるような（その裏には公権力に対する過度の服従の傾向があるとされる）、現代的な観点がみられる。[9] 現在を批判するために過去を利用するこうした取り組みは非常に興味深い。だがそれは措くとしても、確かに言えるのは、もしルターが一五二二年にヴィッテンベルクの過激派に加担したり、その三年後に農民反乱の主導者の側に立ったりしていたなら、ルターの改革はその活力を極度に失ったばかりか、ザクセン選帝侯領からは追い払われ、神聖ローマ帝国外のいかなる場所でも挫折していたであろうということである。

当時の証言によると、初期に農民反乱の大義に共鳴したその支持者たちでさえ、本来は正当性を有していたはずの抗議が、突然混乱とカオスに陥ったと考えていたという。[10] こうした世論形成を主導したのは都市エリートであり、ロッテルダムのエラスムスも彼らの恐怖を記録にとどめている。エラスムスが社会の不安と反乱の責任をルターに負わせたことを考えれば、ルターが逡巡した場合、エラスムスがいかなる反応を示したかは想像に難くない(11)。

非計画的な改革によって変化が起きるためには、ある種の認識、より一般的には改革を好意的に見る世論が不可欠である。碩学のマルクス主義歴史家マックス・シュタインメッツは、一五二五年の暴動を早過ぎた革命と捉えた(12)。もしルターがカールシュタットの歩みに従っていたら、ドイツの改革もまた「早過ぎた」ものとなっていただろう。だが一五二五年に改革が活力を失うというテーゼには、他にも根本的な欠陥がある。それは当時のドイツで起こっていたことを重視しすぎるのである。このような狭い視野では、歴史的な展望が歪められてしまうのではないだろうか。ドイツで農民戦争がピークを迎えた数か月後、ユグノーの最初の抗議の歌がパリで広まっている。ルターのメッセージを、ダイナミックなかたちで伝える人々が新たに登場したのだ。亡命者たちによる宗教改革の誕生である。

注

(1) Brian Tierney, *Foundations of the Conciliar Theory: The Contribution of the Medieval Canonists from Gratian to the Great Schism*, SHCT81 (Cambridge, England, 1955; rev. and enl. ed., Leiden: E. J. Brill, 1998), xx.
(2) Raymond Lebègue, *La tragédie religieuse en France: Les débuts, 1514-1573* (Paris: Librairie Honoré Champion, 1929).
(3) Philip Benedict, "Settlements: France," in *Handbook of European History*, vol. 1, 423. マルグリット・ド・ナヴァールの影響については、Jonathan Reid, "King's Sister, Queen of Dissent: Marguerite de Navarre, 1492-1549, and Her Evangelical Network" (Ph.D. diss., University of Arizona, 2001)。
(4) カレン・リンゼイが言うように、たしかにヘンリー八世は人を愛せない人間だったかもしれない。だがここにはテューダー朝の国制にまつわる問題があったことを忘れるべきではない。Karen Lindsey, *Divorced, Beheaded,*

Survived: A Feminist Reinterpretation of Wives of Henry VIII (Reading, Mass.: Addison-Wesley, 1995).

（5）以下の私の著作を参照。*Luther: Man between God and the Devil*, trans. Eileen Walliser-Schwarzbart (New Haven: Yale University Press, 1989; reprint, New York: Doubleday, 1995).

（6）Carlos M. N. Eire, *From Madrid to Purgatory: The Art and Craft of Dying in Sixteenth-Century Spain* (Cambridge: Cambridge University Press, 1995).

（7）Manfred Schulze, *Fürsten und Reformation: Geistliche Reformpolitik weltlicher Fürsten vor der Reformation*, Spätmittelalter und Reformation, Neue Reihe 2 (Tübingen: Mohr Siebeck, 1991)。また Erwin Iserloh, "Die protestantische Reformation," in *Reformation, Katholische Reform und Gegenreformation*, ed. Erwin Iserloh, Josef Glazik, and Hubert Jedin, Handbuch der Kirchengeschichte4 (Fribourg: Herder Verlag, 1967), 145.

（8）Peter Blickle, Communal Reformation: The Quest for Salvation in Sixteenth-Century, trans. Thomas Dunlap, Studies in German Histories (Atlantic Highlands, N.J.: Humanities Press 1992)［原書は、*Gemeindereformation: Die Menschen des 16. Jahrhunderts auf dem Weg zum Heil* (Munich: R. Oldenburg Verlag, 1985)。］

（9）Brady, *Handbook of European History*, Introduction, xvii-xx.

（10）以下の私の論文を参照。"Tumultus rusticorum: Vom Klosterkrieg zum Fürstensieg: Beobachtungen zum Bauerenkrieg unter besonderer Berücksichtigung Zeitgenössischer Beurteilungen," in *Deutscher Bauernkrieg 1525*, ed. Heiko A. Oberman, *Zeitschrift für Kirchengeschichte* 85, Heft 2 (Stuttgart: Kohlhammer Verlag, 1974), 301-306. 英訳は、*Havard Theological Review* 69 (1976), 103-129所収。

（11）ヴォルムス議会の開催中、エラスムスはすでにルターを非難していた。Erasmus to Luigi Mariano, March 25; letter 1195 [1521]. *Opus epistolarum Desiderii Erasmi Roterodami*, ed. P. S. Allen et al., 11 vols. (Oxford: Clarendon, 1906-1958), vol. 3, 459.

（12）Max Steinmetz, *Thomas Müntzers Weg nach Allstedt: Eine Studie zur seiner Frühentwicklung* (Berlin: Deutscher Verlag der Wissenschaften, 1988).

（竹下和亮訳）

第九章
最前線——亡命者たちの宗教改革

耐えなさい
神の僕らよ
あなたの希望を親愛なる主に託し
唯一人の執り成し手に
すべての権能をお持ちの
唯一人の執り成し手に
すべての栄光を捧げよう
——新手のシャンソン

カルヴァン主義が生き延びたことは、ルター主義の場合と同じ問題を提起する。つまり宗教改革が挫折しなかった理由をいかに説明するかということである。ルターはアウクスブルク仮信条協定によってもたらされた貴重な時間を利用し、その間、大学、皇帝、将来の公会議に訴えかけることができた。だがカルヴァンには、そのような一息つける時間はなかった。すでにパリ大学と国王裁判所は福音主義の標榜者に敵対的だったため、彼はパリを離れ、スイスに亡命せざるをえなかった。さらに言えば、彼がトリエント公会議の決定に対する「解毒剤」

（Antidote）を執筆したのは、ジュネーヴを地固めするかなり前のことだった。

特にカルヴァンは、ドイツ・ルター派の失敗により顕在化した失望感の拡大にも対処しなければならなかった。改革の必要に関する一五四三年の宣言文、「教会改革の必要性」の中で、彼はドイツにおける致命的な問題を四つ挙げている。すなわち、神学上の不一致、キリスト教的生活の改善の失敗、断食・巡礼・霊的修行の廃止による民衆の宗教的恭順の弛緩、強欲な諸侯による教会財産の没収である。(1) カルヴァンは、改革の真の成功が死者の蘇生に匹敵するほどの奇蹟であることを率直に認めている。(2) だが同時にカルヴァンは、「われわれのなすべきは成功の確率の計算」ではなく、祈り、働くことだと言っている。「われわれのなすべきは福音の宣教である。賭けの行くえはどうあれ、ただその結果を受け入れればよい(3)」。

一五二二年三月、ルターは自分の支援者たちに対して、同じような、しかしかなり異なった見方を表明していた。「私は神の御言葉の説教によって教皇庁を攻撃してきた。この御言葉は、私が眠ったり、『フィリップ〔メランヒトン〕やアムスドルフ』と一緒にヴィッテンベルクのビールを飲んだりしている間に働いてくれた(4)」。カルヴァンならビールは決して勧めなかっただろうが、彼はルターと同じく、改革の成功は人間の創意工夫によってはもたらされないと考えていた。だが同時に、カルヴァンはドイツの土壌の中で大覚醒の兆候を見つけ出すことができなかった。フィリップやアムスドルフと共にいるルターだけではない。ルター主義の全体が、眠りに落ち込んでいた。二〇年にわたり、使者が次々とドイツのプロテスタント諸侯のもとを訪れては、迫害されているフランスのユグノーを救うための兵士と資金を送るよう懇願したが、なんの成果も得られなかった。ドイツのプロテスタントはアウクスブルク宗教和議に満足しており、帝国内部の勢力均衡の維持の方に気をとられていたため、カルヴァンの強力な同盟者となるだけの状態にはなかったのだ。カルヴァンは、そのような同盟こそ、ヨーロッパの魂の戦いに不可欠だと考えていた。

カルヴァンの宗教改革のダイナミックな力を認識するには、ヴィッテンベルク、シュマルカルデン、インスブルックという本来のドイツの軸を越える地図を頭に描く必要がある。つまりそれらに加え、マドリードからパリ、アントウェルペンへと至るスペインの動線も含んだ地図を念頭におかなくてはならない。カルヴァンの改革が有していた地政学的な射程は、ジュネーヴからパリとアントウェルペンを経て、新興勢力のゼーラントとホラントに至るラインを辿ると最もよく理解することができる。フランスのカルヴァン派は、ドイツの援助を要請したが受け入れられなかった。ドイツは疲弊しており、数年に及ぶ闘争も終わっていまや平和を甘受していたからである。そのためフランスのカルヴァン派は、大量の資金と兵力をもつスペインと張り合うことはできなかった。しかしそれでも、イギリスに対する第二次無敵艦隊の機先を制し、八〇年に及ぶ戦争の果てにオランダを勝利に導くほどの抵抗力は保持していたのである。

ここまで概観してきたことは、歴史の必然的な歩みというよりは、小競り合いや局所的な紛争の騒しい集積である。それはいろいろなものが描き加えられた絵画のようなもので、そこに、カルヴァンの立脚点の諸要素を見出すべく努めねばならない。亡命者たちの宗教改革が、勢いを増して攻撃的になったカトリックの重たい残滓に抗する「十字架の下の教会」として、生き延びることができたのは、そうした諸要素のおかげだからである。同じ問いを別の観点から言いかえれば、次のようになる。出発点をなすドイツの宗教改革が衰えた後も生き延び、ヨーロッパ各地に浸透するほどのカルヴァン主義の強さの秘密は、いったいどこにあるのだろうか。確かに、カルヴァン主義の中心的な性格の中には、広範囲の浸透を妨げるような、反対の結果をもたらしても当然のものもあった。先にも触れたように、人間の全的堕落という荒涼たる教え、予定論がもたらす論争、容赦ない倫理主義は、もしそれらが王国において暴力の連鎖となって爆発し、聖像破壊を引き起こしたなら、非計画的な改革運動にとって死の警告となったかもしれなかったのである。

「社会を作り、それに法を与えるときに前提とすべきことがある。それは、すべての人間は悪であり、人間はあらゆる機会を捉えて、心の内に根差す悪に従おうとするということである」。こうした発言は、カルヴァンが罪に対して徹底した理解をもっていたことを裏付け、さらに彼がはなはだ悲観的な人間観を抱いていたという一般的な見解を支持するかに見えるかもしれない。ただし、もしこれが本当にカルヴァンによるものだったら。しかし実際は、これは一五二七年に書かれたマキアヴェッリの『政略論』(*Discorsi*, 一巻三章)の一節である。読者を騙すような真似をしたのは学術的な書物にあるまじきことだが、それも人々の心の奥底に根ざす先入観を暴くことを願ってのことなのでご寛恕いただきたい。人々は悪の力という概念を、カルヴァン主義の悲観論に典型的に見出せると思いがちだが、実のところ、それはよく知られたマキアヴェッリの現実主義の基本的な公理である。本当のことを言えば、ここでこのように二人の見解を交差させたのは単なる修辞学上の戦略ではなかった。近代政治思想の展開という点では、マキアヴェッリは支配者より被支配者の方が信頼ならぬと考える悲観論者であるが、他方カルヴァンは、悪の力をみすえる聖書的現実主義と、公私を通じた改善と聖化の可能性という驚くべき楽観論を結び付けた人物である。「神の栄光の劇場」(5)というカルヴァンの世界観は、「人間的」諸制度を徹底的に評価するという基盤の上で行動を求める楽観的なものである。なお、これらは勃興しつつある絶対主義国家においても、教会においても、民間信仰においても機能不全を起こしていた。カルヴァンの立脚点の一つ、「全的堕落」が、人間の努力に対する絶望ではなく、人々に武器を取らせることになった点は、今まで充分に理解されてこなかったのではあるまいか。

カルヴァンの予定論も、宗教改革の障害とみなされたことは不思議ではない。フィリップ・ベネディクトは、予定論には人々に嫌われる側面があることを鋭く捉えている。「倫理的厳格さは、容易に自己義認へと移行する。選ばれた者たちが共同体の残りの者たちに『君たちは遺棄される』と告げる時、彼らはまず愛されることはない」(6)。宗教戦争期のルーアンに関する彼の見事な研究を支えるのは種々の統計資料だが、ベネディクトのこの発言を支えているのは良識《コモンセンス》である。ただ残念ながら、そこにはカルヴァンの予定論に対して人々がよく陥る誤解がみうけられる。カルヴァンの著作にも、またそれを読んだ読者の反応の中にも、予定論がこのように紛争的に発せられたり、受け留められたりしたことを証明するものは何もない。

われわれ近代人が、予定論のダイナミックな力を理解するのに困難を覚えるとすれば、それはおもにキリスト教神学の歴史の専門家たちのせいである。彼らは、神学のハンドブックであるカルヴァンの『綱要』(*Institutes*)を主要な権威として引き合いにしつつ、予定論を、ある一個の思索的な大系の一部分にしてしまうのだ。その一方で、今日のみならず一六世紀においても困惑の種であったこの教理が、カルヴァンの経験に由来するものであることを見て取ったのも、神学の歴史の専門家たるヴィレム・ファン・スペイカーである。(7) さらに付け加えれば、カルヴァンの場合、それは特に亡命者としての経験からと言えるかもしれない。マルティン・ブツァーとカルヴァンを分ける副次的な相違でさえ、それぞれの社会的経験によっている。都市の改革者としてのブツァーは、シュトラスブルクにおいて、なぜ福音を受け入れる人と受け入れない人がいるのかという問いを避けることができなかった。似たようなことをアウグスティヌスはヒッポで経験したが、彼と同様、ブツァーは、ある人々の目が啓かれ、ある人々の目が塞がれている理由は、神があらかじめかく定められたからであると結論した。カルヴァンはブツァーのアウグスティヌス的解釈を受け入れたが、二人の間には相違点がある。おそらくそれは、カルヴァンが都市の改革から亡命者たちの改革へと移行していったことに起因する。

予定論というカルヴァンの教理は、迫害の圧力に負けてしまうことを恐れる敬虔な信者にとって、強力な防波堤である。選びとは、信仰をもつ者にとっての福音の激励であり、不信心者にとっての運命の宣告ではない。特に、それはカルヴァンのスイス逃亡の前夜、当時パリ中に襲いかかった迫害の最初の波をうけて彼も感じた苦難に応えてくれるものだった。そのとき、カルヴァンは、自分が拷問に負けて地下組織の仲間を裏切るのではないかという恐れを抱いていたのである。(8) つまりこの教理は、すべての真のキリスト教徒に対し、傲慢の種ではなく、どれほどひどい迫害にあっても最後まで耐え抜くことができるという希望を与えるものだった。(9) のちに亡命者が定住して市民になると、経験が培ったこの聖書的洞察が一貫した神学へと発展していった。このように一貫した神学になると、それは当初の意図からかけ離れ、硬い教理的外皮をつくりあげてしまった。そのとき、選びの教理は市民的権利とみなされるようになった。

最後にルターの宗教改革をほぼ停止においやった蜂起と聖像破壊という衝撃の大きかった問題に移ろう。カルヴァンが一五二二年のカールシュタットの行動に共感していたのは間違いない[10]。とはいえ、カルヴァンの「偶像との闘い」は誤解をうみやすい。死と煉獄に直面したフェリペ二世の信仰を精査したカルロス・エール[11]は、初期のカルヴァン研究を参照することで間違った方向に導かれ、カルヴァンは神の絶対的超越性というプラトニズム的立場から図像に闘いを挑んだと誤解した[12]。だが実際には、カルヴァンは、神がこの世の時空を超越するからではなく、反対に現実世界のあらゆる細部、歴史におけるあらゆる行為に普く存在するからこそ偶像を攻撃したのである[13]。カルヴァンが、図像を偶像にしてしまう民間宗教を批判したのは、そこに、日常生活の全領域に臨在したもう神への信頼が暗黙の内に欠如していることを見て取ったからである。

まさにこの論点から、非計画的な宗教改革の脆弱性という問題へと導かれる。フランスとオランダにおける聖像破壊の急増は、ユグノーの運動を深刻な危険にさらした。したがって、カルヴァンはどうしても、自分の教えに従う人々が騒動、蜂起、教会占拠や聖像破壊などの実力行使に訴えるのを全力で阻止せざるをえなかった。宗教改革の大義とユグノーの運動の存続そのものが危険にさらされると、彼は自らの半身をも切り捨てた。旧くからの戦友ともいうべきギョーム・ファレルとさえ距離をとったのである[14]。

計画的な改革というのが本書の出発点であったが、その結論にふさわしいのは聖像破壊である。聖像破壊こそが神学の枠組みがいかに社会的政治的な要因によって大きく影響され造り変えられるかということ示すからである。聖像破壊の増加は、本来のメッセージが「長期持続」と「短期持続」の双方が展開する、不安の満ちた網によって翻訳され、変換され、絡みとられる地点を指し示す[15]。しかし人間の経験がかつてそれを形作ったように最初に本来のメッセージをその歴史的文脈の中で再構成しなければ、ドイツにおける宗教改革の始まりも、カルヴァン派によるその完成も正しく理解することはできないのである。

注

（1）CO 6.510 A, B.

（2）CO 6.510 C.

（3）CO 6.511 A.

（4）WA 10 3. 18, 15f.

（5）Susan E. Schreiner, *The Theater of His Glory: Nature and the Natural Order in the Thought of John Calvin* (Durham, N. C.: Labyrinth Press, 1991) 参照。

（6）Philip Benedict, *Rouen during the Wars of Religion*, Cambridge Studies in Early Modern History (Cambridge: Cambridge University Press, 1981), 109.

（7）Willem van't Spijker, "Prädestination bei Bucer und Calvin: Ihre gegenseitige Beeinflussung und Abhängigkeit," in *Calvinus Theologus*, ed. Wilhelm H. Neuser (Neukirchen-Vluyn: Neukirchener Verlag, 1976), 85-101, 106.

（8）Heiko A. Oberman, "Europa Afflicta: The Reformation of the Refugees," ARG 83 (1992), 91-111.

（9）Heiko A. Oberman, *De Erfenis van Calvijn: Grootheid en Grenzen* (Kampen: J. H. Kok, 1988).

（10）聖像破壊を取り巻く一触即発の状況については、Denis Crouzet, *Les guerriers de Dieu: La violence au temps des troubles de religion, vers 1525-vers 1610*, 2 vols. (Seyssel, France: Édition Champs Vallon, 1990).

（11）Carlos M. N. Eire, From Madrid to Purgatory: *The Art and Craft of Dying in Sixteenth-Century Spain* (Cambridge: Cambridge University Press, 1995).

（12）Carlos M. N. Eire, *War against the Idols: The Reformation of Worship from Erasmus to Calvin* (New York: Cambridge University Press, 1986).

（13）Alain Besançon は、聖像破壊に関する独創的歴史観の中で、カルヴァンは神の像を変えたのではなく、世界の像を変えたと論じた。「非神聖化された世界」は、神が「部分を超えている」(de-localized) という意味で理解する限り、この見解を受容できる。*L'image interdite: Une histoire intellectuelle de l'iconoclasme* (Paris: Librairie Fayard, 1994), 255.

(14) Heiko A. Oberman, "Calvin and Farel: The Dynamics of Legitimation in Early Calvinism," *Journal of Early Modern History* 2 (1998), 32-60.

(15) オランダにおける聖像破壊の発生については、David Freedberg, *Iconoclasm and Painting in the Revolt of the Netherlands, 1566-1609* (New York: Garland, 1988).

(竹下和亮訳)

第一〇章
カルヴァンの遺産——その偉大さと限界

この章以後は、改革派教会の指導者たち、中でも父祖なるジャン・カルヴァンに関する総合評価を論じたい。総合評価とは、すなわち、彼の遺産についての貸借対照表を作成し、利益と負債を検討し、さらにそれを熟慮し天秤にかけ、花崗岩と砂粒両方を得る取り組みをすることを意味する。これは特に閉ざされた学者集団のみを対象とするのではなく、カルヴァンの目的と意義、すなわち西洋世界のために、そして西洋世界に対して与えたものへの、世論の評価を射程に入れたい。そこで限られた紙面でこの目標によりよく近づくために、二つの入り口を設定した。第一に、私は、カルヴァンの論敵や敵対者の発言を新たに聞くことなく一行たりとも論評したり、一つでも大胆にも判断することを良しとしない。それは当然だと思われるかもしれないが、主要なカルヴァン研究家たちの世界では決してそうではない。ついでながら、学問的に中道に立つという偽りの美徳を目指してもいない。むしろ私の関心は、批判者がどこに問題をもち、どう感じたかにある。

神政政治、予定論、訓練（改革派的生き方!）、そして聖書主義に対する、反抗から公然とした嫌悪に至るまで、カルヴァンへの反応は鏡に映るように明瞭である。これらのテーマはこの章で触れなければならないが、簡単に触れるだけである。ジュネーヴにおけるカルヴァンと同世代の政敵アミ・ペランから、二〇世紀におけるカルヴァンへの批判者シュテファン・ツヴァイクに至るまで、さまざまな形でこれらのテーマと結び付いた、一種の宗教的テロリズムに対する抗議の声が絶え間なく上がった。

私は特に、カルヴァン学者アラード・ピアソンに注目したい。一八九六年に世を去ったピアソンは、決してそう認識されたことはないが、アブラハム・カイパーの好敵手で、オランダにおける自由主義プロテスタンティズムの卓越した批評家だった。ピアソンは、良識ある大衆に警告しようとしたのである。すなわち、彼が経験したことの背後にカルヴァンの冷たい手があり、豊かな人文主義の文化的・倫理的な価値すべてを脅かした男の手があるとしたのである。エラスムス主義的古典文学愛好家であり、宗教現象に関する権威、ローマ教会と宗教改革の歴史にも詳しいピアソンは、後に皮肉なあだ名が付けられた「聖職者の国」から熟慮の末に決別した。

この後、カルヴァンの解釈者として何度も登場するピアソンを紹介しておこう。彼はオランダの一つの文化的領域に関する語り手ではあったが、第二次大戦後カルヴァンに由来する人々とは全く違う方面からの圧力によって彼の声は弱められてしまった。一八八五年から一八八六年にかけての冬に、自由主義的プロテスタンティズムに反対してアブラハム・カイパーが陣営を張ったのに対して、ピァソンは、アムステルダムで一連の講演を行った。今ではこの講演はほとんど知られていないが、カイパーの「小さな人々」からも、カルヴァンの流れに立つ人々からも自分の社会的・文化的位置を区別した。いわく、「人と物を均一化する民主主義は、現段階では政治的に不可避な要求であろうが、芸術、科学および宗教に関して、すなわち私たちの霊的な幸いに関しては、自己肯定感と貴族意識がそれらを進展させる強い、不可欠な力である。この点において、私たちはゲーテと共に言えるし、言わなければならないことは大いに認める、『それは無教養な者たちのためではない』と」。(1)

確かに、文化に関する貴族的なピアソンの見解は、彼の社会的関心を無視して解釈することはできないかもしれない。それどころか、ピアソンは、学ぶことが人間の尊厳の躍進のために推進力となると考え、よって地位や階級の囚われから真実な社会への解放になると見た。結論においてカルヴァンの声と響き合うところさえある。この世界には、「物質的倫理的悲惨があまりにも多く広がっている」と彼は語り、この悲惨を縮小するために共に働くこと以外に「人間生活は明白な目的を持つことができない」と言う。[2] したがって、ここで問題になる点は、カルヴァンに賛成するか反対するかという単純のものではない。カイパーとピアソンを比較すると、二人ともオランダという自国の枠を超える一九世紀の革新的思想家であり、わずかな人々にしか知られていないが、本質的な問題とその射程において国際的な論争の中に置かれていた。カルヴァンは自らの内で、人文主義と宗教改革双方をうまく統一できたが、すなわち、古典の文章と聖書の御言葉の両者を尊んだが、エラスムスからフーゴ・グロティウス、アラード・ピアソンに至る学問的古典的流れは、古典と聖書の二つの組み合わせが最初から問題であることを示している。近年発見され、本格的に校訂されたグロティウスの青年時代の著作、『メレチウス』(*Meletius*, 一六一一年)は、今日『エキュメニカルなカテキズム』とタイトルが付けられるだろう。[3] 神不在の宗教戦争であることを指摘し、古代の作品を示し、グロティウスは、あらゆる立場にほどよく受け入れられる大まかな信仰理解を告げて、キリスト教信仰の論争的な要素を薄めた。この包括的に調整する流れと較べると、自由意志論と予定論の対立のような難問に固執するカルヴァンは、堅苦しい破壊者として見える。

私の第二の入り口は、問題の核心と考えられる点に直接向かう。伝統的なカルヴァン研究は、この宗教改革者が論じ、執筆したことに的確に焦点を合わせる。現代の社会学的・歴史学的研究は、カルヴァンを突き動かした動機が何であるか、どういう状況下でカルヴァンが語り、どのような聴衆に語ったかをより詳細に検証する。一例として予定論は、たとえどんなに適切な引用によって上手く広範に論じられても、その社会的・心理的根源を見つめることなしに捉えることができない格好の教えである。この明らかに抽象的な教理は、故郷から遠く離れ、「荒野を旅して」、すなわち追放という彼らの体験によって理解し得る実存的な信仰の事柄であった。「火の柱の後」を進んだ時でさえ、彼らは神の先見的導きに固執した。私が論じたいのは、彼らの実存的地平においてである。私の出発点は、カルヴァンの内にある本質的体験である。聖書のどこを読み、どのように読んで得た体験かである。「私たちは、母国から遠く追放されて、つらい場所にいることを知っている」と。[4] 私たちにとって、この序文を「天による導き」について表現しているカルヴァンの祈りをもって終えることは相応だろう。(5) そしてこの祈りは、予定論の教えとして今日ほとんど理解されていない力強い文脈において再現されている。

祈り

神よ、あなたは私たちに、この世ではどこにも休息する場所はないけれども、あなたの御国にはあると約束してくださいました。よって、全能の神よ、地上の旅路において居住地を得ることで満足せず、四方に散らされることを良しとさせてください。どのような中にあっても静かな心をもってあなたをなお呼べますように。私たちが戦争していることをお赦しください。それによってあなたは私たちを鍛え、試され、この戦争の中にあっても私たちが固く立ち続けて、あなたの独り子の血によって私たちに賜った休息に到達できますように。

カルヴァンの生涯における主要な出来事(6)

一五〇九年七月一〇日　ノワイヨンで生まれる。
一五二三年まで　ノワイヨンのカペット学校の生徒。
一五二三―一五二八年　パリ大学のマルシュ学寮とモンテェーギュ学寮で学ぶ。文学修士の学位を得る。
一五二八―一五三一年　オルレアン大学とブールジュ大学で法学を学び、法学修士号を得る。
一五三一年五月二六日　父の死去に際し、ノワイヨンに帰省。
一五三一夏―一五三三年秋　何度か中断しつつ、パリの「王立教授団」にて学ぶ。
一五三二年　『セネカ寛容論注解』を出版し、人文主義者を目指す。

一五三三年一一月一日　ニコラ・コップがパリ大学で学長就任演説。カルヴァンは市内から退避。最初にノワイヨンに行き、パリに寄り、アングレームのクレの友人デュ・ティイエの許に滞在。

一五三四年五月四日　ノワイヨンにて教会聖職禄受領を返上する。カルヴァンの回心はこれ以前に起こった。

一五三四年　パリとアングレームに立ち寄る。デュ・ティイエと共にオルレアンとポワチエに向かい、激文事件（一〇月一七日）。迫害激化。デュ・ティイエと国外へ。メッツからシュトラスブルクへ向かう。

一五三五年　バーゼル到着（一月）。『キリスト教綱要』を執筆し、フランソワ一世に献呈する。

一五三六年　フェラーラに行く（二月）。『綱要』をバーゼルで出版（三月）。コスタ（四月）を通りバーゼル、そしてパリへ行く。シュトラスブルクへ向かう予定で、ジュネーヴに立ち寄る。当地のファレル、カルヴァンに滞在を懇願（七月）。サン・ピエールの講師。ローザンヌ会談（一〇月）。

一五三七年　「教会規則」を一月一七日に提出し、『信仰の告白』、四月に『カテキズム』を出版。議会で承認される。ジュネーヴ市議会とは軋轢が生じる。

一五三八年　礼拝と訓練をめぐって市議会と対立。ファレルとカルヴァンは追放され（四月）、ベルンからチューリッヒへ向かう。カルヴァンは、バーゼルに滞在。シュトラスブルクに招かれ、フランス人亡命教会の牧師、学校の講師となる（九月）。

一五三九年　『綱要』増幅第二版。『ローマ書注解』を出版。「サドレへの返書」を執筆。フランクフルトの会議に出席。
一五四〇年　アグノーの宗教会議（七月）。シュトラスブルクでイドレット・ド・ビュールと結婚（八月）。ヴォルムス会議（一五四〇年一〇月―一五四一年一月）。
一五四一年　ジュネーヴへ再帰要請。レーゲンスブルクにて会議（二―六月）。ジュネーヴに再就任（九月一三日）。サン・ピエール教会にて説教者と教師として就任。「教会規則」承認（一一月二〇日）。『主の聖餐に関する小品』。
一五四二年　長男誕生（七月二八日）も夭逝。『祈禱式文と詩編歌』、『ユダの手紙注解』出版。
一五四三年　ピギウスに対する『意志の束縛と自由に関する教理の擁護』、『綱要』新版。
一五四四年　『聖遺物考』、『カール五世に対する謙虚な奨励』、カステリョの辞職。
一五四五年　『パリ大学に関して――解決策』。ペネイの魔女裁判、ワルドー派への援助。『カテキズム』、『リベルタンに抗して』、『第一、第二ペトロ書注解』。
一五四六年　『第一コリント書注解』。
一五四七年　『第二コリント書注解』、『トリエント公会議に関する書――解毒剤』。議会における騒乱。
一五四八年　『パウロ合同書簡』の出版。
一五四九年　妻イドレットの死去（三月二九日）、チューリッヒのブリンガーと会談。『チューリッヒ一致信条』、『ヘブライ書簡注解』。
一五五〇年　『テサロニケ書、ヤコブ書注解』、『躓きについて』。

一五五二年　ピギウスに抗して『神の永遠の予定』執筆。『イザヤ書注解』、『使徒言行録注解』。

一五五三年　ミカエル・セルヴェトゥスの捕縛と処刑（一〇月）。『ヨハネ福音書注解』。

一五五四年　『三位一体論』、『創世記注解』。

一五五五年　リベルタンは選挙で敗北（一月）、ヴェストファルに対して『聖餐の教理について』。『共観福音書注解』。

一五五六年　シュトラスブルクとフランクフルトへの視察旅行、肉体の病の悪化。

一五五七年　『詩編注解』。

一五五八年　カステリョへ『軽口屋の誹謗』。

一五五九年　「フランス信仰告白要項」、ジュネーヴ・アカデミー開設（六月五日）、『キリスト教綱要』最終版。ジュネーヴ市民権の獲得。

一五六〇年　『十二預言書注解』。

一五六一年　『ダニエル書注解』、『主の晩餐に関する簡潔な注釈』。

一五六二年　窮地のユグノーへの援助、コールンヘルトへ『オランダ人への返答』。

一五六三年　『モーセ五書注解』。

一五六四年　『ヨシュア記注解』、死去（五月二七日）。

公同教会の教父——世界全体のための包括的真理

カルヴァンを探して

「カルヴァンの遺産」という主題のもとではまだ議論が始まっていない。確かに、「カルヴァンの遺産」という主題は、諸外国の歴史家たちの書物において未だに扱いにくい位置にある。なぜなら、この歴史家たちはオランダの興隆と特性について頭をしぼり、勤勉と狭量という奇妙なオランダ気質の混合をなんとか説明しようとするからである。この遺産は、オランダの学者たちを悩ましている。それは彼らが、誠実さもほとんどなく南アフリカ共和国という姿を見つめ、自分たちの過去を捨て去るからである。

この「カルヴァンの遺産」という主題は、近代において二度話題になった。これは、五〇年前、およびさらにその五〇年前のことであった。五〇年前とは、スイスの高名な神学者カール・バルトが、一九世紀の宗教界に対する痛烈な批判のために、ジュネーヴ教会の教父を大いに援用した時であった。神学界の関心は、カルヴァンの神学の遺産を問題にした。これは、神の啓示を受容する上で、バルトの「上から直接下へ」、「いかなる接点もなく」、という人間の絶対的受動性を言うための、根幹をなす議論の一部であった。この集中砲火の煙と粉塵から離れて、現代の時間的隔たりによる冷めた視野に立つと、バルトの表現の仕方もその努力も当時を経験していない者たちには無意味である。したがって、歴史上のカルヴァンとカルヴィニズムとの間には深い裂け目がある。このカルヴィニズムは、ジュネーヴの教会教父が全く語っていない言葉を自分たちに都合のよいものにしようとこじつけることを欲する。少なくともカルヴァンは彼らが語っているようなものとは異なるし、彼はそのように決して語ったことはない。

カルヴァンはキケロ、ウェルギリウス、タキトゥスおよびクインティリアヌスを諳《そら》んじることができた。(7) カルヴァンは、プラトンやキケロの中に人間に関する視点や人生の目的を見出した聖書的人文主義者であり、彼らは夜の闇の中に「一瞬燃えて輝くように」（『綱要』二・二・一八）光ったと言う。[8] いずれせよ、これら古典の著者たちと聖書との接点は否定的であり、聖書においては、すべての人間は自ら必ず死ぬこと、さらにこのことをある程度、しかも困難であるが乗り越えることができ、しかも誰もがいつか自らのすべての行為の申し開きをしなければならないことを知っている。神の御顔の前にある人生という実存的恐怖はカルヴァンの思考に、説教に、行動に大きな影響を与え、この点を考慮しないとカルヴァンを全く理解できない。カルヴァンは、神についての異邦人の知識では「弁明することができない」（ロマ一・二〇）という使徒パウロに心底から忠実であった。

カルヴァンは、キリスト教以前の哲学に対して「不義によって真理の働きを妨げる人間のあらゆる不信心と不義に対して、神は天から怒りを現されます」（ロマ一・一八）というパウロの理解を適用するだけではない。彼は、中世の教会にもこれを適用し、さらに宗教改革にも、その福音に反する礼拝に対しても適用する。この流れは、彼の教会論を貫き、教会の領域における恵みの勝利を鮮明にする。これは私の第一の関心事である。なぜならこれがカルヴァンにとっての主要なテーマであり、カルヴァンの回心と彼の説教における中心点であり、生涯にわたっての中心であり続けたからである。

五〇年前の論争は、あまりにも特殊なケースであり、カルヴァンを教会の神学者として見ることを妨げ、それゆえ彼を真の公同教会の教父として見ることさえできなかったほどであった。しかしながら、カルヴィニズムの独特な性格に関する一〇〇年前の大論争は、私たちをその開祖者により近付ける。それはまた、私たちの眼をカルヴァンの遺産に関する偉大さと限界点に向けるために正しい着地点を設定するには、私たちをあまりにも今日の時代からはるかに遠くへ連れ戻す。

ちょうど一〇〇年前に、アブラハム・カイパーは、ドレアンシ（*Doleantie*）として知られる「嘆きの運動」を起こして、オランダ改革派教会（Hervormde Kirk）から分離した。一七世紀の純粋なピューリタンの精神（つまり信仰と再生の結合、精神と政治の結合）と徹底的な文化進化論を結び付け、「嘆きの運動」は、世界のカルヴィニズムに大きな共鳴と振動を与えた。この運動それ自体は刷新を目指したわけではないが、原初のカルヴィニズム、すなわちカルヴァンの偉大な遺産に忠実であろうとする運動であった。しかしながら私たちは、特にアブラハム・カイパー以後、これが正しい見解であったかどうかを問わざるを得ない。すなわちカイパーの有名な演説は私たちの関心を引く。いわく「唯一カルヴィニズムだけが病んだ良心から自由の詩編を唇へ登らせる道であることを思い起こそう。カルヴィニズムが私たちの立憲的市民権を捉え、保証することを。同時に、西洋から抜きんでて、科学と芸術の再興を促す強力な運動は新たな商業と交易を開き、家庭生活と社会生活を祝福し、中産階級を名誉あるものに高め、博愛をここかしこに広げ、さらに高められ、純化され、ピューリタン的真面目さによって道徳生活が気高いものとなるということを。さらに、この神の付与たるカルヴィニズムを歴史の保管所に追いやっていないか自分自身を顧み、カルヴィニズムが祝福を招来し、未来を切り開く輝ける希望をもっていると想像する程度の夢なのかを顧みよう(9)」。

今まで長い間、カイパーの「嘆きの運動」の納得いく説明は、フーデメーカー、ノールトマンス、ハイチェマら――その紐はさらにアーノルト・ファン・ルーラーにつながるのだが――彼らの議論を聞く、ないしは引用することにより、疑問視されてきた。しかし教会の出版物の内向きに感謝すべきか、私たちは何十年と非常に聡明で実質的にも最も過激な批判者、アラード・ピアソンの口を封じてきた。彼はドレアンシの五年前に、なぜ世界が祝福されているかはカルヴァンとカルヴィニズムが長らく歴史の保管所に追いやられてきたことによるとジャン・カルヴァンの研究において論じたのである。彼らの時代の改革派教会とオランダのその世代のカルヴィニズムを評価する上で、カイパーとピアソンは、二人とも、知性豊かで、宗教的、しかし文化的には正反対であるが、その驚くべき広がりという点では共通していた。ドレアンシの前夜にピアソンはこう書いている。「改革派教会で私たちは三〇年、四〇年と養われてきたが、名前のない『レモンストラント教会』であった。当時私たち改革派の主流はレモンストラント主義によって偽装していた」[10]。翌年、カイパーは同じことを種々な仕方で繰り返した。当時の習慣として、ピアソンは、世俗化の理由を労働者階級が産業化したことと疎外されたことに帰していない。ピアソンの分析は、カイパーの分析と異なるところはないが、ピアソンはこの世俗化が同時に一つの解放であると結論している。いわく、「自由神学は教理を破壊した。『信仰復興運動』(*Reveil*)は教会を壊した[11]。現世代の深刻な分裂は、キリスト教から恒久的に遠ざかっても何の不思議があろうか。人々は次第に公然と教会から離れている。私はこの精神を喜ばずにおれない。私たちの道徳的生活は、いかなる教会の交わりや神の教理からも期待しないと(そう理解すべきだが)説得されるからである[12]」。

そもそも、私たちはカルヴァンの偉大さを掘り起こすだけではなく、その限界をも探り出そうと欲しているので、特にカルヴァンとその遺産に対するピアソンの強烈な批判に着目する。五〇年前と一〇〇年前の大きな論争は、明確な解決をみていない。私たちが巡航ミサイル、政治団体の提携、教会合同の冒険について論じる中で、常に外形を変えながらも、しかし隠された仕方で、カルヴァンの遺産と限界は存在している。私たちの中心的な主題の軸となる問題の周辺で、まだ事柄は沈黙しており、その沈黙のゆえに、まさに今が歴史家にとってこの問題に着手する良い機会である。男性でも女性でも、今の全くの休戦状態に分け入って、神聖な牛たちに大胆に近づき、必要とあらば、打ち倒すことができる。

カルヴァンの膨大な作品に向かう鍵は(今も二〇年たつと新たに登場する出版物に私は新鮮な驚きを禁じ得ないが)、ジュネーヴの改革者自身にあり、彼の時代の特殊な環境の中に進展し、生き抜き、考え抜かれた真理を伝達し、人々を作り上げ、諸制度を立ち上げ、彼の影響下以外のどこにもないプロテスタント的文化を発展させた人の中にある。私の方法は、謙虚に言えば、私の取り組みであるが、繰り返すがカルヴァンのどの部分がカルヴィニズムの歴史の中で保たれ、それをどのように判断するかという点にある。

カルヴァン――その内的な相貌

著述家たちの中には、あなたに直接に近づいてきて、傍らに座るといわんばかりの能力をもった人々がいる。例えばルターは生まれつきこの才能を有している。他の人々はこの才能を学習しなければならない。すなわち、彼らは、書かれた言葉が読者の知性と、その知性を通して読者自身に働きかけることにより、読者に届き、説き伏せることを発見することで、この才能を学ぶ。唯一、この方法で読者は著者に接する。人文主義は、修辞学の構造的重要性を再発見し、この点でカルヴァンは完璧な人文主義者であった。スコラ的方法論と比較すると、修辞学的技法は読者の知性に届くことを目的としているだけではない。その目標は、読者の心と精神全体に届き、まさしく揺り動かすことであった。

一六世紀初頭のフランスにおいて、人文主義は法学者たちの世界観を広く支えており、それより一世紀早く広がったのはイタリアであった。カルヴァンは、この時代の高度な教育を受けた他の多くの説教者たちと同様に、法律の研究から神学へと転向した。彼のスタイルは、まさしくキケロのもとで学んだごとく修辞学的であったし、またそこに留まった。キケロは、その見事な語りにより、訴訟問題に関しては正しさと誤りを解説し、法廷における聴衆と読者たちの前で、敵対者には自分の正しさを説き、当然彼らの誤りを指摘した。これがカルヴァンの攻撃的な口調の源であり、『綱要』の辛辣な、今日でも鼻につく言い回しである。この強烈な著作は、著しく修辞的な文書であり、修辞学の規則をよく知らずに読めるものではない。これは一連の告発状なのであり、法廷における検事のようである。『綱要』は、人々を突き動かし、議論と聖書的証言で説得することを目指し、それゆえ証言と根拠そのものが説得する。著者カルヴァンは、むしろ背後に隠れる。この点で、カルヴァンの記述と思考の方法は、カルヴァンが畏敬したマルティン・ルターのものとは全く異なる。ルターは全著作において自らを語った。開けっぴろげなので、歴史家たちはルターの内面に入り込むのはずっと容易である。

カルヴァンが語りの領域で寡黙であるのは私の発見ではない。彼はこれを徹底的に自覚していた。彼の沈黙は私たちがもっと深く掘り下げることを要求しているのであり、この点でカルヴァンが自らをはっきりと語っている言葉を検討することは価値がある。いわく、「私は自分を語ることを欲しない」[13]（De me non libenter loquor）。ここから、一本の線がカルヴァンの性格に、カルヴァンの仕事に、長らく探求されてきたカルヴァンの神学の中軸に特に引かれるであろう。

彼の性格と職業に関しては短く触れておく。カルヴァンがどのような人物であったかを知ることは易しいことではない。なぜなら彼は恥かしがり屋とでも言えるほど内向的であり、自分を退け、極端に寡黙である。カルヴァンは、「冷静」というストア派の理想に「憐れみ」（*misericordia*）という美徳をさらに加えるが、古典の著述家たちには批判的であり、ストア派の倫理は特に自著から抜け落ちている。これは偶然に一致した訳ではない。キリスト者のストア主義は感情を込めなければならないと言う時、「冷静」が意味する限界を越えている。これはカルヴァンが特に母語で手紙や、とりわけ説教する時に明瞭に表れ、ことに、外界に対して自らを硬く閉ざそうとする徹底したストア派がキリストというより、サタンの子であるという時、このことは一段と際立っている。キリスト者は、感情を覆った鎧に憐れみを加える。カルヴァンはこれを一語で要約し、彼以前の時代にはフランス語で使われていた言葉であるが、この後、一般的に使われるようになった。その言葉は、*nonchalant*（無関心な、冷静な）であるが、カルヴァンが用いた時、今日のような、ありふれた言葉ではなかった[14]。キリスト者は同僚たちに対して無関心であってはならない。それは神に対して、からかうことと同じレヴェルであろう。それは無関心、熱がない、他人に関心がない、である。しかしカルヴァンは異なる。関心をもち、重荷を負う人生であった。豊かであったけれども、深く広範な神への知識により彼は重荷を負った。

カルヴァンの寡黙な自己抑制から彼の性格に至るまで私が引いた線は、さらに聖書講師としての仕事に至る。ジュネーヴにおける最初の仕事から死の間際まで彼は学者であったし、そこに留まった。『キリスト教綱要』は、第二版から、未来の説教者たちの教科書として編まれた。『カテキズム』は自分の主要な仕事であると考えていた。それは聖霊の学校における、人生のまことの教科書であった。説教さえも、知的文書であり、教育的講解であった。ルターに関しては、講義堂において説教者であったが、他方、カルヴァンは説教壇の前で聖書講師であり、神聖な目的のための演奏者、書記官であった。

カルヴァンは手紙でも寡黙であった。聖書注解では、歴史における神の働きを多様に描写したが、完璧なほど、自らをその背後に隠した。何百という説教の中で、自らの経験と感想を語り、自分が説教者であると紹介したのはわずか五回であった。その中の一つでも今日まで、私の知る限り、学者たちの目に留まったものはない。聖書の中でもカルヴァンが好む書は、第二テモテ書であると宣言できるが、この書とその注解書の主題については詳細に研究するに値するだろう(15)。

第三番目の線が向かう先は、気持ちのこもった短い文章「私は自分を語ることを欲しない」であり、これはカルヴァンの神学の中心に至るので、ことさら私たちの関心を惹く。カルヴァンの神学を解釈するにあたって、その輪郭はできるだけ鮮明にしなければならない。カルヴァンの控えめな姿は、私たちにつつしみと慎重さを忘れさせ、思わず勇み足で、ただちにジュネーヴの改革者の偉大さと限界について問いたくなるが、この点はよく注意して進もう。

「私は自分を語ることを欲しない」という短文の歴史的脈絡は次である。一五三九年にサドレ卿から挑戦的な問題を突き付けられ、それに答えた時のことである。サドレは、離反したジュネーヴの教会に母なる教会に戻るよう短く告げた。いわく、「sentirene cum universa ecclesia ——あなたは全地の、全時代の世界教会を信じ、承認するつもりはないのか(16)」と。カルヴァンは再度サドレの長々しい攻撃の文章を要約した時に、彼はそれを違う角度から簡潔に語った。サドレ卿、あなたが本当に言いたいことは、「あなた方プロテスタントが教会を裏切ったのは、その集まりから脱退したからだ(17)」と。よって、脱退とは、背反と同等である、と。ここで留意すべき点は、カルヴァンはこの同等について論じたり、拒否したりしない。彼にとって脱退は背反であり、拒否であり、「教会の崩壊」（*ruina ecclesiae*）であった。しかし、こう語って、彼は中世の教会が徐々に教皇の教会になり、真の教会の真のしるしなる力の器としての役割が曖昧になり、隠されてしまったと論じてみせる。キリストの真の教会、合同教会は、中世の教会にあったけれども、もはや見失われていると。

サドレに対してカルヴァンは問う。「自陣撤退、敵前逃亡する者たちを尻目に、王旗を再び掲げる兵士たちは、彼らよりも王に対してより忠実ではないか」[18]と。この修辞的な問いは、御言葉とサクラメントに固執することが、同時に真の普遍教会に固執することであることを明らかにし、よってカルヴァンは建設的努力と崩壊的営みとの間に明瞭な線を引く。この見事な表現に先立って、カルヴァンの告白、有名な回心の話がある。カルヴァンは「私自身に関しては自分を語ることを良しとしない」と明確に言っているが、これは彼の個人的な宗教的回心を表現すると常に理解されている。これは明らかにカルヴァンの意図するところではない。なぜなら、彼が回心を語るところで、真の合同の教会を発見したと言っているからである。彼はここで自分の個人的な経験や感情を語っているのではなく、さらにルターによって明らかにされた恵みの神を個人的に探し求めているのでもない。むしろ、カルヴァンは第一世代の改革者たちの言葉と働きを通して、福音による教会の基準に立ち、いかに彼の時代の教会を見極めるかを学んだことを明らかにしている。彼は、「教会への崇敬」[19]（*ecclesiae reverentia*）と呼んで、深く教会を崇敬したので、「神よ、汝と共に始まり、汝において終わる」[20]教会において全時代全世界における一致を見るまで、教会が彼を抑制したのである。

ルドルフ・オットーとその後、オットー・ヴェーバーが語ったように、カルヴァンは孤高なのではなく、厚かましいほどの教会主義者であった[21]。教会は個人の信仰者たちではなく、キリストを示す職制によって建てられる。その職制とは、長老会であろうと、後の教会総会であろうと、監督であろうとも、しかもカルヴァンが余地を残していた可能性も含めたものである。それはキリストを代表する職務であり、説教と洗礼における御言葉と主の晩餐を通して働く。カルヴァンが見出した教会は不可視的教会ではなく、全時代、全世界における可視的教会であり、その教会は神の選びにおける歴史を通して旅路が始まり、小羊の王座の前での祝宴において終わる。カルヴァンの愛好の書である第二テモテ書において、教会から生じる問題について明確にすべきことになろう。しかしすでに一つの点は明瞭である。カルヴァンは自分自身を語ることを好まないが、教会、すなわちすべての信仰者たちの交わりについては語ることを好む。

露わにする表現

私たちは、カルヴァンの内面探求に向けてさらにもう一歩前進しよう。今日、カルヴァンを解釈する神学者たちの九九パーセントまでが、彼の著述の構造、すなわち彼らが語るところの「教理」に対して研究を続けている。しかし歴史的なカルヴァンを回復する私の試みは、構造を造り上げているもの、あるいは構造に触れていないものを覗き込まなければならない。カルヴァンの聖書注解書において、私は聖書の文章の傾向を変えている、あるいは文章からも解釈学的伝統からも説明できないものを探求する。よって、私は obiter dicta（付随的言説）を好むが、文脈から直接に、あるいは論理的必然性によっても生じない言葉に着目する。このところで、私はカルヴァンの声を聞きたい。内面への道を歩んでみたい。彼の仕事の全領域にわたって、説教から手紙に至るまで、最初の、好みの言い回しを探り出してみたい。それは極めてカルヴァン的なものである。私たちはすでに特徴ある一つの言葉に遭遇した。四〇〇年の組織的研究において注目されなかった言葉、すなわち、*nonchalant*（無関心）であり、字義的には、「心無し」、「暖かみのなさ」、という言葉であり、神と人類に対して無関心であることを意味する。それは、フランスのバロックのサロン文化から生じたものであり、結果として反宗教改革の文化を通して広まったものである。続いて、この言葉は、形を持たない狭い意味を獲得し、今日の相互交流的な社会の中で、その言葉が再び積極的な意味合いを持つようになった。教会に関して、カルヴァンは好んでそのような三つの特徴的な表現を用いた。それらの相互関係に着目することは非常に重要である。

いかなる中世の神学者も、中世後期の著述家も、一六世紀の他のいかなる改革者も、カルヴァンほどしばしば熱心に「隠れた」（*secret*）という言葉を使った者はいない。フランス語の *secret* でも、ラテン語の *arcanum* でも、カルヴァンは常に *arcana operatio*（隠れた働き）に言及する。すなわち神の隠れた働きである。サタンの反抗は「隠れた」とは呼ばれず、「内密の」（surreptitious）、ラテン語では、*furtim, clanculum, in occultu* と呼ぶ。[22] 悪魔の抵抗は、神の働きを嘲笑い、そのように見えるものであり、この点で重要なことを私たちに告げる。この点については後に触れる。

しかし議論に入る前に、カルヴァンが理解する神の働き、すなわち神の働きの全体像（modus operandi）について考察しよう。神は常に創造し、統治し、保持されるが、すべて隠れた仕方において、すなわち不可視的である。それは人が、信仰の目で聖書の全景を見つめるまで続く。神はこれをいわば同心円の三つのサークルで提示する。これらのサークルのうち、最も大きいものは、全被造物を含んでいる。いかなるものも育たず、一吹きの風も、馬の嘶きでさえ、神の隠れた力なくして実現し得ない。いかなる人間も神の働きを見つめるまなざしを与えられなければ、それを見ることができず、いかなる自然科学者もこれを見つけられず、歴史家も不可能である。自然世界全体、そして宇宙全体が、神の力によって支えられており、この「一般的な摂理」（*providentia generalis*）によって維持され、支えられている。これは汎神論ではない。ここ、まさにこのところで、何度も乱用されてきた「神政政治」という言葉が意味をもってくる。神は、その隠れた働き（*arcana operatio*）によって、宇宙全体を統治されている。

第二のサークルは、同じ領域であるが、しかしやや小さめである。神はご自身の「特別な摂理」（*providentia specialis*）によって人類全体を統治される。どの人の人生も神の計画の内にあり、しかしその隠れた働きによって人類全体の歴史へとご計画のうちに、織り込まれる。この考えは、「人は企てるが、神がそう働かれる」という表現から親しまれている。神の一般的な恩寵において、神は正しい者にも悪い者にも雨を降らせてくださる。成長し実をつける万物において、自分では自らを生かすことができない被造物を神は神政政治家として支配したもう。神はこのようにして自然を扱う。ある部分で人間はこの自然の一部である。それをカルヴァンが時々神の体と呼ぶ。しかし第二のサークルの重要点は体と精神が一つとなった人類に属する者たちである。神は彼らを神政的な働きで司るのではなく、ご自身の聖霊を通して働かれる。カルヴァンのフランス語とラテン語の用法で私が解釈すれば、この領域で神は影響を与えるという仕方で支配されると言える。神は誇りをお持ちであるが、それはこのところで私たちは神のなんらかの栄光を垣間見るからである。神はご自身の聖霊によって人々を得る。人は神の自発的な協同者となり、神の隠れた統治に参与する者として、積極的にその働きに参加する。このようにして、神の隠れた働きにより、人間たちの自発性を守られる。いつか神の隠れた働きはすべて終わりを告げるだろう、すなわち小羊の祝宴において、すべての膝はかがめられ、サタンですらそうなる。よって、そのことは神との協同の終わりを意味し、続いて大いなる安息が訪れ、すべての信仰者たちは重荷を解かれ、終わることのない祝宴の日が始まる。

私たちは、第三番目の、最小のサークルについて論じなければならない。すなわち「崇高な摂理」(*providentia specialissima*)である、神のご自身の教会への配慮である。しかし振り返ってみれば、私たちは、今の生活感の中でカルヴァンのいた場所からなんと遠く、離れているのだろうか、いかに遠い距離を旅してカルヴァンを再び読み、理解することができるのかと思う。なるほどカルヴァンは神の神政政治の枠組みの中で感じ、語り、考えているが、私たちは、ノーベル賞の受賞者によって次々と考え出された自然法則の用語で考えるので、その結果、航海図も地図もない、隠れた神の働きについて論ずる余地が徐々になくなっている。カルヴァンはそのような自然法則による捉え方を知っていて、それを認めてはいるが、聖書に非常に忠実に生きていたので、自然災害から十字架に至るまで、燃える藪から復活に至るまで、その枠組みの中においても、外においても神の自由な統治と行為があることを知っていた。近年に至るまで普通誰でも、ラテン語の神の意志（*Deo volente*）という使徒ヤコブの二語の意味を知っていた。しかし今日では、人はこれを保持せず、自分の予定表を確実な満足のいく未来の約束で埋める。私たちはこのところで神聖な言葉を失ったこと以上に大きなことと取り組んでいる。すなわち、神は被造物に関わり、協力を求めるという、まさしく非神政政治的な仕方の中で、「部屋は祈禱のために造られている」と。この祈りにおいて、神は御心を変え、ご自身の行動の方向を変化させてくださる。神の意志（*Deo volente*）という言葉と共に、神の願い（*Deo nolente*）も廃れてしまい、「神の意志に沿って」と訳される神の導き（*Dei nutu*）という表現も使われなくなった。このような中で、祈りは上品な願いや政治的マニフェストに堕ちていく。

「神の導き」と私は翻訳するが、この表現はカルヴァンの好んで用いる表現の一つであり、彼にとってはきわめて意味深長である。それは神の隠れた働きに関わり、信仰から離れると不可視であり、自然と歴史に支配が及び、さらに人類と動物を治める。この点から、人はなぜ教会教父の誰一人とて、他の宗教改革者ら一人でも、カルヴァンほどに祈りについて論じた者はいないと言うことが説明できる。祈りの基本構造とは神の隠れた働きと統治にその霊的な焦点を当てる。祈りにおいて自然と歴史が、自然法と気まぐれな運命が、私たちの経験と冒険が、それらすべてが神の支配の深遠の次元へ溶け込んでいく。これこそが、私が祈禱の普遍的な意味の発見と呼んでいる特別なカルヴァン的構成要素である。歴史上いかなる神学者といえども、カルヴァンほど深く教会の経験を探り、露わにした人はいない。しかも彼のどの後継者たちも、あまりにも早くそれを忘れてしまった。それゆえ祈禱はすべての事柄を神の見えない働きの深遠において見ることを目的とした霊的な集中である。その深遠とは、神の隠れた力と働きの領域である。これこそがカルヴァンにおける *sursum corda*（心を高く上げて）という言葉の持つ意味である。しかもこれが、カルヴァンは主の晩餐を重視し過ぎるとしばしば誤解されて受け止められる点でもある。あなたの心を、隠れた力の源、すなわち神の王座へ高く上げてと謳われているのである。

さて、私たちは、ついに第三番目の高密度のサークルへ向かう。すなわち教会に対する神の特別な配慮である。神の崇高な摂理（先見）は、ご自身の教会に関わる。これもまた大切なことである。なぜならば陰府の門は終わりにあるのではなく、教会の歴史の最初からすでにある。サタンは教会をその初めから攻撃している。神学者の言葉で言えば、教会の迫害とは教会のしるし（*nota ecclesiae*）とさえ呼び得るものである。「サタンは後に建てる自分の教会に密かに教会の土台を据える」。この表現はルターの語るところとどこか似ている。いわく、「サタンは教会を建てないが、その隣に自分のチャペルを建てる」。しかしカルヴァンはさらに加えて、「それは実際に起こった」と言う[23]。神の隠れた働きによって神の霊が教会を支え、導く。この件に関してカルヴァンは究めて楽観的である。なぜなら彼のもう一つの好んだ表現では「日々成長し」（magis magisque in diem）である。カルヴァンはこの言葉を信仰者個人の聖性の成長に関して使うというより、むしろさらに常套的に、はっきりと個人に結び付ける。なぜなら中世の時代において個人から教会へ向かう移行は解釈学的にはすでに行われたのであった。それらは日々成長しており、すなわち信仰者個人と同時に教会は、すべての土地と時間において進展しているからである。これは大変楽観的に見えるが、教会の成長と共に悪魔の敵対する力もまた増加している。そこで、神は特別な配慮で教会を囲まなければならない。すなわち、神の誠実と呼ばれたり、神の契約と呼ばれたりする配慮によってである。どちらの場合にしても、私たちは神の隠れた統治によると論じるが、しかし自然と歴史に関しては異なった仕方で働かれる。契約に対する誠実さにおいては、神は棒のごとく、杖のごとく自らを据え、教会の導きのためには、歴史を通し、最後には死の陰の谷を行く中で自らを徹する。さらにご自身の力を御言葉とサクラメントに結び付けることで、神の告げられる言葉は決して空しく終わらない。これが説教の持つ約束である。主のバプテスマはしるしであり、死においては勝利の旗ですらある。主の晩餐においては、カルヴァンが使うフランス語で言えば、*la chose*（もの）と*l'effet*（内容）を形象（figure）に結び付け、すなわち、キリストをパンとぶどう酒というしるしに結び付けるが、これはまさに私たちにとって欠かせない食物である。一五四九年のチューリッヒ協定とは、歴史的には納得できても、神学的には残念な政治的譲歩であったが、これは極端なルター派の圧力の下でなされたことであった。カルヴァンは、このチューリッヒへの譲歩に関しては、後に修正したが、その核心部分についてはオランダにおいて聞いたことのないことであった。[24] よって、神の隠れた力はキリストの臨在に関わり、私たちを弟子たちとエマオの人々と共にテーブルに着かせる。これが最も小さな円におけるカルヴァンの関心である。

さらにもう一つ、カルヴァンの好んで用いる表現は次の文脈においてである。すなわち、*meditatio vitae futurae*（未来の命への黙想）である。他の深い表現と比べると、これは頻繁にカルヴァンの文献の中で引用されており、「未来の命を黙想して」としばしば訳される。カルヴァンのこのような側面は現代人に嫌悪感を抱かせるが、それはあたかも、来るべき生のまばゆい光の中で、取るに足らぬ地上の旅の生を思いめぐらすように命じられていると受け取られるからである。そこで、教会において政治的な説教をすることは無益であり、信仰者はこの世界を忘れ、世界から逃避するように命じられていると受け止められる。ルターの最後の取り組みは、死の真ん中にあって私たちは命に囲まれているという点にあったが、カルヴァンは逆転しているようだ。すなわち、命の真ん中にあって私たちは死に取り囲まれているというものだ。そこで、留意しよう。あなたの眼を来るべき生へ向け、あなたの日を「未来の命の黙想」に費やそう。しかし、このコントラストを私たちは全面的に受け入れられない。しかも全くカルヴァンを理解できない。サドレ卿がジュネーヴにローマ教会の下へ復帰するように働きかけた時、しかも永遠の命についての解説を長々と講じた時、宗教改革者たちは危険にさらされたが、カルヴァンはその誤った理解をきっぱりと退けた。彼は短く、それは正しい神学ではない、すなわち「私たちは第一に神のために生まれたのであって、私たち自身のためではない」[25] と答えた。神の未来に関するこの理解は、神の契約の下で神の誠実さによって生きる生き方であり、祈るという生き方であり、終わりの審判に向かってパレードするようなものでも、死の恐れから行動するというものでもない。この祈るという生き方が、何よりもすべての人生の経験を神の隠された支配の次元へ溶け込ませていくのであり、神の王座へ向かうのである。カルヴァンが永遠について無駄口をたたくことを許さず、この世界が新しい天と新しい地に対立するものとしなかったということは、彼の言葉はまさしく現代政治神学への批判を構築するものである。カルヴァンにとって、この世界と来世は神秘的なものであり、しかし神の計画と働きに堅く結ばれている。楽観的な表現である「日々成長し」は、死と復活という最後の事柄と、神の天地創造と統治における永遠の命という最初の事柄をつなぐ「成長」なのである。

カルヴァンに典型的な表現は、中世末期のキリスト者たちにとってはよく理解できたであろうが、今日の私たちにとって噛み砕くには固い木の実である。しかし、敬虔そうな素振りはやめて、もう一度、聖書の力強い言葉を聞き始めるなら、私たちの努力は大いに報われるであろう。

教会と訓練

しかしながら、私たちは、後のカルヴィニズムがカルヴァンを受容する際に深刻な誤りを生むことになった、一つの嘆かわしい偏見を扱わなくてはならない。数多くの教科書は、他ならぬ教会の教理においてカルヴァンとルターとの対照を描き出す。ルターおよび一五三〇年のアウクスブルク信仰告白によれば、教会とはたった二つのしるしによって認識される。すなわち、福音の宣教とサクラメントの執行である。これに対して、数え切れないほどの著作家たちが鸚鵡返しのように、カルヴァンは教会訓練を第三のしるしとして加えた、と記す。しかし『キリスト教綱要』の中でカルヴァンははっきり述べている。真の意味でのカトリック教会が認識され、目撃され、そして感得されうるのは、神の言葉に対する奉仕とサクラメントの執行が見出されるところであり、疑いなく（*indubitanter*）、これらが効果を持たないということはあり得ない、と。[26] 教会訓練も、そしていわゆるジュネーヴ流の、もしくは改革派的な生活様式も、いずれも教会のしるしではない。私がチェックできた限りでのカルヴァンの翻訳すべてにおいて——それはフランス語版、ドイツ語版、英語版、オランダ語版を指すが——一つの重要な文が致命的な誤読を被ってきた。その原因は、ラテン語の知識に欠けることにあるのではなく、深く根付いてしまった誤れるカルヴァン観に求められるのであり、それが事実を歪曲したのである。カルヴァンは指摘する。ジュネーヴは宗教改革陣営に加わった、福音はそこで自由に説教されている、その結果より良い教会の形態（*melioram formam*）が現れるようになった、そして全く正しく解釈されているように、この教会の形態は人々の行動を規制する規律を含んでいる、と。(27) しかしながら、この点に関しては、小さなものではあるが一つの重要な単語に対する留意が、ずっと抜け落ちてきた。すなわち、カルヴァンその人が語っているのは、ジュネーヴにおいては、かろうじて（*slightly*）より良い教会の形態が現れるようになった（paulo melioram ecclesiae formam）、ということである。規律は重要だ。しかし規律のあるなしは、エルサレムとバビロンとを完全に区別するものではないし、二都を明確に分ける境界線を確定するものでもないのである。かくして、以下のような要約が可能となる。カルヴァンは自身を語ろうとしない。そのため、彼の回心について私たちが聞き取れることは非常にわずかである。カルヴァンの思想の主題は自身の回心（*conversion*）ではなく、大きな転回（*conversio*）、すなわち教会の改革である。したがって、カルヴァンは、回心以前における自身の歩みの変遷も、回心中に生じた悔恨も声高に語ろうとしない。むしろ彼が書き留めようとするのは教会の歴史、すなわち人の目にはしかと映じない神の隠れた働き（*arcana operatio*）の下にある賛嘆すべき改革の歴史なのである。

後にカルヴァンは圧力に屈した。ここでいう圧力とは「右」に位置する純正カルヴィニスト（gnesio-Calvinists）と「左」に位置する再洗礼派に由来するものである。それは、可視的なレヴェルで聖なる教会を作り、良きピューリタンの生活スタイルの中に、全き再生を経た人々だけを集め、ひと目でそれと分かる聖徒たちの団体として教会を際立たせようと熱望する圧力だった。もし教会の発見を後代に対するカルヴァンの遺産の中心と見なすのであれば、そのことは、可視的な事柄に固執することを避けようとしてきたエキュメニズムに影響を持つ。教会を神の選びと結び付けることで、カルヴァンその人がより問題の多い基礎付けを行ったのか否かは、後で考えよう。

この上なく徹底的にカルヴァンを毛嫌いした人物であり、ここでの話を始めるきっかけとなった、アラード・ピアソンその人の言葉を引用することで終えたい。一〇〇年前、ピアソンは、普遍的教会〔カトリック教会〕に固執するカルヴァンを描き、次のように述べた。「ここで明らかなのは、カルヴァンの保守的な性格である。彼は、教会の権威を破壊しようとしたのではない。彼は、教会の権威を損なおうとさえしなかった[28]」。事実、ジュネーヴの改革者は保守的である。しかしそれは、回復を目指すという意味で保守的なのであり、荒廃した教会を古い基礎の上に再建するべく働くという意味で保守的なのである。この重要な意味で、中世の教会は宗教改革にとっての母なる教会である。カルヴァンは、教会の権威がこの世的で欲得がらみの何かに関わっているかのようであることをもって、それを無きものにしようとは思わなかった。また彼は、教会の権威に対する正当な評価をし損なうまい、とした。彼が望むのは、プロテスタントが勝利におごり高ぶることなく、教会の名誉と権威が回復されることである。カルヴァンはいう、私たちはほんのちょっとだけ良いのだ、と。恐るべきことだが真実なのは、私たちが教会に多大なダメージを与えうることであり、それをほとんど認知できなくさせ、廃墟の教会（*ruina ecclesiae*）に改変してしまうことである。だが、感謝すべきかな。神は、ご自身の手で始められた業をお止めになることはない。

カルヴァンを覆い隠すもの

ジュネーヴの改革者は、傾斜し、水で薄められた宗教にすぎない後期カルヴィニズムと鋭い対照をなす、福音の偉大な再発見者として浮かび上がらせるという仕方で、彼の偉大さと限界に判断を下すことは可能である。このことは確かに、教会の真の公同性を、そして教会における務めと神の言葉とサクラメントの中で可視的となる制度を、カルヴァンが発見したことを素描した際に、私が意図していたところだった。この見解を私は、後期カルヴァン主義的な傾向と対比させた。それは、目に見える規律と生活の質の点で教会を具現化しようとする傾向であり、また、現代にあっては次のことも付け加えなくてはならないが、政治に関係する教会の声を人々に聞かせようとする傾向である。これは、この世から規律〔道徳的な叱責［*censura morum*］！〕を期待する限り、ねじ曲がったカルヴィニズムである。カルヴァンによれば規律は、信仰の実でのみありうる。

しかしながら、私たちはカルヴァンの偉大さの限界を、この宗教改革者とその後継者が接する領域の中にではなく、むしろカルヴァン自身の信念と思想そして行動の中に探求すべきであろう。その場合、私たちの判断は、はっきりと逆のものとなるだろう。カルヴァンの子孫たちは、この宗教改革者に対して、もしくは宗教改革期の信仰告白が有するいくつかの論点に対してさえ、極めて批判的であり、修正を加えており――まさにそれゆえに！――彼ら彼女らは、カルヴァンの衣鉢を継いでいると主張する資格が、すなわちカルヴィニストだと見なされる資格が、あるのかもしれない。なるほど、〔カルヴァンいうところの暴君的な存在をすべて教会から駆逐するために〕〔古代の〕監督から〔宗教改革期以降の〕長老へと綿々と連なる職務を考慮しつつ、カルヴァンはキリスト中心的な教会秩序を主張した。また、神の言葉としての聖書は、教会で説かれる教えのガイドラインである。こうしたことを認める限り、より彼の精神に即している点で、彼ら彼女らは改革派と見なされるだろう。宗教改革期より何世紀もかけて、どのように改革派教会がいっそう十全に〔言葉のより真実な意味で〕公同的な（catholic）信仰に到達したのだろうか。この問題を検討することは、カルヴァンその人に対して忠実であろうとするにしても、改革派的な思考にとって健全である。このことは、社会の変化とコスモロジーの領域における学問的な発見、そして聖書研究から導き得たのである。ここで私たちは、ジュネーヴの宗教改革者の衣鉢を継ぐ者たちがカルヴァンを退けることなく、彼からいかに肥大化したかを示す四つの大切な領域を指摘できる。

こう述べることは、通常思われるよりも傲慢なわけではない。他ならぬカルヴァンが、教父たちとあらゆる時代の学者たちに対する敬意をどう言い表すかを知っていたからである。真のカルヴィニストはカルヴァンその人から、対象に対する批判的な距離の取り方を学んでいる。そのうえカルヴァンは、あらゆる時代あらゆる場所に置かれた教会についての決定的な——つまり最終形の——代弁者にはなり得なかった。多くの点で彼は、歴史的に条件付けられた、ということは歴史的な限界を持つ人間として、生きそして考えたからである。私は四つの限界付ける要因を示す。ただし、その中の一つだけは詳述しよう。

ただし、叙述を明快なものとするために、まず私はあらかじめ一層の注意を読者に促さなければならない。すなわち、歴史的に限界付けられた要素を語ることは、洞察を妨げるものを示すだけでなく、洞察の鋭さと明快さをも示すことなのだ。このことは、盲人が聴覚において健常者よりも優れていることに、また、より広い視野を犠牲にすることで顕微鏡が精緻な観察を可能にしていることに例えられる。こうした規定を帯びた諸要因は、心理学、哲学、法そして政治という分野に存在する。

性格特性——発達と未発達

最初の要因はカルヴァンの性格特性である。そこには、複雑さと活発さが、また願望と衝動が渦を巻いており、それも、これまでは説明のつかない気質だと見なされてきた。性格特性は今日、遺伝的な性質や環境そして子供時代の教育の産物だと見なされる人格の中に確認されている。カルヴァンが遺伝によって得た性格の傾向について確かなことはほとんど語り得ない。だが、歴史家に慎重さを自覚させる以外の理由がないのであれば、遺伝による性格の傾向について語ることは留保しなくてはなるまい。

若い頃のルターについて私たちが比較的多くの情報を知り得ているのと比べ、若きカルヴァンを知るための鍵となる経験を私たちは知らない——例えば、カルヴァンは母親や父親から受けた愛情や躾に対してどう反応したのだろうか。カルヴァンのリビドーが強く昂じたようには思われない。いずれにせよ、性生活を享受したのか否かについて、カルヴァンはルターよりもはっきりしていない。しかし、注目すべきは次のことである。アウグスティヌスがあらゆる罪の背景に存在する巨大な力として性欲を見ていたのに対し、過度の道徳主義に言及する聖書の文言にコメントするとき、カルヴァンは、性欲や性生活のことを思い巡らさないよう、少なくとも第一義的なものとしてそれらを思い巡らさないよう、驚くほど頻繁に読者に警告を発するのである。カルヴァンの性格について語られることに関していえば、私はすでに、彼の神学の世界に入場許可を得るのに必要なだけの概略を述べてきた。自身の経歴についてわずかに語る中で、カルヴァンは父親に関してほとんど何も語らない。だが彼は憤りを打ち明けている。将来の約束された良い経歴を見込むがゆえに、父親が自分を神学研究から引き離し、無理やり法を学ぶよう強いたことを物語りながら、である。カルヴァンは自分が短気であると判断していた。しかしこの判断は、自己抑制というストア主義の理想を彼が重んじていたことを、非常に強く反映しているようである。いずれにせよ、カルヴァンが短気になるのは、後に胃と胆嚢を患うようになってからである。一五三六年、ファレルはカルヴァンの歩みを放棄させ、専門的な人文主義者という喜びの多い自由な仕事から彼を誘い出し、ジュネーヴで牧会にたずさわるよう説き伏せた。だが、どうしてファレルが、かくも圧倒的な印象をカルヴァンに与えることができたのか、私たちは知らない。

ジュネーヴにやって来るずっと前からカルヴァンはセルヴェトゥスに対して不安を募らせていたが、後者と決裂した時、また拘置所で座りながら後者に対する判決を待っていた時、そこで作動していたカルヴァンその人の内面的構成要素は何だったのだろうか。ヴィッテンベルクの父ともいえるマルティン・ルターに対して、生涯にわたって自覚的に抱き続けたカルヴァンの愛を、また、ヒッポのアウグスティヌスに対してカルヴァンが行ったおよそ考えられないような同一化を、説明するものは何なのだろうか。最後に問いたい。カルヴァンにとって第ニテモテ書はなぜ、他の聖書箇所にも増して、有益だとされているのだろうか。それは物事を説明する神学的な要素にすぎず、他の世代が共有する必要のない不可思議な感情だと誰がいうのだろうか。

中世的カルヴァン

カルヴァンの性格特性は、十分に立証できるものではなく、現在の心理歴史学を考慮するならば、それは、これ以上規定しようのない説明がつかない要因であり続けるとしなければならない。これに対し、第二の要因は、これまで全く考慮されてこなかったが故に、いっそう不可思議でさえある。私が念頭に置いているのは、少年カルヴァンの第二の性格形成期である。そこで、一四歳の彼は、一〇年に及ぶ大学教育を開始した。一五二三年から一五二八年まではパリ大学のラ＝マルシュ学寮で、それからモンテーギュ学寮においてである。

ラブレーとエラスムスも、監獄といってもよいモンテーギュでの、厳格な禁欲的教育を受けた。カルヴァンは、自由学芸の学位を取ってパリを去り、オルレアンで法学の勉強を始めるが、その前にモンテーギュでの学期の中で彼は、一五二八年の二月に神学を学び始めたイグナティウス・ロヨラに出会ったかもしれない。エラスムスとラブレー、カルヴァンとロヨラ。こうした名を挙げるだけで理解できようが、モンテーギュは、全く異なった航路を行く船たちの造船所になった。名を挙げた四人のうち誰一人、学寮に感謝の念を抱く者はなかった。ロッテルダムの天才たるエラスムスはモンテーギュで課される訓練の厳しさと、そこで自分がスコラ主義の集中砲火を浴びて全く為すすべなく、教室内で居眠りした経験を回顧した。エラスムスは眠りの中にあっても、どれほど多くのことを吸収したか、最近になってようやく明らかになってきたが、それは彼の多くの議論が――自由意志をめぐってルターと論争した以上に――偉大なドゥンス・スコトゥスとの類似性が見られるからである。

同様の影響はジャン・カルヴァンにおいても辿ることができる。自身の議論を展開するに際して、カルヴァンがどれほどスコトゥスの採用している前提に依拠していたかを私たちが万が一にもわかってないと、予定、義認そして聖化についての見解を一貫した仕方で統一的に理解することはできない。ここで指摘した類似点の問題を、どの学者も回避し続けてきた。例外は、カルヴァン研究の権威でストラスブール大学教授だったフランソワ・ヴァンデルである。カルヴァンの専門家たちは、ルターやエラスムスに関する知識よりも中世に関する知識は少なくても良いと信じているばかりでなく、いかに公同性のあるカルヴァンを理解するかについて、聖書の人文主義的な解釈者だとあまりにも狭く考えすぎ、彼が全時代を通じて信仰告白する教父たちや教会博士とどれほど対話したかをほとんど顧みない。

まさにカルヴァンその人が、ただ聖書という眼鏡を通してのみ世界創造における神の御手は識別可能であると述べたように、私たちも、カルヴァン神学の本質的、決定的な点は、スコトゥス主義の眼鏡を通してカルヴァンは聖書を読んだことにあると言うことができる。これは批判ではない——私は批判する意図もない——というのも、それはプロテスタント正統主義という閉じたシステムに対するとてもすぐれたアドバンテージになるからである。しかし、そのことが意味しているのは、まさに次のことでもある。もしも改革派の教父たちが、ドルトレヒト会議に集まるずっと以前に、スコトゥス主義という眼鏡を足で踏みつけていたというのでないなら、その会議に参加したメンバーの作成した信仰告白の諸条文は直接的に、公正に、そして字義通りにカルヴァンの著作に基礎付けられるとする主張は成り立たない。

哲学的推理小説『薔薇の名前』(*Il Nome della Rosa*)で世界的に有名なイタリアの中世研究家ウンベルト・エーコは、他に類を見ない仕方でトマス・アクィナスの重要性を描き出した。そのときエーコはほんのわずかの文の中に、私であればスコトゥスとカルヴァンの人となりを素描するのに用いることができる言葉を採用している。全キリスト教世界がトマス・アクィナスに負っている学問上の躍進を称えつつ、エーコは、トマスが実現に努力して人々の評価を得させるに至らせたアリストテレスとキリスト教との和解を指摘している。[29] トマスがこのことに成功したのは、天と地の創造者である神を、存在するすべての事物にとっての第一原因もしくは生命原理としたからであって、その結果――ここでエーコを引用することになるのだが――「もし神が電気を止めることを決意するようになれば――トマスはこのことを世界に対する神の『参与』と呼んでいる――宇宙は停電するであろう」。エーコが続ける説明によれば、このことが意味するのは、存在するすべての事物は神の存在から生じている、ということである。そして、ここでいう神は「愛に満ち溢れ、爪を切ることで毎日過ごしているのではなく、宇宙にエネルギーを供給し続けておられる(30)」。

エーコがトマスを非常に高く賞賛した点は、ドゥンス・スコトゥスにとっては最大の批判点であった。キリスト教の神は力ではなく人格だ、とスコトゥスはいう。神とは、自身の創造行為に際して世界を、一種のアリストテレス主義的な意味での原因として、作動させ続ける機械のエネルギー源などではない。神は唯一の神でありイエス・キリストの父である。神は世界を、あらゆる出来事の中で、自然および歴史として導き、統治する。神は統治者である（*Deus est gubernator*）。個々人と人類の歴史の歩みは、有機体的な仕方で自動に、神の存在から流れ出るのではなく、神の意図から――その永遠の意図から――生じている。その際、選びと受容に関し、救済史の始めと終わりに関し、偉大な決断がなされた。そこで確認されるのは、受肉についての根本的な決断の中心に位置する神意、すなわち最初に選ばれた者たるイエス・キリストの到来に関わる神意である。

トマスのエネルギーに関するイメージが多少なりともドゥンス・スコトゥスの思考の中で一定の役割を果たしていたので、スコトゥスは人間の道徳的自由を用心深く守ろうとしたが、一方カルヴァンにおいては、神の存在と役割ははるかに明瞭なものであっただろう。すべての出来事の中で神は、直接的な仕方で行動的でありその存在を示している。しかしカルヴァンとスコトゥスの双方にとって現世の根本的な構造は――簡潔で明快なラテン語を用いるなら――神の存在から流れ出る秩序（*ordo*）ではなく、秩序正しく物事を設定しようとする決断を意味する秩序付け（*ordinatio*）であった。すなわち、神の意志から、然り、神の永遠の意図から生じるエネルギーの統治であり、エネルギーそのものではない。

哲学者と神学者はこうした言明を物足りなく思うかもしれないが、神は、閉められた扉の奥でご自身が熟考したことを行ってきた。その扉は、最も才気溢れる形而上学者も組織神学者も通り抜けることができない。神の神秘の前で人々は立ち止まらなくてはならない。戦慄すべき定め（*decretum horribile*）、すなわち遺棄の教理のために、カルヴァンはあまりにも神について知りすぎている、隠されたる神と啓《あらわ》されたる神との境界線を重んじていない、と時として非難されてきた。真実は逆である。トマス（そしてエーコ！）は神の働きについてカルヴァン以上に途方もなく知っている。これに対しスコトゥスとカルヴァンは非常に用心深く、神の会議室の外に設けられた玄関に神学は立ち続けるだろう、と考えている。ドルトレヒト会議が明らかにしたのは、神の会議室の扉を開けてのぞき見しようとし、ドゥンス・スコトゥス以前にトマス・アクィナスによってなされた仕方で神の存在を分析しようとする人々が歩む道であった。そしてカルヴィニズムは、「宇宙にエネルギーを供給して毎日を過ごす」神に戻る道を見出した。

ここで同情を禁じ得ないエイプリルフールのジョークを紹介しておこう。デン・ブリール陥落から五〇年経った頃、人々は歌った。「四月一日、〔ライデン大学教授で、厳格な二重予定論の主張者〕ゴマルスは自分のブリル〔オランダ語でメガネ〕をなくした(31)」。この眼鏡が取り去られ踏みつけられてからしばらくすると、私たちは特異な現象を目にすることになる。すなわち、カルヴィニズムの思想と改革派の正統主義が神の会議室の盗聴に成功すれば成功するほど、敬虔な人々はますます、普通のカルヴィニストなら知っているたった二語で構成されるようになったラテン語の文句を用いて、自分たちの言い分を正当化しなくてはならなくなった。すなわち*Deo volente*であり、「人は企て、神は整える」という古い言い回しのラテン語表現である。信仰と経験が、もしくは神学と敬虔が互いに疎遠になるところで、神学的な不測の事態は生じるに違いない。信仰と経験との、また神学と敬虔との結合を強く作り上げようとした改革派の伝統にあっては、そうした不測の事態はこの上ない災難である。そのような災難が起こるのは、*Deo volente*や「人は企て、神は整える」といった表現が啓示とは別に全能なる神と結びつく時であり、それゆえ、偉大なるエネルギー供給者の概念と結びつき、人類の救済について決定がなされる会議室から切り離される時である。その明らかな帰結は、私たちがカルヴァンから遠く隔たってしまうということである。なんとなれば、カルヴァンにあっては世界の統治と信仰者一人ひとりに対する導きは神の信実に――すなわち全能性ではなく、ご自身の手で行う業をやめることをしない神の信実に――基づいているからである。したがって、カルヴァンの思想を限界付けている第二の要因とは、近代が無意識のうちに放棄してしまった哲学的構造なのである。

カルヴァン――民主政治と専制政治の挾間で

カルヴァンの思想を決定付けており、ということは限界付けている第三の要因が生じているのは、心理学や哲学の領域からではなく法からであり、きわめて特異な歴史的形態においてである。特に一五四一年のジュネーヴ教会規則と『綱要』（一五三九年の第二版からだが）の中でカルヴァンは、教会と都市を秩序付けるために、聖書に由来する一連の原則を詳しく説明した。その原則はジュネーヴの状況を鮮やかに反映しており、決して浮き世離れした考えから導き出されたものではない。かくして、読者の同意が得られるなら、また挑発的な定型句で語るなら、その原則とは *sola scriptura civitata inspirata*、すなわち「聖書のみ、しかし都市での経験という光のもとに解釈されて」ということになる。

政治的経験と聖書釈義の結合した役割の良き例示は、執事という新しい職務の中に見出されうる。ここ二五年の間、一六世紀に対する一面的な神学史的評価に対する反抗と、その時代の社会史的な次元が開かれたことにより、私たちはより一層次の事実を意識するようになった。すなわち、カルヴァンが一五三六年にジュネーヴに到着した時点で、（フランス語では *procureur* と、シュトラスブルクでは *Pfleger* と呼ばれる）執事職の前身にあたる人がすでに長い間病人介護の中心的な機能を果たしていたという事実である。[32] あたかも聖書から読み取ったように、カルヴァンは執事職に関わる聖書の情報を記す。だが数多くの例を彼は、ジュネーヴでなされていた実践からそのまま引き出しているのである。一四世紀の初め、都市の解放運動がイタリアからアルプス以北へと広がった。諸都市において高まりつつあった教会に対する批判は、行動へと変わった。今日では「福祉」や社会的「セーフティーネット」として知られる社会的原則について、諸市政府は共通善に対して責任を負うようになった。そうした社会的奉仕活動は、「改革」という題目のもとにすべて規定された一連の手段を伴っていた。典型的にはその手段に従って、司教は都市から追放され、教会が有していた裁判権は都市に移り、都市民の子弟に対する学校が創られ、病院は市政府の監督下に置かれ、そして説教者は司教の同意なく招聘された。ここでいう説教者とは、しっかりした古典学習を経験した者であり、彼らはヘブライ語とギリシア語の知識に基づいて聖書解釈ができたのである。

カルヴァンはこれらの都市共同体をよく知っていた。ノワイヨンで生まれ育った彼は、一五三五年、匿名の亡命者としてバーゼルに避難所を見つけた。一年後、そこでカルヴァンは『綱要』初版を公刊する。チューリッヒとの強い結び付きに加えて、彼は、ジュネーヴからの立ち退きを強要された一五三八年の復活節から一五四一年の秋まで、三年間をシュトラスブルクで過ごす。ブツァーとカピトの指導の下、シュトラスブルクに宗教改革運動は堅固な拠点を確立することができた。都市共和国ではどこでもそうだったように、信徒レヴェルで重んじられた聖職と善行は——それらはもはや神の恵みに由来するものではなく隣人から期待されるものになったために——容易にかつ幸福な仕方で、中世後期の都市イデオロギーと結びついたからである。しかし、宗教改革以前の都市共同体の内部にカルヴァンが見出し、そこから継承することのできたすべてのもののシンボルとして、執事が用いられた一方で、カルヴァンの宗教改革運動には執事職をめぐる重要な断絶がある。カルヴァンは都市の社会福祉の発達を良く知っていたが、しかし教会共同体から都市の共同体が区別されることには拘り、これが嵩じるにつれて都市の社会福祉を否定した。彼の目的は、教会の手中に規律（*censura morum*）を収めることだった。

かくして、ジュネーヴ市長が長老会のメンバーとして教会の集会に出席しようとした時、市長は自身の職務上のスタッフをドアの外に立たせておく必要があった。カルヴァンは為政者の職務と長老会との区別を主張したのである。

しかしコインのもう一つの面も話さなくてはなるまい。ジュネーヴにおけるカルヴァンの反対派――カルヴァンが市政の重要人物だった彼ら彼女らを追放できたのは、やっと一五五五年を過ぎてからだった――は、カルヴァンが書き記したものの中では「リベルタン」として描かれている。これは、カルヴァン自身の否定的な判断が下されている短い常套句である。事実リベルタンたちは都市民の自由を主張する党派であり、彼ら彼女らはカルヴァンの姿に、自分たちが自由になるために非常に多くの衝突を繰り返してきた中世の司教の再生を見ないわけにはいかなかった。カルヴァン研究者たちが見落としてきたように思われる事実がある。一五三五年八月九日付け市政府の記録が書き留めているところによると、一五五五年までカルヴァンの手強い敵だった市の指導者アミ・ペランは小評議会へ出頭し、前日生じた聖像破壊について申し開きすることとなった。カルヴァンがジュネーヴに到着する一年前のことである。ペランは大胆にも自分の責任を認めたが、次のようにも述べた。今回のような挙に出た理由は、聖像は神の意志に反する（contre la parole de Dieu）というもの以外にはない、と。[33] このことからわかるのは、ペランは恐るべきリベルタンではないし、少なくともカルヴァンが否定的に用いるような言葉の意味でリベルタンではない、ということである。そのうえ、カルヴァンの魅力の結果として、最初は一〇〇人単位の、まもなく一〇〇〇人単位の亡命者がフランスから流れ込んできた様子を思い出すならば、自分たちのアイデンティティを失うのではないかとペランの党派が非常に危惧したことも、私たちにとってはよく理解できるところである。ジュネーヴの人口調査によると、一五五〇年頃都市には約一万三〇〇〇人が住んでいた。一五五〇年から、カルヴァンが没する一五六四年までの間に私たちは、七〇〇〇人の移住者による人口増加を数えなくてはならない。その大部分は、フランスとイタリアからの人々である。人が溢れ返っていることへの恐れに加えて、都市の党派は、都市共和国が世俗の組織ではなく教会の組織によって形成され統治されるのではないかとの、イデオロギー上の懸念に苛まれていた。そうした人々にとってカルヴァンは、ジュネーヴを教皇が束縛する中世の暗い時代に押し戻そうとする反動家と目された。

文献によると、リベルタンは大酒飲みの浪費家で、姦通しても羞じることのない輩として一顧だにされなかった。だが、この都市の党派が抗議していたのは、飲酒や不敬な言動、トランプ遊びや贅沢三昧など、現代人がカルヴァン時代のジュネーヴに結び付け考える事柄を規制する抑圧的な反自由的な諸条例ではない。これらの条例はすでに中世の時代、市議会の記録に登場しているのであって、ジュネーヴでは宗教改革運動が始まった一五三五年の後、それらが文言通り適用されるようになったのである。むしろ、チューリッヒとは対照的に、ジュネーヴでは市条例の遵守を強いる監督権が長老会の責任の一部になっており、市長や二〇〇人議会の管轄下にはなかった。ペラン派はこのことに不満を抱いたのである。この点でペラン派はカルヴァン以上に近代的だった。

教会と政治の領域で神の栄誉が回復されることにより、日々宗教改革運動は進展していくというカルヴァンの抱いたキリストの一つの王国というヴィジョンは、現在高い評価を得ている。第二次世界大戦中、ヒトラーへの反対を貫けなかったドイツ・プロテスタンティズムを思うとき、そう評価することはむべなるかな、である。しかし、このヴィジョンの影の部分や、すでに仄めかされてはいたが、カルヴァンの偉大な遺産が伴っている限界もまた最大限に明らかにされなくてはならない。

律法と福音がもはや区別されず、公共道徳と教会で説かれる道徳とが単一の法規の中で結び付けられるとでは、改革派的かつ聖書的な法規が中世の教会法にとって代わることになる。そしてそこでは、異議申し立てする人々に対する寛容の程度に、違いはほとんどないのである。このことを、術語に通じている人々のために、やや技術的に規定してみよう。問題は、神に対する感謝の規則として律法の第三用法を考えることではない。そうではなく、社会秩序の基準として律法を捉える第一用法に第三用法をはめ込むことなのである。信仰を要求することと世俗的な義務が区別されなくなってしまうと、聖書にある律法は専制政治の道具になる。当初は革命的な側面を有していたが、聖書の律法を直前で述べた仕方で考えるようになると、カルヴィニズムはカルヴィニズムのために、フランスで、オランダで、スコットランド、そしてアメリカの多くの場所で、しかるべき地位をどうしても得ようとする衝動を生んだ。ルター主義は、福音を心の問題だとして、全面的に政治生活を世俗国家の権威に委ねたが、その限りにおいて、直前で示した地域ではどこでも、プロテスタンティズムの世界はルター主義の脆弱さを回避したのである。

なるほど『綱要』第四巻の結論でカルヴァンは、この上なく注意深い仕方で、都市の共同体から教会共同体を区別している。だが実際には、彼は政治的な福利を都市の共同体に委ねなかった。後者において事がうまく運ぶとは信じていなかったのである。実際のところ、モラルや慣習に関わる事柄で改革派の人々が示した一枚岩的な態度は、教会と国家との合意に基づいていたが、それは改変ではなく回復という形をとるものだった――したがってそれは断じて近代の幕を切って落とすものではなかったのである。カルヴァンと協働することで、人はエキュメニカルな関係の中で生きることができるが、国家を作ることはできないからである。

亡命者の宗教改革

カルヴァンの宗教改革を決定付けており、ということは限界付けている第四の要因は、彼と共に宗教改革史の新しい段階が、すなわち亡命者の宗教改革が始まったことである。カルヴァンと協働することでは国家は作れないと私が述べたとき、私の念頭にあったのは、カルヴィニズムが多数派を占める国家だった。しかしカルヴィニズムが指導的な役割を失い、他の立場との連携や抵抗勢力たることを強いられたところではどこでも、明らかにカルヴィニズムは、政治的には民主政治の、社会的には経済的弱者に対する責任を負うことの、非常に実り豊かな推進者になる。このことの基礎は、概して一六世紀と一七世紀における大規模な迫害の時代に据えられた。その時代、声を潜めた祈りと声を大にしたアジテーションを通じて、迫害を被る教会は、自らの声が教会と都市で聞きとられるよう訴えることを余儀なくされたのである。

主張を裏付けるべく、私は、一五六一年のロンドンにいたオランダからの亡命者の事例を引く。亡命者の教会にあった長老会の記録を調べていた私にとって印象深かったのは、賢明なるロンドン主教で後にカンタベリー大主教となるエドマンド・グリンダル（一五八三年没）の外国人に対する裁判権のもとで、亡命者たちの集会がサブカルチャーとして見事に機能していたことであった。神に感謝すべきかな、もちろん亡命者たちはロンドンに対する支配権を何ら有していなかった。だが彼らは、集会内部での意志決定を行うための手順について、民主的な規則を導入し、行使し、発展させていたのである。無作為に取り上げた簡単な事例を見ても、それらは、ほとんど根無し草になっている共同体の中で――「社会的コントロール」について語る人々によって、しばしば専制として描かれる――教会訓練が機能するための、重要で人々を立ち直させる方法を示している。一五六〇年八月六日、長老会は、織工アントン・マダンに関わる苦情を受けた。この織工は五人の子の父親で、そのうち下の二人はロンドンで生まれていたが、彼は家族が教会に出席することを認めようとせず、四日間にわたり家族を枝や鞭で折檻したというのだ。だが、二人の長老の家庭訪問を受けた後、マダンは所行を改めることを誓った[34]。私は、訓練が教会のしるしとして目されることの危険について先に述べたが、それを撤回はしない。けれども、ここで私たちは問題のもう一つの面に向き合っているのであって、それはつまり、根無し草になった人々に抗して保護を担当する訓練である。根無し草になった人々には、野蛮な力の行使や専制を布く機会が過度に与えられるので、教会の聖性を保護するためでなく社会的弱者を保護するための、病んだ共同体を治癒する訓練が――しかも民主的な規則の下で実行される訓練が考えられなければならないのである。

このように亡命者の宗教改革はそれ独自の特徴を示している。したがって、これまで私は時々それを第三の宗教改革と呼んできた。ルターの宗教改革の後に、すなわち、宗教的および制度的には修道院という基盤から生じ、関係する領地や王国に向き合っていたルターの宗教改革の後に、第二の宗教改革が起こる。後者はシュトラスブルク、チューリッヒ、ニュルンベルクそして数多くの都市で起こった宗教改革であり、城壁の中でこれらの都市は、宗教改革運動が宗教的に、社会的に、政治的に含意するところを深く考察し適用する実験場となった(35)。

第三の宗教改革は、一五四八年と一五四九年にプロテスタント諸侯が敗北を喫した後に始まった。このとき、宗教改革運動に門戸を開いていた諸都市は再カトリック化を強要され、プロテスタントの市民たちは再カトリック化を認めるか、それとも逃避するか、いずれかを迫られたのである。この市からの追放は――サン・バルテルミの大虐殺の三〇年前、そしてナントの勅令の廃止から一四〇年前に遡るが――プロテスタンティズムの変化を生じさせた。オランダ、プファルツ、スコットランドそしてアメリカにあらためてカルヴィニズムが強固な基盤を築いたときにはもはや考慮されなくなり、つまり誤解されることになる思想が生まれた。それは選びと予定のドグマが発展した歴史的な文脈である。後の時代になると、これはカルヴィニズムの特徴的なドグマになるのであろうが、今日でもこのドグマに依然として固執している人々が少なくないというのには辟易させられる。ここでは選びの拒否においてカルヴァン神学の限界を論じるのではなく、近現代のカルヴィニズムと近現代のキリスト教の限界を論じるよう促されているので、私は予定の問題を、以下の叙述における主要なテーマとしたい。だが、この問題に取り組む前に、歴史的かつ神学的な解明を行う必要がある。

歴史的に言えば、カルヴァンは第二の宗教改革と第三のそれとの過渡期に位置する人物である。ブツァーがシュトラスブルクに、エコランパディウスがバーゼルに、ツヴィングリがチューリッヒにいたように、カルヴァンはジュネーヴという都市の宗教改革者だった。しかし、一五三六年と一五三八年、つまり牧会開始後の最初の二年に、カルヴァンがジュネーヴで被ることになった抵抗は、彼があまりにも性急に都市宗教改革の計画を推進しようと企てたことによって、部分的には説明可能である。それ以外にも、カルヴァンがジュネーヴで被った抵抗は、彼がよそ者だったことに対する反動であり反対だったことに由来する。一五四一年にジュネーヴに帰還する前の充実した三年、そして没するまでの期間、カルヴァンは、ブツァーが指導するシュトラスブルクで、フランス人亡命者の教会で牧師として奉仕したし、離散者の中でキリストの教会を建て上げようとするヴィジョンを抱いていた。

エキュメニカルな時代に生きる者として、私たちは「エキュメニカルなカルヴァン」（*Calvinus Oecumenicus*）を語るのが好きだ。エキュメニカルなカルヴァンはよく根付いているが、よく光を当てられているわけではない。カルヴァンは回心に際してエキュメニカルな教会を発見した。すなわち、あらゆる場所あらゆる時代に存する普遍的な教会である。しかしシュトラスブルクで彼が発見したのは、教会の新しいしるし（*nota ecclesiae*）だった。本物のキリストの教会はユダヤの民と同様、迫害され、散らされる。カルヴァンは彼の最初の神学著作を、すなわち一五三六年版のまだコンパクトな『綱要』を、フランス王に捧げたが、それは王国にいる仲間の信仰者を擁護するためであった。このことにより、彼は都市という限界を基本的に突破した。しかし、シュトラスブルクにおける牧師職を通じて、また離散の民の牧者を教育するという目的をもってジュネーヴにアカデミーを設立したことにより、さらに国境を越えた文通を広く行うことを通じて、徐々にカルヴァンは第三の宗教改革のリーダーになっていった。加えて、（ジュネーヴという）地域の教会で説教を行う中で、彼はいつもヨーロッパ全体における宗教改革の進展ということを——カルヴァン自身の言葉でいえば神の国の進展ということを——念頭に置いていた。それゆえ彼は次の短い祈りで説教を終えるのを好んだ、「この恵みが地上に住むすべての人々に与えられますように」。この全く新しい政治的社会的文脈は——この文脈は後に、カルヴィニズムの世界が国家単位なものになると消え、忘れられていった——新しい神学的強調点を作り出す。なんとなれば、離散の民という経験に照らし合わせて、新しい視点で、福音は読み取られたからである。

予定の問題を人為的に、それゆえ単独に扱う危険を避けるために、私は新しい強調点を二つ指摘したい。一つはユダヤ人に関わるものであり、もう一つは歴史解釈に関わるものである。第一点目に関していえば、都市の宗教改革は反ユダヤ的、時代錯誤的、反セミティズムの危険があった。ルターとツヴィングリはアウグスティヌスの信じていたことを、つまり、疑いなく、いわゆるアウグスティヌス的な論証（*argumentum augustinianum*）を共有していた。それは、聖書の時代以降にユダヤの民が被った離散は、明らかにそして歴史的に文書化された、神の怒りがユダヤ人に留まっていることの証左だ、というものである。ユダヤ人は国（*patria*）を持たなかった。これは当時の言葉でいえば、彼ら彼女らが故国も先祖伝来の都市も有していなかったことを意味していたが、それゆえに、離散はユダヤ人の罪についての説得力のある証左とされてきたのである。しかし、いまやプロテスタントは、生活のために皇帝や国王の前から国を離れて逃亡しなくてはならなくなった。プロテスタントは、この反ユダヤ的な議論から距離を取らなくてはならなかった。全く新しい仕方で、旧い契約において神が離散させた人々と新しい契約におけるそれとの類似関係が、プロテスタント内に深く悟られることになった。この世紀の終わり、オランダでは、スペインとの通商と東インド会社の経済的利益がこのことを望ましいものとしたとき、ユダヤ人はオランダの市民権を得たし、経済的利益はもはや、一見したところ反駁しようのない旧態依然たる神学的議論に、すなわちアウグスティヌス的な論証に対処する必要がなくなった。一五二〇年、神学者たちはみな離散をユダヤ人の罪を証明するものと見なしていたが、五〇年もするとこの議論は、カルヴィニズムの反ユダヤ主義の武器庫からすっかり姿を消した。

第二の神学的な変化は私たちを、よりいっそう予定の神秘に近付ける。摂理の教理は都市の宗教改革で大きな役割を演じた。市の城壁の中に住む人々が、自分たちの生活を神の意志に従わせたとき、福音が宣べ伝えられただけでなく社会的苦悩が緩和されたのである。人はチューリッヒというキリスト教都市を語ることができるが、そこは神の摂理の許にあったのであり、すなわち、神の祝福と保護する配慮のもとにあったと言えるのである。

いまとなっては、一五三一年、カッペルでのツヴィングリの死が引き起こした衝撃を想像するのは難しい。偉大な宗教改革者が失われたことに対する人間的な悲しみの他に、神の王国の歴史が成功に貫かれた歴史ではないとの驚くべき理解がそこに付け加わった。チューリッヒの敗北はスイスの宗教改革に永続的な限界を設定する結果となったが、それがもたらした悲痛に匹敵するのは、ほんの約一年前（一五二九年）にマールブルクで起こったことのインパクトだけである。マールブルクでは、聖書に立脚して考え判断しようと決意していた学識ある神学者たちが最後まで、兄弟愛に基づいて手を取り合うことができず、また主の晩餐という重要な問題をめぐって合意に至ることができなかった。二重の衝撃が始まったばかりの宗教改革運動に示したのは、初期の勝ち誇りを一掃する教訓だった。かくしてマールブルクの失敗とツヴィングリの死は、ヨーロッパのカルヴィニズムを特徴付けるようになる離散という逃避行が本格的に始まる、一五四八年に向けての準備を行った。流浪の教会は摂理と選びに慰めを見出す。そのことは、カルヴァンが心の奥底から発した叫びの言葉に明らかである、「神の摂理の他、私たちには避けどころがありません[36]」。

これらの歴史的経験とその神学的な消化吸収こそが、予定論の教理が位置され理解されるべき領域を獲得する。ドルトレヒト信仰告白が記される時までに、この文脈は変化した。また、近現代の神学に目を向けると、カルヴァンの予定の教理が、バルト主義者特有の仕方で引っ込められ、あるいはもったいぶった仕方で隠され、あるいは宣教と使徒職の名の下に非難されるときにも、この文脈はもはや意識されていないのである。

もし、カルヴァンの遺産における偉大さと限界との間に正しく境界線を引こうとするのであれば、私たちは躊躇なく彼の偉大さを認めることから始めるべきである。ここでいう限界が生じたのは、もはや選びが離散の民からなる教会の、すなわち、一つの国しか残されておらず、「神の摂理の他、私たちには避けどころがありません」と叫ぶ人々の、信仰告白でなくなった時である。選びの教理は、聖書の文脈から引き裂かれ、根こそぎにされ移植された時に、今度は、限界になるだけでなく、忌まわしいものにもなる。ここでいう聖書の文脈とは、燃える柴から小羊の王座を囲む最後の饗宴に向かって、巡礼の旅をする教会が知りうるものだからである。

カルヴァンの影

一八九一年、かの偉大なアラード・ピアソンは、『ジャン・カルヴァン研究』(*Studiën over Johannes Kalvijn*) 第三巻を、まだ創立間もないアムステルダム自由大学に対する称賛と、カルヴァンに対する明らかな告発と読める文章でもって締めくくった。結論部の初めでは、ピアソンは、カルヴァンの商人的・農民的な自己犠牲の精神を称揚し、彼の心性について「私たちの精神レヴェルを引き上げるものであり、その点において、民にとっての『地の塩』となった」とまで述べている。[37] ところがその後でピアソンは、一転鋭い批評の刃を躊躇なく突きつける。すなわち、カルヴァンの導きのもとでは、信仰と科学、知恵と美徳の融合を目指す(自由大学のような)大学を創ることは不可能だったと言うのである。なぜならピアソンにとって、カルヴァンは「政略的かつ計算高い人物であり」、道徳的観点から見れば「弱さの中にある私たちを励まし助ける、多くの信仰の証人《あかしびと》の群れ[38]」の一人にはとても数えられない人物だったからだ。いわく、カルヴァンは乏しいヘブライ語とギリシア語の知識を利用して聖書から「いくつかの真理」を導き出したが、彼はそれを闇雲に神の真理・キリストの真理と同一視してしまった。そのような人物が、自由大学を導くことは可能だろうか。この問いに答える形で、ピアソンは文章を締めくくっている。「私の考えでは、宗教はあらゆる面で人間精神の望ましい発展を阻害してきた」。それでも宗教の核心は残さねばならない。その核心とはすなわち「あらゆる宗教から独立した倫理道徳に転化しうる、宗教内のすべての(道徳的)要素」である。しかしそうすることで、真の宗教の側も「自らが欠くべからざるものであること」を必然的に示すことになる。福音の正しさが福音から生ずる知恵によって証明されるように、宗教の正しさも宗教から生ずる倫理道徳によって示されるからである。[39]

すでにピアソンは一八六五年に牧師職を辞し、最後の赴任教会で辞任説教を行っていた。この正統教会への訣別の辞には、なお信仰復興運動の炎が感じられる。ピアソンは、才気に溢れた母親イーダ・ピアソン＝オイエンスを通じ、運動の熱気を肌で感じながら育ってきたのである。ピアソンは、この時辞任のやるせなさを非常に古いオランダの抗議の歌で表現している。

私は憎む、檻につなごうとする心を。
鷲のように空高く舞い上がる魂、それを許さぬものを（イザ四〇・三一）。
恐れにかられて、安全な場所へ閉じ込め
調教師の喝なしに、安んじて生きられぬ心を。(40)

先に触れたピアソンによるカルヴァンとの訣別は、いわばこの抗議の歌を締めくくる最終節である。「（ロッテルダムならぬ）アムステルダムのエラスムス」と呼ばれたアラード・ピアソンは、こうして教会に背を向けた。歌のどの節を見ても、ピアソンの訣別が悲しみに満ちた抗議運動であるという点で、正しく「嘆きの運動」（Doleantie: オランダ改革派分離運動）的であると感じざるを得ない。しかしながらここで重要なのは、オランダの文化史、教会史のある一局面よりはるかに大きなテーマである。ピアソンが出版を計画していた第四巻は、その死によって執筆されることなく終わったが、「神の選び」とミカエル・セルヴェトゥスに関する論述にあてられる予定であった。これら二つを理由に全世界でカルヴィニズムから支持者が離れていき、後継者の間でさえ、それを擁護する者は若きサムエルの時代の主の言葉のごとく（サム上三・一）稀になっていった。ここでは、以下のごとくカルヴィニズムの欠点を露わにさせた二つの事柄について論じていくこととしよう。

アムステルダム自由大学に称賛の的を置いたアラード・ピアソンであるが、実のところ彼が射撃の照準を定めていたのはジャン・カルヴァンであった。この攻撃が忘れ去られているとすれば、それはピアソンの議論が重要でなかったからではなく、彼自身がすっかり忘れられた存在であるせいだ。ピアソンは、カルヴィニズムの内部では何世紀もの間棚上げされ、押し止められていた人文主義と宗教改革との破局を公に宣言した人物である。彼は信仰と学問の裂け目がどこにあるか明らかにした――もっと正確に言えば、最終的に確定させた。一方ヤン・ロメインによって、いみじくも「小さき人々(*kleine luyden*)の鳴鐘者」と描かれたアブラハム・カイパーは、カルヴィニズムの勝利の行進をたたえ、その西洋の歴史を通じた発展を祝福した。しかしながら私たちの耳には、この賛辞は一九世紀的な楽観主義と、「小さき人々」[41]運動の独善が生み出した典型であるように聞こえる。二〇世紀の終わりを生きるカルヴァンの後継者たちは、これらの思想を嚢中払底とはいかないまでも、ほんのわずかに思想的価値が残されていないか裏の裏まで探さねばならぬものとして、戸惑いながら見つめ続けているのだ。

カルヴァンを擁護する最も簡単な方法があるとすれば、それは一九世紀も暮れかかる夕闇の中で放たれたピアソンによる狙撃が、いかに失敗を運命付けられていたか瞭然とするくらいまで、自由大学のさまざまな欠点を取り上げることだろう。しかしこのようなやり方は、史実から目を背ける行為である。なぜならそのような道を行くには、実際には互いの党派に深い類縁関係があり過ぎたからだ。急進的人文主義者、道徳的キリスト教主義者、そしてオランダ国教会改革派教会の神学者たちは、皆一つの同じ起源に属している。彼らは皆、一七世紀ネーデルラントの後期宗教改革(*Nadere Reformatie*)[42]と一六世紀宗教改革を通って中世後期へとさかのぼり、さらには「新しい信心」(*Devotio Moderna*)運動という最初のごく小さな源流に至る、同じ大河の水を浴びるほど飲んで育ったのである。

この伝統の力がいかに強大であるかは、ピアソンが真理について、人間くさい言葉で力強く解釈する時明らかになる。彼はドナティストのように、人間的な欠点という理由からカルヴァンを信仰の証人としては信頼できないとした。それはカイパーが人間の再生を、洗礼において神的真理が、またまことの学問において人間的真理がもたらされるための必要条件として重視したことと、鮮やかな平行関係をなしている。両者は信仰にまつわる形式的義務に対して実際の信仰経験の方を重視する古オランダ風の思想運動や、共同体の圧力に対して各々の自己実現を擁護する価値観のために戦ったのだ。だがそれにもかかわらず、ピアソンとヨーロッパ精神と知性の歴史に生じた「悪性腫瘍」たるカルヴィニズムとの訣別は、オランダから遠く離れた地スイスで反響を呼ぶことになる。

セルヴェトゥス事件——傷と汚名

一九三六年、作家シュテファン・ツヴァイクは、ミカエル・セルヴェトゥスを敢然と擁護したセバスティアヌス・カステリョについての本を上梓した。明らかに、アドルフ・ヒトラーと台頭する国家社会主義への批判を寓意していたこの著作は、『カステリョ対カルヴァン』(*Castellio gegen Calvin*)と題され、「権力とたたかう良心」(*Oder ein Gewissen gegen die Gewalt*)という意味深長な副題をつけられた。ツヴァイクの描くカルヴァン像は、その四半世紀前にカイパーが描いたものとはかなり異なっている。丹念に読んでいくと、そこにはアラード・ピアソンの描いたカルヴァン像の輪郭が見て取れるのである。ツヴァイクいわく、「幸いにも」カルヴァンは、テオドール・ベーズやジョン・ノックスといった手下たちの助けがありながら、寛容思想の「生の飛躍」を押し止めることに失敗した。「(もしそうでなかったら)どんな厳格さ、どんな退屈さ、どんなにひどい無味乾燥さがヨーロッパを襲っていただろう! 美と幸福と人生そのものに敵対するこれら狂信者たちが、いかに猛威を振るっていただろう!……幸運にもヨーロッパは訓練され、ピューリタン化され、『ジュネーヴ化』されるのを良しとしなかった。世界をただ一つの支配体制に押し込めようとするあらゆる試みへの抵抗運動と同じように、カステリョの時代にも不断の革新を求める生への意志が、封じきれないほどの抵抗の力を発揮したのである[43]」。

ミカエル・セルヴェトゥスは一五五三年一〇月二三日に処刑された。セルヴェトゥスへの告訴手続きにおける改革者カルヴァンの責任について、それを減じようとしたり、心理的、政治的理由を挙げ理解しようとしたりするカルヴァン伝記作家たちがいる。彼らの善意に溢れ、時には部分的に説得力ある試みについては、個人的には批判せず見逃しておきたいところだ。これらの護教論の中では比較的注意深いが、同時に典型的でもあるのはヴィルヘルム・ノイザーの言葉である。「今日に至るまで、カルヴァンの名は忌まわしい不寛容の象徴となっているが、それは誤りだ！　一六世紀には、このような異端審問などごくありふれたものだったのだ」[44]。

カルヴァンには二つの顔がある。一方の視線は城壁に守られた中で神の国を実現しようとする都市型宗教改革に向けられ、もう一つの視線は亡命者たちの宗教改革に向けられている。シュテファン・ツヴァイクの著作にそえられた「権力とたたかう良心」という副題は、カルヴァンに反対する意図で綴られたにもかかわらず、後者の情勢を正しい意味で言い当てている。亡命者の宗教改革においては、ジュネーヴの影響力が迫害され散り散りになったはずの教会の地下組織によって仲立ちされ、遠方で運動を生じさせる火種となった。カルヴァンらはこのような組織を構築するにあたり、宗教を自覚的な信仰、自覚的な選択、自覚的な犠牲の問題として再び捉え直した。彼らは一面真っ平らで画一的な中世文化という土地を掘り返し、鋤き直し、長く埋もれた――と言うより当時の支配者たちも未だ（あるいはもはや）権力を及ぼせずにいた――深層にまで鍬を入れたのである。

他方で都市の境界内では、単一の文化が広く承認され、強化されてさえいた。カルヴァンの好んだ第二テモテ書におけるパウロの言葉は、セルヴェトゥス裁判に直接につながっている。その三年前の一五五〇年、カルヴァンは本書二章一六―一八節「俗悪な無駄話を避けなさい……その言葉は悪いはれ物のように広がります」を注解した。いわく、「悪い腫れ物は、できるだけ速やかに対処しなければ、周囲にまで広がってしまう……同じように、ひとたび［誤った教理が］入り込むのを許せば、教会が跡形なく破壊されるまで広がってしまうのだ。その感染力は破壊的であるから、すぐに抑えこまねばならず、勢いを増すまで待ってはいられない。そうなってしまったら、餌食となった人々を助ける時間など残されていないのだから」。これは、まさに以下で言われていることと同じである。「教皇主義者たちから福音の光が悲惨にも消え去ったのは、司牧者たちの無知と怠惰により、長い間に頽廃がとめどもなく瀰漫し、次第に純正な教理を汚していったからである。もし教会すべてを跡形なく破壊しようと企む者どもを世に潜ませておくなら、みすみす彼らに害毒をたれ流す機会を与えることになるだけだ。この私が、一人の（異端の）命を守るため声を挙げなかったせいで幾百幾千の魂が失われるならば、果たしてそれは正しいことだろうか？」[45]。

ここには、決して見過ごせない二つの重要な点が含まれている。第一に、カルヴァンにとって真理とは自明でない。それは注意深く守られない限り、いつの間にか目の前から消え去ったり歪められたりしてしまう可能性があるという点で、自明ではないのである。一般信徒は自分が実際のところ何を信じているかを知らねばならず、正しい信仰理解の代わりに教区聖職者を無闇に信じるだけで良しとしてはならない。また親は、子供を救いの教理へと導かねばならない。同じように牧者や教師は、会衆を福音の真理へと導かなければならない。というのも「人間の自惚れやすさといったらひどいもので、ある人々の耳は、たとえ神の福音に対してであっても開かれる事はない。これよりひどい不条理は他にない[46]」からだ。

ここで指摘しておくべき第二の点は、職制についての、あらゆる宗教改革者が共有していた考え方である[47]。牧者のつとめは、すべての信徒の司牧者集団から自ずと生じてきたものではなく、御言葉とサクラメントの働きとして、神から会衆に対し下賜されたものである。したがって最後の審判では、牧者は委ねられた羊たちの霊的な健康状態について申告するため、神の前に召し出される義務を負うのである。

これらを考え合わせるならば、以下のような議論でもって良心の痛みを感じずに済ませることはできない。すなわち、「セルヴェトゥスはとんでもなく不逞な輩であった。彼がわざわざジュネーヴへ赴いたのは、カルヴァンと対決することを自ら望んでいたからだ」とか、政治的理由から「カルヴァンは、徹底的な宗教改革に反対する市議会多数派のリベルタンに対処せねばならなかった」などという主張である。しかしながら、カルヴァン自身が聖書を注解して言うところによれば、セルヴェトゥスはキリストの軀体から外科手術により除去された癌腫瘍であった。彼が取り除かれたのは、他の部分に腫瘍が広がることを防ぎ、中世カトリック的信仰を生み出しかねない教会破壊を防ぐためだったのである。

私たちは、心理学的・政治戦略的な説明ではなく、以上のごとき教会統治の原理に基づいてセルヴェトゥス事件を理解すべきである。この正しい道筋を辿っているかどうかは、近頃まとめられた宗教改革の重要な殉教者、法学者アン・デュ・ブールの裁判記録を読むことによってはっきり分かるだろう。ジュネーヴのセルヴェトゥス事件から六年後、法学者・高等法院評定官であり剛直なるユグノーでもあったデュ・ブールは、パリ高等法院で勇敢にも（改革派を擁護する）演説をした直後捕縛され、数か月後の一五五九年一二月、三九歳にして火刑に処された[48]。毎日毎日、何週にもわたって行われた尋問の詳細な筆記録は、あらゆる箇所で息をもつかせないスリルに溢れているが、それが最高潮に達するのは結末部分である。「止めよ、止めよ、弾圧の炎を。汝ら主に立ち返れ！[49]」。しかしながらこの叫びは、カルヴァンを敵役とするシュテファン・ツヴァイク風の（あらゆる人間への寛容を求める）叫びとは異なる。なぜならデュ・ブールは法学者であり、統治機関は善人を守り悪事を行う者を罰するよう神から命じられている、と明白に認めていたからである。「異端は罰せらるべきか否か」という審問官の質問に対するデュ・ブールの回答は、カステリョ、コールンヘルト、そして後の時代の多くのエラスムス主義者と比べると全く肯定的である。彼によれば、異端は官憲に引き渡されねばならず、事が冒瀆のように重大である時には死という罰が与えられねばならない。しかしながら「異端とは誰か」という疑問には、聖書に基づいて答える必要がある、というのだ[50]。この実存主義法学の注目すべき一例を追っていくことで、ジュネーヴでのカルヴァンとセルヴェトゥスの対決において典型的に示された、中世教会法から近代的な信仰の個人化への移行がさまざまと見えてくる。

さて「止めよ、止めよ、弾圧の炎を」というデュ・ブールの叫びは熱情溢れるものだったが、一五七二年八月二四日サン・バルテルミの日のパリの大虐殺を止めることはできず、また一六八五年ナント勅令廃止後の亡命者たちの悲劇を止めることもできなかった。しかし彼の訴えは亡命者たちと共に全ヨーロッパに広がり、啓蒙主義の哲学者たち（フィロゾーフ）の主張と融合して、今日私たちが「欠かす事のできない人間の権利」として尊重するよう教えこまれている基本原理となった。しかしながらここで重要なのは、パリの殉教者でありジャン・カルヴァンの忠実な弟子でもあったデュ・ブールの訴えが、再洗礼派とセルヴェトゥス主義者（実際言及されているのは、反社会的な再洗礼派とセルヴェトゥス派の反三位一体論者である）だけはあらゆる寛容の対象から排除する、という態度と一体であった事実を押さえておくことである。宗教（*religion*）という言葉が文字通り社会の「結び目」「絆」を意味していた時代において、セルヴェトゥスによる公然かつ執拗な三位一体の否定は、カルヴァンの目に悪性腫瘍であり、社会構造における横の枠組みと縦の枠組み、またそれらが拠って建つ基礎までも脅かすものと映ったのである。

現代に生きる私たちにとって――一六世紀の思考における諸々の枠組みを、現代の語彙に訳し直すことを学ばなければ――、デュ・ブールの「止めよ、止めよ」[51]という叫びが同時にセルヴェトゥスの排除と結びついて、前代未聞の矛盾した、道徳的不誠実の例となりうる。しかし冒瀆が社会を脅かす疾病と見なされる限り、セルヴェトゥスは危険分子であるより他なかったのだ。確かに実際のミカエル・セルヴェトゥスとアン・デュ・ブールは、敵同士の陣営に分かれて戦った。しかし、中世キリスト教の全体主義・反民主主義的精神の終局へと至る歴史の道程においては、彼らは二つの局面で宗教寛容という同じ方向を向き、同胞として戦ったことになる。この寛容という恩恵のために支払われた代償は大きなものであったが、それだけに必要なものでもあった。すなわち、国家と教会の分離、そして信仰の私事化である。皮肉にも、カルヴィニズムの現代国家と今日の社会秩序に対する「貢献」とは、カルヴィニズム自体から無理やり掠め取られたものであり、カルヴィニズムが権力の掌握に失敗した後にやっと奏効したものでもあった。ここで初めて、だがその時すでに決定的に、カルヴィニズムは民主主義と宗教的寛容を支える柱となったのである。このことは、少なくとも公的生活の分野において、カルヴァンの遺産がどこまで偉大なものだったかを示している。

これは、ジュネーヴにおける神の国の勝利譚ではなく、ヨーロッパの未来への道を開いた、虐げられた教会の流血の敗北譚である。しかしながら、もし信徒たちが現代社会の多様な問題に当惑し果て、以前味わったエジプトの肉鍋を懐かしむ民のように（出一六・三）、昔日さながら力によって地上に神の国を打ち建てるよう請い求めるならば、キリスト教、とりわけカルヴィニズムは、恐ろしく危険な思想となって舞い戻ってくるであろう。カルヴァン主義に基づく政治的意見や神学が、「ごく個人的な生の経験と、自らを犠牲とする精神によりもたらされる一つの証し」以上のものになろうとする時、決定的な境界線を踏み越え、他者を感化する力から他者を強制する力へと変容してしまう。その時私たちは、火刑台から立ち昇る煙の最初の一筋を嗅ぐことになるだろう。古人の言によれば「都市の空気は自由にする」のであるが、カルヴァン主義に立つ都市国家にはそれは当てはまらないのだ。

選び――未来への途上にある信仰

カルヴィニズムのよく知られた表の姿からその核心部へと目を転ずるならば、私たちは否応もなく予定説というものに突き当たるだろう。しかしより正確に表現するなら、それは選びの教理と呼ぶべきである。なぜなら予定とは、選びに続いて神が下す、（人間の）従うべき一連の定めを指すからである。しかしながら、現代神学においては、予定説が負け犬扱いされていることを認めねばならない。どの国でも、予定の教理はカルヴィニズムにおける欠陥と見なされていて、その存在ゆえカルヴィニズム全体が古臭いキリスト教の遺産であり、対話をしても意味のない相手と見なされるようになっているのである。オランダ一国を見ても、レモンストラント派が勝利を収め、あの簡にして要を得たドルト信仰基準(52)は、それを知るわずかな人々の間でも少ししか影響力を保っていない。かつて先祖伝来の家宝のように扱われていた予定の教理は、今日ではどこでも格安で売られる「神学上のがらくた」として扱われている。

すでに私たちは、宗教改革第三期、すなわち亡命者の宗教改革において、予定説が特別な意味を帯びていった事実を見てきた。この変化は、一五四八年以降に都市に基盤を置く宗教改革の動きが押し止められ、亡命者による宗教改革へと変質していったことで生じた。枕する石の場所さえ定まらぬ流浪の民であり、有効な通行許可証や定住許可証も持たない人々にとって、予定の教理は自らが何者かを示す身分証明書となった。カルヴァンによって「崇高な摂理」と呼ばれたこの教理は、亡命者たちが「歴史に対する神の経綸」を信じつつ「賢慮に富んだ手引きに」守られることで、「神の手に導かれながら」現実の体験となったのである。これらのキーワードは、着々と勝利を収めつつあった対抗宗教改革陣営のただ中で生き延びる道を模索していた、離散の民の信仰と経験、流浪の生活を示す暗号となった。

しかしこれは、選びの教説が聖書中に根拠を持たないことを意味するわけではない。またカルヴァンが、自分の支持者のためを思ってこの教説をひねり出したのでもない。彼以前の神学が、予定説を知らなかったわけではないのだ。アウグスティヌスもトマスも、ドゥンス・スコトゥスもツヴィングリも、皆この教理を知っており、信徒に対し説き明かしも行っていた。しかし、選びの教理が教会全体を聖書的基礎から支える力を与えられたのは、宗教改革第三期からである。教会はその歴史を通じて、聖書のケリュグマ（使信）から新たな宝を発見し続けてきた。そのことはまた、私たちがいついかなる場所でも、教会一致を求める理由でもある。それは、これら信仰上の経験を蓄積し、検証し、不確実な未来に対する備えとして保ち続けるためである。たとえその経験が大切なものと見なされず、必要とされない時代にあったとしても。

さて、確かにドルトレヒト会議においては、亡命者教会も含むヨーロッパのほぼすべてのプロテスタント教会の代表者が出席した。しかしそこで話し合われた事柄においては、神の御手に導かれた、長きに渡る流浪生活の影響があった形跡は見られない。とりわけオランダにおいて定住地を確保していた教会の代表者は、すでに長い期間にわたって新たな通行許可証と「祖国」と呼べる場所を確保していたのである。この流浪生活が本当のところどのようなものであったかは、私のユトレヒト大学・フイデン大学の同僚であるポストゥムス・メイエス氏が簡潔な注釈をつけたオランダ語書籍『ジャン・ミゴーの日記——ルイ一四世治世下における宗教迫害』(53)（*Verdrukking, vlucht en toevlucht: Het dagboek van Jean Migault over de geloofsvervolging onder Lodewijk XIV*）のあらゆる頁に活写されている。ここにおいても、予定説の根幹となる宗教経験（それはすでにカルヴァンの内に十分に見られるものである）が見て取れる。だが他方で組織神学者たちは、カルヴァンの『キリスト教綱要』のみに依拠する「よくできた」論文中において、以上のような生きた宗教経験を無視する傾向にあった。彼らは信仰の豊かな伝統を、共に私たちが経験してきた生きた歴史の流れから切り離すことで干上がらせてしまったのである。一六八五年にナント勅令が撤回された後、大規模な亡命のうねりが起きた。その中を生き延びたユグノーはわずか一五万人ほどであった。日記の著者であるジャン・ミゴーは、ポワトゥー地方の出身の教師であり公証人でもあったが、最終的には脅迫、弾圧、テロの犠牲となり、そのあまりの苛烈さに屈服した。かつて宗教改革陣営の避難所であったラ・ロシェルにおいてジャンは捕縛され、「改革を自称する偽の教理」を棄てることを誓うまで獄に入れられたのである。彼は、後にオランダに辿り着いた際、獄中生活を振り返って子供に書き残している。「捕らえられてやっと、それまでの逃亡生活の一日一日が、牢獄生活を耐える準備として神に与えられたものだったと分かりはじめた。そのように考えたことも捕縛以前にあるにはあったが、その考えを忘れてからすでに長い時間が経っていた。獄中でも思っていたし、今でさえも思っているのは、『自分はあの生活に耐え抜くことができるはずだった』ということだ。だが、哀れな人間にすぎぬ私が、どうしたら自分の弱さを正しくみつめられたというのだろう。私は永遠存在なる神のみ手に運命を委ねることをせず、生じるそばから煙のように消えてしまう『自分自身の強さ』なるものに、あまりに多くの信頼をおいてしまっていた……(54)」。

獄吏たちは、離散し隠れ住む子供たちがどれだけ父親を必要としているかをジャンに分からせるため、計算づくで必要十分なだけの面会を許可した。それは、最終的に彼が完膚なきまでに打ちのめされ、信仰を棄てるまで続けられた。「私が神のご計画に十分な信頼を置いていなかったことが明らかになったのは、そのすぐ後のことだった。というのもその四日後（大いなる災いの日だ！）、獄吏たちに出獄の願いを伝えたからだ。その時の私といえば、この行いによって自分が新たな牢獄に放り込まれること、神が御恵みによって罪を赦してくださるのでなければ、自分が深い淵に葬り去られ、永久に消え去ってしまうことを分かっていなかった……。だが今、こうしてお前たち九人の子は自由を与えられ神の御言葉に耳を傾けている。それを見る喜びが与えられたのは、神の大いなる恵みによるのだ[55]」。

一六八八年五月一八日にデン・ブリールに辿り着くまでの八年間の亡命生活で、かつて普通の教師にすぎなかったミゴーは五人の子を失い、一四番目の子が産まれた一週間後には妻をも失った。予定説というものは一見するととっつきにくい教理であるが、ミゴーの経験を伝える彼自身の報告は、予定説を論じた何千もの神学論文よりよほど良い理解の糸口となるだろう。実にそれは、（予定説に関して）カルヴァンの『キリスト教綱要』より優れた入門書と言える。予定説というテーマについて言えば、『綱要』はいわば料理の手引書であって、料理そのものではない。それはいわば教科書であって、信徒の生き方を導く書ではないのである。

むしろ予定説に対する実存的理解の糸口は、パウロ書簡の一つ第二テモテ書への、カルヴァンの注解の中で示されている。カルヴァンにとってこの書は、パウロの信仰告白と言えるものであった。カルヴァンは注解を、以下のように締めくくっている。「神は私たちに、救済に至る道の入り口のみ与えてくださっているのではない。それではまるで、残りの道を行けるかどうかは、私たちの自由意志に委ねられているかのようになってしまう。そうではない。信仰者たちの堅忍もまた神の恩寵と永遠の選びから来るものであって、私たち自身の強さに因るものではないのだ。パウロは、神の王国へと信仰者を招く働きをただ神お一人に帰して、『闘いがすべて終わり私たちが勝利を収めるまで、私たちは人生の道行きのすべてにおいて神の手に治められている』と高らかに宣言するのである」[56]。……以上の言葉は、パウロによる以下の聖句を説明したものである。「主は我を凡ての悪しき業より救い出し、その天の国に救い入れたまわん。願わくは栄光世々限りなく彼にあらん事を、アーメン」(二テモ四・一八)。

パウロは「救い」といい、カルヴァンは「神の御手のうちに」という。選ばれた民は不可触かつ不可侵で、あらゆる危険を免れている。主は私たちをその守りと保護のうちに置きたもう[57]。だからこそ、教師ミゴーは安全に〔オランダの〕デン・ブリールにたどり着くことができたのである。しかし——ミゴーにとっての安全とは「市民的寛容の保全」であり、後の世代にとっての安全とは「平和と秩序」であり、私たちにとっての安全とは「セーフティ・ネットの安定」であるが——まさにこの安全こそが、聖書に基礎を置くカルヴァンの予定説を実存的に体験する道を閉ざし、教会と神学における最も恐ろしい誤解を導き出したのである。おそらく選びの教理が遺棄、すなわち「恐るべき聖定」(*decretum horribile*)を引き出し、神の永遠の聖定を性急に見定めようとした時、選びの教理は頂点に達した。

皮肉なことに、オランダ黄金時代の表面上の繁栄と、キリスト教西洋における政治・社会、宗教生活が段々と備え始めていた進歩的な特徴が、この宗教経験の豊かに溢れ出る泉をやがて枯らしていくことになった。選びの教理は、神の熱情と大きな恵みに関する、聖書に基礎を置いた教理である。それは苦悩と迫害の時代に再発見されたが、神による(選ばれなかった者の)拒絶という古臭い教理と共に扱われたことで、神学者の手慰みとなり、信仰者たちの躓きの石となってしまった。一方、安堵のため息と共にデン・ブリールの記憶を捨て、「牧会者の共和国」という夢を捨てた者たちにとって、「社会の安全」という貴重な資産は、予定説という神の偉大さを示すが誤解を招きやすい神話よりもよほど社会的安全をもたらすものと見えたし、現世における社会正義を促進するものにも見えたのだ。

今日の私たちは、あの黄金時代における社会的安全が二度と戻っては来ないことを、先の世代より深く理解している。そこで、ここでは古い時代の論争を歴史学的に分析するのみならず、現代における難民問題の構造的理解も扱う。また、カルヴァン主義の伝統において息づく普遍的信仰の貴重な遺産の一つを再発見し、しかしそれが私たちの当惑と沈黙のせいで、消滅の危機に瀕していることを見ていく。

さて〔普遍的信仰の遺産のうちで〕消え去ってしまった事柄とは、教会が良きものとして存在すること（well-being, *bene esse*）に関わるのみならず、教会の存在（being, *esse*）そのものにも関わる。それは、教会の基礎を成す条項の一つと特徴付けられるはずだ。この条項によって、教会は立ちも倒れもする（*articulus stantis et cadentis ecclesiae*）。これが何かは、カルヴァンの予定に関する説の中の三つの面、予定説の中で光彩を放つ三条の光線によって、やがて明らかになるであろう。

証しとしての選び

まず最初に、カルヴァンが聖書の言葉や教会伝承から導き出したのと同じ道を辿って、予定説とは何かを浮かび上がらせたい。パウロにせよアウグスティヌスにせよ、後期トマス・アクィナス、あるいは（私たちが慎重に解釈するならば）ドゥンス・スコトゥス、また言わずもがなルターや都市宗教改革者たちにせよ、彼らはあらゆる種のペラギウス主義を避けるために予定説を用いた。ペラギウス主義にもいろいろあるが、それは早い時点においてか遅い時点においてかという違いはあれど、とにかくある時点で「人間が自身の救済について何らか責任を負う」という考え方である。

カルヴァンは、当然のことながら、ローマ書八章三〇節における「黄金の鎖」に言及している。「神はあらかじめ定められた者たちを召し出し、召し出した者たちを義とし、義とされた者たちに栄光をお与えになったのです」。この黄金の鎖は、カルヴァンが「恵み深き神の永遠の計画」と呼ぶその計画の中で、すべての信仰者の救いの先触れと、始まり、そして実現がどこに位置付けられるかを示している[58]。

カルヴァンは、エフェソ書の注解で、二章八―一〇節について簡潔に参照している。聖句は以下の通りである。「事実、あなたがたは、恵みにより、信仰によって救われました。このことは、自らの力によるのではなく、神の賜物です。行いによるのではありません。それは、誰も誇ることがないためなのです。なぜなら、私たちは神に造られたものであり、しかも、神が前もって準備してくださった善い業のために、キリスト・イエスにおいて造られたからです。私たちは、その善い業を行って歩むのです」。これについて、カルヴァンは言う。「パウロがこう言うのはなぜか。それは、選びと神の御心のみによる召しについて論ずることで、『人はただ信仰のみにより救いを獲得する』という結論に至るためである」。またカルヴァンは、単なる注解という枠を超えて、以下のように述べる。「これら二つの文言において、パウロはローマ書とガラテヤ書で字句を費やして論じたことの要点をまとめている。すなわち『義は、ただ神の恩寵のみによって私たちの元へと来る』[59]」。

一五四六年にトリエント公会議で作られた「義化に関する教令」に明らかに反対し、同時に現代のローマ・カトリック教会における解釈の流れに同調するような形で、「神は、人間の善行のきっかけを与える存在にすぎない」などという謬説を退けつつ、カルヴァンは以下のように短く結論付ける。「私たちの善行は、はるかなる昔から神の宝物室に納められている。すべて善行はそこから出てきたものなのである[60]」。

教会の礎としての選び

選びの教理の第一の面は、信仰のみ（*sola fide*）、恩寵のみ（*sola gratia*）、聖書のみ（*sola scriptura*）という三つのメロディが織り合わされた、宗教改革という交響曲の定旋律を成した。しかし今日では、前途有望なエキュメニズムの影響下、選びの教理が第二の面で危険にさらされている。選びの教理はこの第二面において両義性を持っており、信徒を対抗宗教改革へも、オランダの第二次宗教改革へも誘ないうるのである[61]。ここで読者の諸兄姉には、カルヴァンを「教会の発見者」と見なし、*reformatio* を教会の真のカトリック性〔公同性〕と見なした、私の最初の議論を思い起こしていただかなくてはならない。カルヴァンは第二テモテ書二章一九節への注解で、「教会の選び」という教理を簡潔に、しかし含蓄ある方法で浮かび上がらせる。聖句は以下のように言う。「しかし、神が据えられた堅固な基礎は揺るぎません。そこには、『主はご自分の者たちを知っておられる』……と刻まれています」。これについてカルヴァンは言う。「人間の移り気や不信仰をもってしても、神が終わりまでその教会を保ち続けるのを邪魔だてすることはできない」。従って選びにおいては、単に個々の信仰者や、その一人一人がどのようにして永遠の至福に至るかということのみが問題になるのでないし、またそれらが最優先に扱われるわけでもない。むしろ選びにおいて問題になるのは、教会を支える諸々の礎である。神はご自身に属するものを保ちたもうのであるから、教会を地獄の門が呑み尽くすことはない（*Portae inferorum non praevalebunt*）[62]。神は、終わりまでその教会を守りたもうのである[63]。

ルターと違いカルヴァンは、第二テモテ書において言及された「終わりの時」（「しかし、終わりの時には困難な時期が来ることを悟りなさい」。同書三・一）が、特に宗教改革の時代を指すとは考えていなかった。カルヴァンの考えでは、このような困難な時代は教会の歴史のどの局面にもあり、パウロも自身の生きた時代を念頭において以上のように発言したのである。「福音が初めて語られるやいなや、教会はすぐに偽預言者によって苦しみを受け始めた[64]」。当初から、福音に忠実であり続ける者と、福音に背く者との間には深い溝が横たわってきた。したがってカルヴァンは、基本的に教会の内にある者の視点で物事を考え、後の予定説を扱う論文のように、福音に一切触れずに人生を終える者や異教に属する者についてあれこれ論ずることはしなかった。「選びの影の側面」とは、（選ばれなかった非キリスト者のことでなく）教会の敵について言っているのである。たとえ今非キリスト者であっても、彼らには「一番後にやって来たのに、同じだけ報酬を受け取るぶどう園労働者」（マタ二〇・一―一六）となる可能性が最後まで残されているからだ。

教会は、いつの時代もどんな場所でも「公同の教会」(Catholic Church) である。その内部では「教会の一員に数えられたいと願う」教会内の敵によって、真の信仰者たちが常に迫害を受ける。[65] 真の教会は、常に追放、拘束、亡命といった迫害に晒される。なぜなら、真の信仰者がキリストに対する信仰を告白するや否や、それは偽キリスト者の怒りを呼ぶからである。しかし、一体なぜ神はこのようなことをお許しになるのか。それは、「神がご自身の教会を鍛え、強めることをお望みだからである」。

しかし、オランダの黄金時代を特徴付けた外面上の安全と権利保全という文化的風潮の中で、この選びの第二の側面は必然的に忘れられていった。特に、オランダ一七世紀の後期宗教改革 (*Nadere Reformatie*) の中で、「追放、拘束、そして突然の亡命」[66] といった出来事は、信仰者の内面上、精神上のものと見なされ、そして何より個々人の経験に属するものと見なされるようになっていった。こうしてカルヴァンのような、「あらゆる時代、あらゆる地域でも迫害されるキリスト教会」という視点は失われていったのである。カルヴァンがパウロの「主はご自身のものをご存知であり、そこに封印されたもう」という言葉を強調したとき、彼はまるで自分の後継者たちが直面することになる危険を予知していたかのようであった。カルヴァンは言う。「選ばれた者たちの数が多いか少ないかを、私たち自身の見方で判断してはならない。なぜなら、何に封印がされたかは、閉じた本のごとく見えないままであることを神はお望みだからである。誰が神のものかを知るのは神のみであるなら、私たちが神のものである人の多数を大抵見ることができぬとしても不思議でないし、またそれが誰か知ろうとするにあたり、間違いを犯しても不思議ではない[67]」。

慰めとしての選び

ここで、私たちは選びの第三の側面に移ろう。選びの教理とは、この世に生きる無数の人間のためのものでなく、神の子らのためのものである。この教理は、その神の子らに対し、永遠なる公同の教会の内に用意された居場所を指し示す。そして、神の宝物室に永遠の昔からおさめられている、救いの宝に与る者とならしめるのである。この側面は、慰めとしての選びという、原初における神の恵みの行為に二重の意味で関係する。まず第一に、信仰者たちがこの世の誘惑に直面し己の弱さを感じたとき、彼らが心の底から欲する慰めというものがある。彼らは以下のことを知らねばならない。すなわち「肉は非常に弱いけれども、選びの確かさは揺るぎない。なぜなら、選びは私たち自身の強さではなく、神の内に据えられているからだ」[68]。神の内に据えられるとは、すなわち「キリストの内に、教会の主の内に」据えられることであり、すべての構成員が一つの頭によってつながるということである。その頭とはキリストであり、からだは教会である。私たちはキリストにあって、愛の内に選ばれている。「死者の中から最初に生まれた者」であるだけでなく、神の愛する御子であり、最初に選ばれた方であるキリストの内に。それゆえキリストこそ、私たちが選ばれていることを知るための、唯一無二の鏡なのである。このキリストにおける選びという概念は、カール・バルトが最初に発見したものでなく、ジュネーヴの宗教改革者カルヴァンが発見したものである。しかし、オットー・ヴェーバーは鋭くこう指摘する。「バルトは以上のことを疑問視しているが、彼はカルヴァンをよく知らないだけでなく、あまり好きでもない」[69]。

「私たちを召したもう神は信義に厚い方である」、「神は御手の内にある業をお忘れになることはない」。これら二つの文は、選びの教理を支える主要な柱について表現している。選びとは、救済にまつわるあらゆる不安を吹き飛ばす、神の誠実さの表出である。この選びという手段によって、カルヴァンは中世の伝統神学の総体のみならず、恩寵博士（*doctor gratiae*）と呼ばれたアウグスティヌスの教説の一部をも乗り越えてゆく。アウグスティヌスは、堅忍の賜物（*donum perseverantiae*）を、救済へ至る道の最後に加えられる、誰もはっきりとしたことを知ることはできない、不確実かつ付加的な恩恵と見なしたからである。私たちがいま扱っているのは、論ずるのに非常に慎重を要するテーマである。すなわち、選びに基礎を置く信仰の確実性についてである。近現代の宗派間対話の文脈の中で、これに関し語られてきたことはついぞなかった。トリエント公会議は、その義化に関する教令の中で、宗教改革側が「発見」した救いの確実性に関する教理に対し、はっきりと反対意見を表明している。すなわち、公会議はこの教理を異端者たちによる「虚しい確信」として斥けているのである。(70) そして第二バチカン公会議でも、この聖書に根拠を置かない異端宣告について、一点一画たりとも変更されることはなかった。実際、救いの確実性という教理は、贖宥、告解、読誦ミサをめぐる宗教実践の問題に対して、非常に深く広範囲に及ぶ影響を与え続けていくことになった。

このことについて、最も明瞭かつ簡潔に記述したのはユルゲン・モルトマンである。彼は一九五九年に、後に彼の『希望の神学』(*Theologie der Hoffnung*)の基礎を成すことになったいくつかの要素を、カルヴァン思想の中から抉り出した。「『予定説は、神の誠実さと信仰の堅忍を表現するのに役立つ』ということを人々が理解しない限り、カルヴァンの予定説は誤解の危険に晒され続ける」(71)。つまり、予定説のうちに存在するこれらの根本を明らかにしない限り、予定説に対する誤解は消え去ることがないのである。

ここで、予定説の内にある別の側面、すなわち信徒への励ましという面について指摘せねばならない。亡命者たちは新たに聖書の読み方を学ぶたび、また政治制度の上でも社会的にも根無し草であった彼らが神の導きのもとでヨーロッパ中を彷徨い、歴史の中を生き延びる術を身につけるよう強いられるたび、迫害か棄教かという選択肢しかない中でも生きてゆく勇気を「永遠の選び」という教理から与えられていた。このことは、たとえそれぞれの地下教会が壊滅的な打撃を蒙ったとしても、その都度非常に重要な意味を持ったのである。ここで私たちは、再び――もちろんのこと、ここで彼以外の手になる文章を読むことは考えられない――カルヴァンの文章を読んでみよう。以下は、彼の最もお気に入りの書(第二テモテ書)に対するカルヴァンの注解からの文章である。ここでは、他の教会員たちの尊敬を大いに集めていた人物が、迫害の恐怖に堪えきれず棄教してしまったとき、教会がどれだけ大きく動揺し、躓きの危険に直面したかが描かれている。このような時は、より深い支えが信仰に必要となる。「それこそ、パウロが『人間の移り気や不信仰をもってしても、神に対してその教会を終わりまで保ち続けることを止めさせることはできません』と述べた時、言いたかったことの本義です。……しかし神が良しとされた人々は、最後までそのまま残り続けるのです[72]」。

一九世紀の思想家による控えめな調子の論考において――アラード・ピアソンのように注意深い人物においてさえ――以上のような言葉は、それだけで宗教改革者カルヴァンへの信頼を完全に破壊せずに置かなかった。「どうしてこれほど簡単に、他人の棄教について判断できるというのか?」。問題はアラード・ピアソンが、最も激しく対立した相手であるはずのプロテスタントの論敵と共に、第三次宗教改革――迫害を受けた亡命者たちによる宗教改革――から自分たちを切り離した、文化的進歩というものに信頼を置いていたところにある。亡命の長い長い道のり――シュトラスブルクやジュネーヴからハイデルベルクやドルト、ライデンやユトレヒト、そして一九世紀におけるオランダ改革派教会の二度の大分裂(Secession, Doleantie)に至る――の間に、人々の思考は迫害から進歩へとその地平を移した。こうして、ある深い断絶が生まれた。それは、啓蒙主義やフランス革命によるのみならず、ヨーロッパ的キリスト教文明の宣教活動による輸出や、各国におけるキリスト教主義学校や大学の設立の結果でもある。

これに対しカルヴァンは、教会の受けた迫害という視点から聖書を読み解き、書簡、注解、説教を苦しみ悩む諸教会のために書き残した。その教会の信徒たちは、血と涙によってその眼を曇らされ、神の全能と誠実さを示す証しを見ることができなかった。自分自身の経験という反証を乗り越えてたった一つ彼らができたことは、以下の言葉にすがりつくことだけであった。すなわち、「主は誰がご自身のものであるか知っておられる。主はご自身の御手の内にある業を捨て去ることはない」。以上のような経緯を無視するならば、カルヴァンの選びに関する教理は嫌悪感をもよおすのみならず、冒瀆的であるとも言えるだろう。しかし迫害という経験の地平で見るなら、それは非常に大切な経験上の財産であり、いま迫害の下にある教会がこの経験を捨てるならば大きな損害を生まずにはおかない。そしてこの経験は、たとえ民主主義体制の権利保護のもとに生きられるときであっても、死なせてはならない。それは、私たちと子どもたちを来るべき危機に備えさせるために、是非とも受け継いでいかねばならないのである。なぜならカルヴァンがいみじくも戒めたとおり、十字架と迫害は真の教会につきものであり、たとえ迫害のない時代にあってもそれは真実だからである。「したがって、たとえ皆が同じ攻撃に直面し、同じ局面で争っているのでないとしても、全体から見れば彼らは同じ戦いに従軍しているのです(73)」。

カルヴァンの聖書主義

私たちはこれまで、事実を捻じ曲げぬようあらゆる努力を払いながら探索を続けてきた。しかしその道行きを振り返るなら、私たちはカルヴァンの神学的遺産の限界という点に関し、ある恐ろしく深い陥穽を、用心深く巧みに避けながら歩んできたようにも思われる。それは、アラード・ピアソンが指摘するところの、カルヴァンにおける「聖書の神格化(74)」という陥穽である。カルヴァンから現代の改革派の主流に至るまで、ある一連の思想の流れが存在すること、それが聖書主義的でありその意味で原理主義的でもあることについては、誰も否定できないであろう。そのことはまた、歴史批評的な方法論をとる近代聖書学が、改革諸教派に対し他の世界的な諸教派よりも激しい攻撃の矛先を向け続けてきた理由でもある。ギリシア正教・ロシア正教の二者は、どちらも古代教会的な合同教会会議へと閉じこもることが許された。一八七〇年以来、ローマ・カトリックは教皇の教導職における不可謬説に依拠することが許されているが、それは今やカトリック教会全体の教導職を不可謬とする説へと拡大されている。ルター派に至っては、近代聖書学の資料分析という考え方が登場するはるか以前から、キリストを証しするものであるか否かという基準によって聖書における「啓示の諸階層」を価値付けする、「キリストの教えを進めるもの」(*Was Christum treibet*)という詳細なガイドラインを保有していた。

カルヴィニズムの始まりは、この意味では考えうる限り最も都合の悪いものだったと言って良い。カルヴァン自身が、聖書は聖霊によって著されたものであり、「私たちは神に対する崇敬と同じくらいの崇敬を、聖書に対して払わねばならない。なぜなら聖書の唯一の源泉は神であり、そこに人間に由来するものは何一つ含まれないからだ」[75]と述べているのである。これらの言葉にはすでに、「楽園の喋る蛇」の実在を主張したオランダのアッセン（Assen）宗教会議[76]を経て今日に至るまで見られるものと共通の、聖書主義が明らかに見てとれる。アメリカでは、現代版の贖宥状販売人、いわゆるテレビ伝道師たちが、聖書根本主義に立って読むならば聖書がいかに大きな利益をもたらしうるかを喧伝してきた。彼らの神学には、実際のところ宗教改革やカルヴァンの遺した遺産はほとんど見られない。ただ一点、聖書崇拝について以外は。読者の諸兄姉に聞きたい、私の意見は間違っているだろうか。

法学者であったカルヴァンは同時にユマニストとなり、ユマニスト的志向をもつ法学者となった彼は同時に宗教改革者ともなった。前衛的ユマニストであったカルヴァンは、特にフランス法学に則り、「遺言書」（testament）の取り扱い方をモデルにして聖書の解釈理論を発展させた。この方法論の基礎には、遺言人の死後、遺言書の解釈においては自分勝手な解釈に頼ることは許されず、故人の意志というものに立ち返らねばならないという考え方がある。遺言人が作成した遺言書には、それを作成した人物と同じだけの権威が付与される。カルヴァンにとって、それは決定的に重要なポイントであった。「聖書を弄んではならない！」。聖書はそれ自体で権威を、神から与えられた権威を有する。というのも、聖書の書き手は神ご自身だからである。*dictate*（口述筆記させる）という言葉は、臨終の部屋と、死にゆく者の言葉に一字一句加えず、削り取ることもない忠実な公証人のイメージから生まれ出てきたものなのだ。

だが後期カルヴィニズムにおいては、このような歴史的背景やカルヴァンの職業的背景がもはや忘れ去られた結果、聖書は神の言葉を逐語的に書き取った神聖不可侵の法典となってしまった。聖書は神に由来するのみならず、神と同じ崇拝を文字どおり捧げるべき対象となったのである。この考えは、カルヴァンのテモテ書注解をドイツ語訳した文章にそのまま記されている。「私たちが聖書に対し、神に捧げるのと同じ崇拝を捧げることが、まず第一です[77]」。

しかし、もしカルヴァンが言うように聖書が神の不可謬の法律書であり、机に置いて適当にどの頁を開いても神の言葉を与えてくれるものだとしたら、どうして彼は、聖書のあらゆる頁に示されているはずの神の栄光が、ただ選ばれた人間においてのみ現されているとあれほどまで強調したのだろうか[78]。

この疑問に対する答えは、カルヴァン自身が与えてくれている。カルヴァンの著作の中に、今まで見落とされてきたように思われるキー・センテンス、改革派の伝統において何らかの事情で忘れ去られたキー・センテンスが存在するのである。カルヴァンによる第二テモテ書三章一五節への注解から引用しよう。まずパウロはこう述べる。「聖書はキリストにおける信仰を通じて、あなたを救いへと教え導くものです」。これについてカルヴァンは言う。「もし好奇心のみに駆られて、聖書を調べようとしたらどうなるだろう。もし律法の文字のみにかかずらわって、キリストを求めないとしたらどうなるだろう。もし聖書に相応しくない解釈でもって、その固有の意味を捻じ曲げようとしたらどうなるだろう。パウロが私たちに、聖書の中心であり総てであるキリストへの信仰を思い出させようとするのは尤もなことである。なぜなら聖書から直接に何が与えられるかは、ひとえにこの信仰の有無にかかっているからである[79]」。以後、聖書についてカルヴァンが述べようとすることのすべては、これらの中心命題から生じたものとなる。すなわち、「キリストこそ聖書のすべて」である。見よ、カルヴァンによるこのラテン語文の内に、ドイツ語で言うところの“Was Christum treibet”（キリストの教えを進めるもの）というルターの中心思想が隠されているのである！

だが、それだけで終わりではない。キリストの信仰は聖書の中心であり心臓であるが、それはただ選ばれた者のみが知ることができる事実である。なぜなら彼らの眼は、聖霊によってあらかじめ開かれているからである（*a spiritu sancto illuminati*）[80]。ルターは、すべての信徒を「聖徒」（*sancti*）と呼んだ。それに対しカルヴァンは、すべての信徒を「選ばれた者」と呼ぶ。もしカルヴァンの文章における「選ばれた者」をすべて「信徒」と解釈し直さないならば、現代人たる私たちにとって彼は躓きとなるだろう。逆に言うと、もし信徒の群れの中に選ばれた人々の姿を見る眼を再び養うことがなければ、教会も世界も、教会の交わりも己の信仰体験も、内面の苦悩も身体に加えられる迫害も、すべてが私たちにとって躓きになるだろうことをカルヴァンは確信していたのである。というのも神はその教会と選ばれた者、愛する交わりに試練を与えるが、にもかかわらず「私の手から、何人も彼らを奪い取ることはできない」(ヨハ一〇・二八)からだ。

カルヴァン主義者と言えども、トマス主義者がトマスに、あるいはスコトゥス主義者がドゥンス・スコトゥスに執着するのと同じようにカルヴァンに執着するわけではない。またルター主義者がその精神的父祖であるルターに関心を注ぐのと同じくらい、カルヴァンに関心を注ぐわけでもない。というのも彼らは「改革された」者たちであって、自分たちがカルヴァンにより、真のキリスト教的伝統の底流へと引き戻されてきた存在であることを知っているからである。さて私が二〇世紀で最も独創的な神学者の一人と考えるアーノルト・ファン・ルーラーは、「予定論支持者に相応しいふるまい」や「再生という救い」といった言葉を好んで用いる人物であった。彼に対し、アブラハム・カイパー以外の改革派神学者のうち最も偉大な者であった、かのH・F・コールブルッヘについてどう考えるか尋ねたとき、彼は短くこう答えた。「コールブルッへの神学は、まるで熱々の風呂のようなものだ。入るのはとても健康にいいが、あまり長く浸かってはいけない!」。私の思い違いでなければ、真のカルヴァン主義者はみな、ジャン・カルヴァンについてこれと全く同じイメージを抱いているのではないだろうか。とはいえ私なら、カルヴァンというこの熱いサウナに、もう少し長く入るべきだと彼らに勧めるところだが。しかしそうであったとしても、彼らはカルヴァンのおかげで教会がいつの時代、どの場所においても進むべき道を発見したなら、やがて自分たちの周囲にいるのは選ばれた証し人であり、そこではジュネーヴの改革者カルヴァンが力強く影響力のある、聖書に忠実なスポークスマンの地位を与えられていることがやがて分かってくるはずだ。

さて一五四六年二月一六日、ルターがアイスレーベンにて死去する二日前であるが、その日彼はある覚書きの締めくくりに、以下の有名な言葉を書き記した。「私たちは物乞いである。それはまことである（Hoc est verum）」。多くの著作をのこしたこの福音の証し人が、自らを「物乞い」と見なした最大の理由は以下の文章にある。「誰も『聖書を十分に理解した』などと言ってはならない。エリヤやエリシャ、洗礼者ヨハネ、イエス・キリスト、使徒たちと共に、数百年に渡って教会に貢献してきたというなら話は別だが」[81]。私はあえて、この貢献者のリストにジャン・カルヴァンの名を加えたいと思う。彼は離散した亡命者のための「説教者中の説教者」として、数百の教会に貢献した。秘められ隠されてはいるが確かに存在する選びの道があり、その道の上で物乞いする者たちをカルヴァンは励まし続けたのである。

カルヴァン的な視点から見れば、もしキリスト教におけるエキュメニカルな試みが、永遠なる神の愛に包まれて教会が歩んできた道に従うものでないなら、そこには何らの意味もないことになる。この道程を、今日の私たちは信仰者として更に歩んでゆかねばならない。自らが選ばれた者であることを自覚し、破滅や迫害、背教や苦悩を恐れることなく歩んでゆかねばならない。「物乞い」する信仰者は、地上の王と同じくらい幸福な存在である。カルヴァンについて論じてきたこの稿は、したがって以下の言葉で締め括られるべきだろう。「私たちは物乞いである。私たちは物乞いである（Nous sommes des gueux）。それはまことである（Hoc est verum）。私たちは打ち捨てられている。それはまことである」。

注

（1）Allard Pierson, *Onuitgegeven Manuscripten*（購買不可）、Introduction by J. L. Pierson（Amsterdam: P. N. van Kampen, 1919）, 202.

（2）この文章は注意深く記述された特徴的な言い回しをもつ。C. Augustijn, "kerk en godsdienst 1879-1890," in *De Doleantie van 1886 en haar geschiedenis*, ed. W. Bakker et al.（Kampen: Kok, 1986）, 40-75.

（3）Hugo Grotius, *Meletius, sive De iis quae Christianos convenient Epistola,* critical edition with translation, commentary, and introduction by Guillaume H. M. Posthumus Meyjes, Studies in the History of Church Theology 40 (Leiden: Brill, 1988).

（4）『エレミヤ書注解』二二章二八節。John Calvin, *Commentaries on the Book of the Prophet Jeremiah and the Lamentations*, trans. John Owen, 3 vols. (Edinburgh: Calvin Translation Society, 1850), vol. 1; reprint, Calvin's Commentaries, 22 vols. (Grand Rapids: Baker Book House, 1984), vol. 9, 123-134, lecture 84.

（5）『エレミヤ書注解』二〇章四七節。*Calvin's Commentaries*, vol. 10.

（6）以下に準拠する。W. F. Dankbaar, *Calvijn: Zijn weg en werk* (Nijkerk, The Netherlands: Callenbach, 1957), 215-217.

（7）André M. Hugo, Calvijn en Seneca: *Een inleidende studie van Calvijns Commentaar op Seneca, "De clementia," anno 1532* (Groningen: Wolters, 1957), 43-45.

（8）Jean Calvin, *Institutes of the Christian Religion*, ed. John T. McNeill, trans. Ford Lewis Battles, 2 vols. (Philadephia: Westminster Press, 1960), bk. 2, chap. 2. sec. 18.

（9）Abraham Kuyper, *Calvinism: Six Stone Foundation Lectures* (Grand Rapids, Mich.: Eerdmans, 1943), 40.

（10）Allard Pierson, *Studiën over Johannes Kalvijn, eerst reeks*, 1527-1536 (Amsterdam: P. N. van Kampen, 1881), 8.

（11）「信仰復興運動」（*Reveil*）は、オランダの福音主義的信仰復興運動によるヨーロッパ失地回復の顕れである。それは「スイスとイギリスの流れから直接生じ、最も恵まれ教育の高い人々へ訴えた」。James D. Bratt, *Dutch Calvinism in Modern America: A History of a Conservative Subculture*, trans. John Vriend (Grand Rapids: Eerdmans, 1984), 10; 10-13, 20, 29, 31, 44 参照。

（12）Pierson, *Johannes Kalvijn*, 12.

（13）*Responsio ad Sadoleti Epistolam* (1539); OS 1, 460.

（14）CR 79, 532.

（15）Ibid., 82, 5.

（16）*Epistola ad Genevates*: OS 1, 451.
（17）*Responsio ad Sadoleti Epistolam*（1539）; OS 1, 460.
（18）OS 1, 482.
（19）Ibid., 1, 485.
（20）OS 1, 482; *A Reformation Debate: Sadoleto's Letter to the Genevans and Calvin's Reply*, ed. John C. Olin（New York: Harper & Row, 1966）, 85.
（21）Otto Weber, *Die Treue Gottes in der Geschichte der Kirche*（Neukirchen-Vluyn: Neukirchener Verlag des Erziehungsvereins, 1968）.
（22）これらすべては、第二テサロニケ書二章六節、CR80, 199 のカルヴァンの解釈による。
（23）*Calvin's Commentaries*, on 2 Thess. 2:7; CR 80, 200.
（24）「チューリッヒ協定」は、主の晩餐に関して、カルヴァンとチューリッヒのツヴィングリの後継者であるハイリッヒ・ブリンガーによって結ばれたもの。スイスの改革派教会のために一致した信仰告白を提供しようと意図され妥結した。かなりの成果はあった。（DW）
（25）OS 1, 463; *Reformation Debate*, ed. Olin, 58.
（26）以下参照。Otto Weber, *Die Treue Gottes in der Geschichte der Kirche*, Gesammelte Aufsätze 2（Neukirchen-Vluyn: Neukirchener Verlag, 1968）, 59.
（27）OS 1, 463.
（28）Pierson, *Johannes Kalvijn*, 105.
（29）Umberto Eco, "In praise of Thomas Aquinas," *Wilson Quarterly*（fall 1986）, 78-87; taken over from *Travels in Hyperreality*（San Diego: Harcourt Brace Jovanovich, 1986）.
（30）Eco, "Thomas Aquinas," 83.
（31）一五七二年四月一日、オランダの「海乞食」に対し、スペイン軍司令官アルバは要塞化された市デン・ブリールの統制を失った。これはこの後、オランダがスペインの支配から自由を得る鍵となる出来事であった。ここからこの町の名前をもじって笑い話が生まれた。アルバは「眼鏡」（ブリル）を落とした、と。彼はじきに指揮官を失職した。

（32）参照。E. William Monter, *Calvin's Geneva*, New Dimensions in History: Historical Cities (New York: Wiley, 1967), esp. 139; Robert M. Kingdon, "The Deacons of the Reformed Church in Calvin's Geneva," in *Mélanges d'histoire du seizième siècle à Henri Meylan*, Travaux d'humanisme et renaissance 110 (Geneva: Librairie Droz, 1970), 81-87; William C. Innes, *Social Concern in Calvin's Geneva*, Pittsburgh Theological Monographs 7 (Allison Park, Pa.: Pickwick Publications, 1983), 103-120. キングドンの結論を見よ。「カルヴァンは幾つもの課題をこなしながらも、新しい制度を創設したのではなかった。むしろ彼は聖書から既存の社会活動の枠組みに宗教的根拠を提供したのである……別言すれば、カルヴァンは、執事職の議論に関してはジュネーヴで行われていた活動を見て、その制度を描き出したと思われる」。前著の八二、八七頁を参照。イネスは、神学的伝統の影響があると見ている。特にブツァーの『まことの魂の配慮によって』（*Von der wahren Seelsorge*, 一五三八年）など、一〇六頁参照。

（33）参照。*Extraits . . . Registres publiques de Genève par Jacques Flournois, 1522-1536, 137, published in Anthoine Fromment, Les Actes et Gestes merveilleux de la cité de Genève* (Geneva: I. G. Fick, 1854).

（34）A. A. van Schelven, *Kerkeraads-Protocollen der Nederduitse Vluchtelingen-Kerk te Londen, 1560-1563* (Amsterdam: J. Müller, 1921), 28. 一五六九—一五七一年の間にそれらはアブラハム・カイパーによって編集された。参照。*Kerkeraads-Protocollen der Hollandsche Gemeente te Londen, 1569-1571*, Werken der Marnix-Vereeniging, ser. 1, bk. 1 (Utrecht: Kemink, 1870).

（35）この言葉については、拙論を参照。*Die Reformation: Von Wittenberg nach Genf* (Göttingen: Vandenhoeck und Ruprecht, 1986), 296-299.

（36）CR 81, 273.

（37）Pierson, *Johannes Kalvijn, derde reeks*, 1540-1542 (1891), 160f.

（38）Ibid., 180.

（39）Ibid., 183.

（40）参照。Karsien Hendrik Boersema, *Allard Pierson: Eene Cultuur-Historische Studie*（'s-Gravenhage, the Netherlands: Martinus Nijhoff International, 1924）, 11; quoted by P. L. Schram, "Een huisvrouw uit het Réveil-Ida Pierson-Oyens, 1806-1860," in *Aspecten van bet Réveil: Opstellen ter gelegenheid van het vijftigjarig bestaan van de Stichting Het Réveil-Archief,* ed. Johannes van den Berg, P. L. Schram, and Simon Leendert Verheus（Kampen: Kok, 1980）, 224.

（41）Jan Romein, "Abraham Kuyper: De klokkenist der kleine luyden," in *Erflaters van onze beschaving: Nederlandse gestalten uit zes eeuwen,* ed. Jan Romein and Anna Romein-Verschoor（Amsterdam: HVO-Querido, 1938-1939; 9th ed., rev., Amsterdam: HVO-Querido, 1971）, 747-770.

（42）一七世紀のネーデルラント宗教改革は、キリスト教信仰と生活の主体的倫理的側面を強調する刷新運動であった。

（43）Stefan Zweig, *Castellio gegen Calvin: Oder ein Gewissen gegend di Gewalt*（Vienna: Herbert Reichner Verlag, 1936）; American ed: *The Right to Heresy: Castellio against Calvin*, trans. Eden and Cedar Paul（New York: Viking, 1964）. カステリョの著作に関しては、広範な文献表がある。Heinz Liebing, "Die Schriftenauslegung Sebastian Castellios," *Humanismus, Reformation, Konfessionen: Beiträge zur Kirchengeschichte*, ed. Heinz Liebing et al., Marburger theologische Studien 20（Marburg: Elwert, 1986）, 11-24を参照。引用文はEZを多少修正して用いている。

（44）Wilhelm Neuser, *Calvin*（Berlin: Walter de Gruyter, 1971）, 8a.

（45）*Calvin's New Testament Commentaries,* ed. T. H. L. Parker（Grand Rapids, Mich.: Eerdmans, 1964）, テモテ書簡については、三一四、三一五頁を参照。

（46）Ibid., 315.

（47）参照。例えば、ヨハン・ゲルハルト（Johann Gerhard）による、アウクスブルク信仰告白に署名するすべての人々についての証言の要約がある。"Evangelical ministers are the successors of the apostles," *Loci Theologici,* vol. 5（Berolini, 1867）, locus 22, 199, 3, p. 449; locus 23, 87, 2, p. 57.

（48）参照。Hans Scholl, *Reformation und Politik: Politische Ethik bei Luther, Calvin und den Frühhugenotten,*

Urban-Taschenbücher 616 (Stuttgart: Kohlhammer, 1976), 87-102.
(49) Ibid., 102.
(50) Ibid., 102.
(51) このように、真の民主主義的な体制のもとで、思想と集会の自由、組織し扇動する自由を強調する場合には、私たちの言葉には矛盾がないと感じるが、国家の転覆を目論むテロリズムを容認する要求は除外する。
(52) ドルト信仰基準は、諸国からの代表者を集めたドルトレヒト会議(一六一八―一六一九年)において、ネーデルラント改革派教会における教理的混乱を収拾するため公布された。この信仰基準は反レモンストラント派(カルヴァン主義者)の厳格な予定説を支持するものであった。会議では、レモンストラント派(アルミニウス派)を教会の職務から追放し、その教理を断罪するまでに至った(DW)。
(53) G. H. M. Posthumus Meyjes, *Verdrukking, vlucht en toevlucht: Het dagboek van Jean Migault over de geloofsvervolging onder Lodewijk XIV* (Kampen: Kok, 1985).
(54) Ibid., 53.
(55) Ibid., 55.
(56) *Calvin's New Testament Commentaries*, 344. CR 80, 396: "toto vitae curriculo nos eius manu regi, donec tota militia perfuncti, victoria potiamur."
(57) CR 80, 355.
(58) Iohannis Calvini, *Commentarius in epistolam Pauli ad Romanos*, ed. T. H. L. Parker, SHCT 22 (Leiden: E. J. Brill, 1981), 182, 69: "aeternum Dei consilium."
(59) *Calvin's New Testament Commentaries,* on Eph., 144.
(60) Ibid., 147.
(61) 註42を参照のこと。
(62) CR 80, 355. マタイ福音書一六章一八節(ウルガタ訳)を参照のこと。
(63) *Calvin's New Testament Commentaries,* on 2 Tim., 316.

(64) Ibid., 324.
(65) Ibid., on 2 Tim. 3:2
(66) Ibid., on 2 Tim. 3:12: "exilium, carcerem, fugam"; CR 80, 380も参照のこと。ただし語の順番に注意。
(67) 下線は筆者による。*Calvin's New Testament Commentaries,* on 2 Tim. 2:19, 316.
(68) Ibid.
(69) Karl Barth, *Church Dogmatics*, vol. 2, pt. 2（カール・バルト『教会教義学』第二巻第二部）; Otto Weber, *Die Treue Gottes in der Geschichte der Kirche*, Gesammelte Aufsätze 2, Beiträge zur Geschichte und Lehre der Reformierten Kirche 29 (Neukirchen-Vluyn: Neukirchener Verlag des Erziehungsvereins, 1968), 21. 実はカルヴァンの先駆者のうちで、ドゥンス・スコトゥスの名前を無視するわけにはいかない（しかしカルヴァンは、バルトがカルヴァンを高く評価しなかったのと同様、スコトゥスのことを評価しなかった）。この平行関係について調べるのは、有益なことだろうと思われる。
(70) Heinrich Denzinger, *The Sources of Catholic Dogma* (St. Louis: B. Herder, 1957), 253.
(71) Jürgen Moltmann, "Erwählung und Beharrung der Gläubigen," in *Calvin Studien 1959*, ed. Jürgen Moltmann (Neukirchen-Vluyn: Neukirchener Verlag des Erziehungsvereins, 1960), 43-61:50.
(72) *Calvin's New Testament Commentaries,* on 2 Tim. 2:19, 316-317.
(73) Ibid., on 2 Tim. 2:12, 327.
(74) Pierson, *Studien over Johannes Kalvijn*, 176.
(75) *Calvin's New Testament Commentaries,* on 2 Tim. 3:16, 330.
(76) 一九二六年に改革派の宗教会議が行われたアッセンでは、創世記三章の逐語的解釈が支持された。
(77) *Johannes Calvins Auslegung der Heiligen Schrift* (in deutscher Übersetzung), ed. Karl Müller, trans. Samuel Engels, Neukirchen z. j., Bd 10. (Leer, Ostfriesland: n.p., n.d.), 135.
(78) Ibid., 330.
(79) Ibid., 329.

（80）Ibid., 330.

（81）WAT [1919], Nr. 5468, 5.168.30-32: "Scripturas sanctas sciat se nemo degustasse satis, nisi centum annis cum Prophetis, ut Elia et Elisaeo, Ioanne Baptista, Christo en Apostolis Ecclesias gubernarit."

（野村　信・田上雅徳・鈴木昇司訳）

解説

金子晴勇

ハイコ・オーガスティヌス・オーバーマン（Heiko Augustinus Oberman）は一九三〇年にオランダに生まれた。オックスフォードで歴史学を学び、ユトレヒト大学で神学博士となり、八年間ハーヴァード大学で教えた。その間に『中世神学の秋』（*The Harvest of Medieval Theology*, 一九六三年）を出版する。次いで彼は一九六六年から一八年間テュービンゲン大学の教会史の教授と「後期中世・宗教改革研究所」の所長を務める。一九七七年に包括的な学術書『宗教改革の生成と評価』（*Werden und Wertung der Reformation*）を発表する。この書はその後『宗教改革の教師たち』として英訳された。一九八一年には『反ユダヤ主義のルーツ』が出版される。一九八二年には『ルター――神と悪魔との間に立つ人間』がドイツ語で出版され、一九八九年には英訳が出る。彼は晩年に再度アメリカに渡りアリゾナ大学で「中世・ルネサンス・宗教改革史」講座の教授として教えた。その他に宗教改革に関する幾つかの論文集があり、その中で『宗教改革――ヴィッテンベルクからジュネーヴへ』（*Die Reformation: Von Wittenberg nach Genf*）が学問的に注目すべき論文集である（英語版は『宗教改革――根源と支流』［*The Reformation: Roots and Ramification*, 一九九四年］である）。彼は二〇〇一年四月二二日末期がんで亡くなった。死後出版されたのが本書『二つの宗教改革』（*The Two Reformations*）である。

この略歴からも知られるように、彼は若くしてハーヴァード大学で教鞭をとり、ドイツのテュービンゲン大学の教授と同大学所属の研究所の所長となり、宗教改革研究の指導的な役割を果たした。また同世代にアメリカのイェール大学の教授オズメントは人間学の観点から新たにルター時代の神学思想の研究を多く発表した。それに対してオーバーマンはルターが登場する以前の一五世紀にさかのぼって中世後期の思想を研究し、本格的な歴史研究を精力的に続け、神学史的な観点からだけではなく、社会史的な視点も取り入れ、宗教がもつ国家形成への意味が探究され、中でも終始一貫して「新しい方法」（*via moderna*）として登場してきたノミナリズム（唯名論）の研究に焦点が縛られ、これまでよりもいっそう厳密に歴史のプロセスに即した研究を発表した。その中でもノミナリズムの「新しい方法」についての研究は本書でもかなり詳しく第二章で論じられているので、ここではノミナリズムの神秘主義について論じた初期の代表作『中世神学の秋』について紹介しておきたい。

『中世神学の秋』

オーバーマンの学問的な業績が最初高く評価されたのはその著作『中世神学の秋――ガブリエル・ビールと中世後期のノミナリズム』（*The Harvest of Medieval Theology: Gabriel Biel and Late Medieval Nominalism*, 一九六二年）である。これは同じくオランダ人のホイジンガの名著『中世の秋』とよく似た表題であるため、注目されるところとなった。オーバーマンはここで一五世紀の神学者ジェルソンとガブルエル・ビールの神学思想を検討した。これらの神学者たちはルターに多くの影響を与えたが、一般にはノミナリズムの影響を受けていた点だけが重視されていた。ところがオーバーマンは一五世紀のノミナリズムの中に豊かな神秘主義思想が認められることを初めて明らかにした。

現代ではルターと神秘主義の関係について研究も進んでおり、例えばフォーゲルザンク（E. Vogelsang）は、中世の神秘主義を類型的に区別すべきであると主張した。(1) このような指摘はルターと神秘主義との関係を肯定的に捉えるか否定的に捉えるかといった二者択一的な問題が誤りであって、ましてや神秘主義を汎神論と決めつける偏見から解放して、多角的な研究を導き出した。ところがこうした試みに対してオーバーマンはルターの義認論の背後にも神秘主義的な「拉致」(*raptus*)体験が潜んでおり、ノミナリズムの中にも神秘主義の影響が認められることを指摘した。ここに彼の研究の画期的な意義がある。(2)

今日では総じてスコラ神学と神秘主義は対立しているとは考えられない。しかし長いあいだオッカムによって再興されたノミナリズムと神秘主義とは正反対の立場に立つと想定されていた。(3)ところが一五世紀のノミナリズムにはジェルソンとビールで明らかなように、主意主義的なノミナリズムは「新しい信心」(*devotio moderna*)の運動の影響を受けている。この点がこれまでの研究において看過されていた。つまりノミナリズムがトマスの主知主義に立つ神の思弁を退けて、神の啓示を主意主義的に捉えており、意志における神との合一を神秘主義的に理解しているという根本的変化が看過されていた。

ルター自身の神秘主義についてもオーバーマンはその後に優れた論文を発表し、学会で注目された。それは「呻きと拉致との同時性」(simul gemitus et raptus)という論文である。ルターでは神秘的な「拉致」体験が人間の全存在を絶望に陥れる「呻き」と同時的に起こっている点が強調された。ここに神秘主義の脱自(*exstasis*)経験が神からの引き寄せる作用によって起こり、神のほうへと連れ去られる「拉致」(*raptus*)体験として与えられる。(4)この理解はきわめて優れたものであってオーバーマンの功績と見なすことができる。

ルター神学の研究

また、その他のルター研究でも彼は多くの成果を残した。それは何よりも『ルター——神と悪魔との間に立つ人間』に詳細に展開する。そこにはルターが日々悪魔と戦う姿が浮き彫りにされ、ここから生まれる終末論的見地の重要性が指摘された。そこにはルターの生涯の歩みで注目すべき青年時代の葛藤や教皇をサタンと見なす発言にサタンとの対決姿勢と終末論とが詳細に論究されている。当時の学会では悪魔論に関する研究が盛んであったが、それと一致してルターの戦いがサタンとの格闘であったことが全体を通して追究された。この点は本書第四章でも詳しく論じられているので省略する。さらにその後プロテスタント神学に関する歴史研究が、ドイツ語版と英語版で編集の相違もあるにしても、次々に発表された。それは彼の最後の著作となった本書『二つの宗教改革』においても継続されてきており、誠に傾聴に値する成果がここでも披瀝されている。

『二つの宗教改革』の解説

この書物は彼の最後の著作となったもので一〇章構成となっており、その注目すべき豊かな内容の大要をここでは主要点に限って簡潔に解説する。なお、この書はオーバーマンがその晩期におけるルターとカルヴァンに関する研究を死の直前にまとめたものであり、その出版を依頼された彼の友人たちによって註が統一的に整序され、引用されたラテン文に英語訳が付けられて出版されるようになった。(5)

第一章「嵐が発生する」

この論文は宗教改革の前史に当たる時代の特徴を総括的に説き明かしたものである。まず「一五世紀は、身重の婦人がわが子の誕生を前にした嵐の前の静けさと呼ぶことができよう、宗教改革と宗教戦争と革命という名の嵐である」(6)と説きはじめられる。この一五世紀は一六世紀のルターと宗教改革を準備して、新しいエポックと別世界を造るように導いた時代である。ここからドイツにおけるプロテスタントの歴史研究が起こり、レオポルト・フォン・ランケやベルント・メラーの著作に見られるように、ルターは「世界史上の大人物」として描かれた。しかし、この壮大な歴史観はそれに続く研究によって塗り替えられた。そこでオーバーマンはルネサンスと宗教改革の時代という「長い一五世紀」を考えるとき、それよりも短い「中世後期」という時代をこれまでに理解されたような一面的な偏見に対し複合的な視点から考察する必要があると言う。

この「中世後期」の複合的視点の第一に採用されたのが、二〇〇〇万人を超える死者をもたらしたペストである。先ず第一に指摘されるのは、ペストによって蹂躙された世界はもはやトマス・アクィナスの世界観では把握できず、ノミナリズムの恣意的な神と現実の直視による他には把握できないという点である。そして医療の次元のみならず、新しい経済と人口統計学上のシステムについても扱い、最後に、決定的に重要なことである思考と感情の新しい形態に取り組んでいく。つまりペストの予想不可能な発生と経過、またそれが原因不明であり、破壊的な影響を及ぼすことの理解には、ノミナリズムの思想が役立ち、それが中世後期の現実生活に見られる無秩序の経験と調和していた、と説かれる。このようなペストの経験は、一五世紀におけるノミナリズムの発展や、また神学から自然科学までのすべての分野におけるその革新を理解するために、さらにノミナリズムが学校や大学へと実り豊かに浸透していったことを理解するために、不可欠な要素となった。オーバーマンによると、ヨーロッパがそれまでに経験しなかったような最大の災害であったペストが過ぎ去り、そのもたらした結果と戦う懸命な努力の中で、新しい局面が必然的に起こってきた。中でも知的な生活の分野ではノミナリズムの「新しい方法」が、役立たない伝統的な思想と違って、一つの秩序を識別する手段を与えた。このことはペストばかりでなく、共同体と政治の領域でも言えるのであって、例えば失敗に終わったバーゼル公会議を耐えて生き残り、教会がその地域のレヴェルで組織できるように法的な基準を提供したことにも示される。さらに一般の分野で「新しい信心」と巡回説教の托鉢修道士が、狭い修道院生活を世俗の領域へ広げるように努めたことが明らかとなった。

このように中世後期のキリスト教社会は、効果的な危機管理に必要な活力と潜在能力のしるしをあらゆる面で見せていた。この観点から見ると「長い一五世紀」には、西暦一五〇〇年という年にこだわらなければ、中世と近世との連続性も認識され、エティエンヌ・ジルソンやヨーゼフ・ロルツ、あるいは一九世紀のプロテスタントの歴史家の研究によって示された特徴など存在しないことが判明する。このようにオーバーマンは、これまでの研究から見ると、傍流と見えるさまざまな視点から一五世紀を再検討する必要を訴える。引用された文献は、註を見るとわかるように多数に上り、広範囲の目配りに驚かされる。

第二章「ルターと新しい方法（*via moderna*）——宗教改革的転回の哲学的背景」

ここではノミナリズムの「新しい方法」が「古い方法」であるトマス・アクィナスの神学と哲学との階層的な調和に基づく哲学大系を批判したことが解明される。トマスでは哲学が神学に対して侍女の役割を負わされていたが、ルターでは哲学に対する神学の関係を再定義する運動が起こった。ノミナリズムの教育を受けた彼はこのことをトマス的な演繹法を捨て、事実認識から結論に導く帰納法を採用することによって行った。

オーバーマンはまずトマスの致命的な欠陥を突く。トマスはギリシア語もヘブライ語も知らないで、誤解を招くヴルガタを頼りにして出エジプト記三章一四節を「私はあるという者である」（ego sum, qui sum）と読んで、ここから存在の哲学を開始したところに欠陥がある。ルターは彼の訳になる聖書で「神はモーセに言った。私はなるであろうものになるであろう」と訳し、そこに意図された約束を守る契約の神を捉えた。トマスにとって神は最高存在であって、この箇所が神の存在を証明する「五つの論拠」の聖書的根拠となっていた。ここから天と教会と被造物の間に聖なる階層秩序が設定され、現世の文化は存在の構造の一部分であって、被造物と創造者の間には「存在の類比」というパイプが存在すると説かれた。こういった存在の哲学はアンセルムスを経てアウグスティヌスにまでさかのぼることができるが、聖フランチェスコの「主なる神」という思想の中に被造物が人格的に神と関わっている視点が見いだされる。ここにはこの人格的な神が世界に働きかけ、歴史の主となるというパラダイム〔共有された問題の解き方〕の転換がすでに起こっていた。それがボナヴェントゥラを経てスコトゥスとオッカムによる「新しい方法」の樹立に至る方向を採ったのである。

この存在の神から人格の神へのパラダイムの転換は、社会を根本的に再び秩序付けることを促した。こうして聖職位階制が崩壊し、国家と教会の関係のような社会的関係が根本的に改められた。またこの転換なしには「神の義」の発見といわれる宗教改革的転回は考えられない。そこには歴史の中で活動する人格としての神の発見、契約の神、義認の約束が立てられ、ルターによる神の義の発見と転換につながっている。

このパラダイムの転換には聖フランチェスコ派に属するスコトゥスの「神的受容」の教説や、契約の神に基づく歴史の理解が先行しており、オッカムのノミナリズムでは神の絶対的権能の主張が歴史の偶然性と神の歴史への奇跡的介入への道を拓いたことが指摘される。さらにノミナリズムの影響を評価するために、オーバーマンは異端尋問とそれに対する後期中世の挑戦を指摘する。ここには社会史の視点が加わり、北方人文主義と宗教改革の先駆となったヨハンネス・ヴェーゼルとヴェッセル・ガンスフォルトの思想がどのようにルターの出現に備えたかが考察される。この指摘はきわめて重要である(7)。

終わりにルターにおける哲学の意義についての結論を挙げておきたい。オーバーマンによるとルターのアリストテレス批判は全スコラ学に――「古い方法」にも「新しい方法」にも――反対した彼の生涯にわたる運動の礎石であったが、存在としての神から人格としての神へのパラダイムの転換の意義はきわめて深い。彼はこの点を「聖書の権威」、「約束あるいは契約の力」、「時の終わり」、「新しい方法」の四つの観点から考察し、ルターにおける哲学の意味を捉え直した。つまり理性は神の存在を捉えることができないが、終末の時に何が重要であるかを判断できる。したがって理性は不敬虔・悪・不正を批判すべきことを知っており、実践における倫理的な行動に関する知識をもっている。したがって「新しい方法」はルターに哲学的方向付けを与え、思想が行為へ変わったとき、また彼の「新しい方法」が宗教改革への方法へ変わったとき、案内者として、また目を開くものとして機能し続けた。だから格言「プディングの味見は、それを食することのうちにある」が妥当する。これはまことに経験に即した哲学に対する適切な評価と言えよう。

第三章「マルティン・ルター——獅子の洞窟の中の修道士」

初期ルターの神学については多くの優れた研究がこれまでなされてきた。それは宗教改革的転回と呼ばれる認識の開眼についてであったが、それがどのように宗教改革の神学を形成したかについても研究が進められてきた。例えば『第一回詩編講義』から『第二回詩編講義』に至る興味深い転回の有様が研究された。中でも注目すべきは聖書の語彙の研究であって、それがルターに宗教改革的認識をもたらした。そこにはノミナリズムの影響が大きく影響しており、ノミナリズムでは「言葉は解き放たれた」のスローガンによって伝統的な学問からの自立が謳歌された。こうして文献学や言語学の領域では学術用語を文脈の中で定義し、正確な表現や議論形式に改めることが要求されるようになった。またノミナリストと人文主義者との結びつきが生じ、両者は相互に影響し合うようになった。したがってルターを新しい発見に導いたのは聖書の語彙の探究であって、伝統的なスコラ学の思弁的な文法はもはや顧みられなかった。この伝統的なスコラ学にはアリストテレスが染み込んでおり、「アリストテレスは嘘つきだ」と言われるときには、彼の自然学が問題なのではなく、聖書を引用するさいに持ち出される彼の権威に向けられたのである。なぜなら聖書の言葉の意味を明らかにするのは、アリストテレスによってではなく、神が自らの語彙の意味を明らかにすることによるからである。だから誠実な解釈者は神の語り方に注意を向ける。このゆえにルターはロイヒリンの『ヘブライ語初歩』やエラスムスの『校訂新約聖書』を歓迎する。

ルターは「契約」・「誓約」・「約束」といった歴史的な行為に関する言葉を重要視し、神を不動の運動者とみなすアリストテレスに立脚する「存在の神学」から遠ざかる。こうしてノミナリズムの契約神学がどの程度ルターに影響しているかが研究された。また聖餐の制定語の解釈でルターはツヴィングリと論争したが、この契約の約束はツヴィングリが説く象徴ではなく、言葉によって神が働く現実なのである。要するに「神の義」の発見という一回限りの認識の出来事がすべてを解決したというのはロマンティックで非現実的である。現実にはルターは修道士として正しく生活しているのかどうかと「義」について迷い続けていた。そこでこの点が修道の「誓願」

をめぐってこの章の後半で詳論される。

第四章「宗教改革——終末、現代、未来」

「宗教改革」という言葉はヴィッテンベルクに始まるルターの精神運動を指しているが、それが複数形で語られる場合には彼以前・同時代・彼以後の対抗勢力を意味する。例えば彼の宗教改革はそれ以前の中世における宗教改革の計画に対しては「対抗改革」とも言えるからである。そこには「古い方法」と「新しい方法」との対立、その両者に所属している人たちの間における論争があり、その対立の有様は近代においても、現代においても継続して起こっている、とオーバーマンは考える。例えばドイツ観念論は古い方法の再生であり、それに対決する勢力としてキルケゴール、ニーチェ、バルトなどが挙げられ、二つの道の戦いの歴史は中世という時代が今日まで残存していることを告げる。

古い方法は新しい方法によって教育されたルターには中世の暗黒面であった。前者は頭の中だけで考えられた観念論であって、現実に即した多元論を退ける。だから前者の演繹法ではなく、後者の帰納法こそ現実を理解するのに必要である。

この論文ではオーバーマンは、ルターをその終末論から理解すべきであることを力説する。ルターに続く時代、つまり宗教改革が古プロテスタンティズムへの移行する時代はルターの信念が近代の期待へと変容する歴史である。例えばルターとカルヴァンとは改革に対して異なった教えを示した。カルヴァンのほうが理解しやすい。彼は家をもたない流浪者であって、終末が近いと感じて生きた。ところでルターにとってカトリック教会は悪魔の一味であったが、カルヴァンはキリストによる教会と教皇による教会という二つの教会を想定していた。これら二つの教会は相争って新しい世界への途上にあった。それに反しルターはエラスムスとカルヴァンが生きていたような近代の境目に生きていたのではなく、世の終わりと終末の日々を生きていた。つまりルターは現世の最終段階を生きていた。このことはルターが悪魔をリアルに体験していたことによっても判明する。世界の終わりは近い、だから改革はもはや人間によるのではなく、神の導きで実現される。それに対しエラスムスの人文主義とカルヴァンの改革は、新しい世界をめざして進展していった。ここにルターの思想とは歴然とした相違が認められる。

第五章「ルターからヒトラーへ」

ここでは「ルターの宗教改革がヒトラーへの道を備えた」という以前よく議論された問題が取り上げられる。だがそれは第二次世界大戦以後ではドイツの「反ユダヤ主義」つまり「ユダヤ人嫌い」がホロコーストの隠れた推進力だったという見解に代わった。確かにダニエル・ゴールドハーゲンの『ヒトラーの自発的死刑執行人たち』が問題となった。だがそのときにはルターに関する問題は何ら示されなかった。ところが、ホロコースト以後に生まれた人々のすべてに、集団的犯罪の烙印が押されるようになった。オーバーマンはその著作『ユダヤ主義のルーツ』で問題をルネサンスと宗教改革の時代に遡及して論じたが、それは、この感情が爆発する地雷原に踏み込むことによって、さまざまな伝説に包まれた物語を非神話化するためであった。さらに彼がその著書『ルター――神と悪魔の間の人間』（一九八九年）が出版されたとき、「史上最強の反ユダヤ主義者」という見出しの書評が出た。この書評での批判は、オーバーマンがこの本の第二部でようやくルターとユダヤ人について取り上げたこと、および批評者にとって予測した結論に行き着かなかったことが批判の的になった。

そこでオーバーマンはまず一つの原則を提示する。それはキリスト教が拡がったところには、キリストを殺害したかどで反ユダヤ主義の種が蒔かれ、この主義がどこでも芽生え、まるでヘビのように、絶えずその装いを変えて現れるということである。その上でその歴史が顧みられる。そこではルターが改宗したユダヤ人と非ユダヤ人（異邦人）を分けないで、教会の対等な構成員と考えた点が指摘される。それに対しエラスムスは洗礼によってはそれほどの効果がないと見なし、洗礼を受けたユダヤ人からは洗礼を受けないユダヤ人が多く生まれると言い放った。つまり彼にはユダヤ人はどう見てもユダヤ人でしかなかった。ところがエラスムスの忠実な支持者であったエックは、ルターのあら探しをして、ルターがユダヤ人に好意的であると攻撃した。そこでルターはユダヤ人がキリスト教会の敵であるという中世カトリック教会の信仰に依拠して、それを認めた。だが彼はユダヤ人に対する憎悪が福音によって克服され、洗礼の水で洗い去られると考えた。彼は伝統的な信仰の妥当性を聖書によって吟味することを要求したのに、一時的であったとしても中世教会のユダヤ人憎悪を承認した責任は重いと言わねばならない。これがオーバーマンの見解である。

続いて彼が主張するように、一般に言ってドイツでは改宗したユダヤ人がキリスト者として受け入れられていた。このドイツ人が示した寛容は認められなければならず、一九三三―四五年という第三帝国のナチス政権時代はそれと切り離して考えるべきである。むしろ問題となるのはそれに先立つ一〇年間における学問の指導者たちの責任である。その中でもマルティン・ハイデガーとエマヌエル・ヒルシュの責任は重く、彼らこそヒトラーのイデオロギーの実行者つまり「ヒトラーの自発的死刑執行人」を輩出したナチスのシンクタンクを創設した。これに対してオーバーマンは言明する「彼らに学者としてのふさわしい名誉が回復されたとしても、尊敬すべき人間性たる存在と見なされる資格は剝奪されている」(8)と。この判断は厳しいが妥当する傾聴すべき意見であると言えよう。

第六章「宗教改革時代の聖画像をめぐる論争」

エラスムスとその友人コレットはカンタベリーで大司教トマス・ベケットの立像が過度に崇敬されているのを目にし、そのような敬意はコレットにとって「忌むべきもの」で、撤去によって除去されるように考えたのに対し、エラスムスはそれが迷信であることに同意しつつも、「騒動を起こさずに」悪弊が取り除かれるように「忍耐する」ように考えた。ここから「撤去による改革」か、それとも「抑制と再教育による改革」かが英国教会を分裂させるに至った。この時代にはドイツでも、聖画像撤去の問題はカールシュタットによってヴィッテンベルクで起こり、それを解決するために、ルターは帰還し、改革は御言葉によって自分らが「眠っていたり、ビールを飲んでいる間に」実現されたと説いた。確かに聖画像問題は二次的意味しかなかったが、それが民衆に強い影響力をもっていたことが判明する。そこには宗教改革が「力によるのではなく、言葉によって」行われべきであることが示唆される。この事態をオーバーマンは「第二の宗教改革的転回」と呼んでいる。第一の転回はもちろん「塔の体験」と呼ばれる神の義に関する認識の開眼である。

ルターはパウロが信仰の弱い人のために偶像に捧げた犠牲を食することを控えたように、内面性を重んじる立場では、聖画像のような外的なものは隣人愛のために保持されるべきであった。だが一五二〇年代に入ると宗教改革の総体的計画が進行してゆき、「力ずくではなく、言葉によって」は、異なった武器による闘争、それどころか、依然として有効な唯一の武器である霊の武器による闘争を意味する。オーバーマンはこれをも「第二の宗教改革的転回」と呼ぶ。この時期にルターは有名な『コンスタンティヌスの寄進状』の権威に対するヴァッラの攻撃について学び、教皇こそ反キリストである、と考えるようになった。そのさい悪魔の仕業が神によって許され、カトリック教会の中心部が脅かされていると正しく評価することが重要であるとルターによって説かれた。

この時代に聖画像を初めて偶像と呼んだのはスイス人のケンネルバッハであって、彼によって聖画像は迷信から偶像に格上げされ、バアル礼拝と関連付けられた。教皇を反キリストと位置付けてからはルターはカトリックの遺産をローマ教皇制による奇形化から守ることになった。教皇とルターはリベカの体内で争った双子の兄弟に比せられたが、二つの教会の対立はカルヴァンによって教義として精密に練り上げられ、聖画像に対する禁令は改革派の信仰告白の中で確固として定められた。また次世代の宗教改革者ブリンガーは聖画像問題を聖餐問題と結び付け、「このパンはキリストのからだである」と言われるときの「である」は「意味する」であって、「そうすぎないとした。

でなければ、一人の人物の肖像画はその人でもある、ということになる」と言った。それゆえに聖画像は模造に

第七章「歴史的カルヴァンの回復を目指して」

この章からオーバーマンは宗教改革の第二の中心人物であるカルヴァンの研究に入る。冒頭には新手のシャンソンが「真実を説教するのはやめなさい、ミシェル師よ……」とフランス史の権威に向かって歌っているように、歴史の真実を把握することの困難さが予告される。実際、一世紀前にはカルヴァンとその運動は彼を中心にして物語られていたのに、現代では、カルヴァン像はすっかり変わり、シュテファン・ツヴァイクはカルヴァンを「ミカエル・セルヴェトゥスを処刑した傲岸な独裁者」として仕立上げ、ドイツ・ナチスの脅威を予示すると語られた。これに加えたアナール学派の経済社会史研究は文化史から経済史へ歴史解釈を転換させ、歴史的人物の研究よりも、個人を超えた長期にわたるプロセスの研究に向かうようになった。だが、それに参加することを拒否したホイジンガによれば、そのような試みは「全くの幻想で歴史の分野では因果律は限られた範囲でしか有効でない」と警告した。だが、この警告は忘れ去られてしまった。そこでオーバーマンは反撃に転じて、「個人ではなく〔社会経済史がめざす長期にわたる〕プロセスが歴史を作るなら、なぜジャン・カルヴァンのような歴史的人物を学ぶのか」(9)と問う。そこには人間による歴史への関与と人間の取り組む応答の世界が認められなければならないからである。

一九世紀の歴史研究は歴史的な個人の研究に集中し、歴史の意味を資料から見いだそうと徹底的に資料から歴史を学ぶ試みを進め、多くの校訂本からなる全集をいくつも生み出したのに、今ではそれが「歴史主義」という蔑視的表現をもって軽視される。こうした歴史研究の成果を現代の「問題から見る視点」が拒否した結果、歴史の狭い見方が生まれてしまった。このような観点から一六世紀研究がどのように変化してきたかが回顧され、ル

ターの研究が彼の発言と関係がないといった「仰天させられる結論」に達したことが示される。

カルヴァン研究は一九三〇年代にカルヴァン・ルネサンスを生み、彼の発言が重んじられたが、ボウスマのようにカルヴァンの「教会聖人」像を無視して、一貫性のない疑い深い不安にかられる人物像を捉えて、イコン破壊が行われた。だが、このイコン破壊によって初めてカルヴァンの実際の役割が見いだされることになるとオーバーマンは主張する。さらにカルヴァンを語るのはジュネーヴを語ることだとされたがゆえに、ジュネーヴの古文書の豊かさが皮肉にも真のカルヴァン像を捉えにくくさせている、とも言われる。ところがオーバーマンの最大の関心事はその都市にはなく、カルヴァンがその生涯の大部分をそこでも「亡命者」として過ごしたことに向けられる。もちろん彼が「都市の改革者」であることに変わりがないが、同時に彼は各都市の亡命者たちに働きかけている点が指摘される。

オーバーマンは歴史的カルヴァンの消失が「信条」をテーマとする研究がなくなったことに由来するとみなし、その研究史を辿って、ドイツの宗教改革との連携が明らかにされ、そこからカルヴァン主義はヨーロッパでの宗教改革の最初の出現となり、ヨーロッパの外では社会的・政治的な影響力を発揮した点が指摘される。さらに歴史の「偶然性」が指摘され、その数々の事実が示される。例えば対抗改革は「カトリック宗教改革」と考えられ、宗教改革と対抗改革の間には連携があって、今日のエキュメニズムにつながる点も指摘される。カルヴァンの世界はルターの宗教改革とは違って、対抗改革との関係なしには理解できない。これはこれまであまり顧みられなかった視点ではなかろうか。

第八章「ヨーロッパ宗教改革の新たな見取り図」

ここでは宗教改革の失敗ではなく成功の理由が最初に問われる。中世末期のキリスト教世界では教会改革が二つの方法で進められていた。一つは公会議主義の取り組みであり、もう一つは公会議主義を通り過ぎる道であった。コンスタンツ公会議は公会議の至高性を宣言したが、公会議主義者はすべて教皇主義者であった。しかも公会議主義を標榜する教皇主義者は減少しつつあった。その結果、教皇庁は公会議主義の破壊的な力を恐れ、ヴォルムスの国会以後トリエント公会議まで二五年間公会議を開催しなかった。その不満がドイツからヨーロッパ全土に改革運動を引き起こした。バーゼルの公会議では先の会議で決められた革新のプランを実現するに至らなかったが、ガリア教会を発展させる母体となった。ドイツでも「ゲルマン教会」が生まれ、皇帝との摩擦が生じた。公会議の計画は大きかったが、それは「非計画的な計画」にすぎなかった。それでも当時の事情を知るに役立つ。最大の難関は教皇抜きで成り立つカトリックを作り上げることであった。ルター自身は公会議主義者であった。万人祭司論や信仰義認論は叙階された聖職者を排除しなかった。だが彼の改革が生き延びたのは諸侯たちのおかげであって、選定侯の改革政策がなければ、改革の芽は剝ぎ取られてしまったであろう。したがって、もしルターが急進的な改革者たちに同意していたら、宗教改革の活力は失われ、その実現を見なかったであろう。そこには当時の世論を主導した都市のエリートの出現があった。その頃フランスではユグノーの最初の蜂起がおこっており、ルターのメッセージを強力に伝える人たちが登場してきたことをオーバーマンは指摘する。これこそ彼が重視する都市の亡命者たちの出現なのである。

第九章「最前線——亡命者の宗教改革」

カルヴァンが登場してくる時代にはドイツでの改革は失敗し、失望感が拡がっていた。その失敗の原因をオーバーマンは⑴神学上の不一致、⑵生活改善の失敗、⑶諸制度の廃止による民衆の信仰の弛緩、⑷諸侯による教会財産の没収の四つに帰している。それゆえユグノーを救うためのドイツからフランスへの道は実現しなかった。それに対しジュネーブからマドリードとパリを経てアントウェルペンに至る新しい地図がイギリスとオランダの勝利によって拓かれてきた。ここでは現世の悪と戦うカルヴァンの聖書的リアリズムと、改善と聖化の可能性を説くオプティミズムとが、結びついており、ここから改革に絶望ではなく、武器を取って戦う改革派の道が拓かれてくる。同じことが彼の予定説についても言えるとオーバーマンは考える。つまり彼の予定説は『キリスト教綱要』から神学体系の一部として組み立てるべきではなく、カルヴァンが「都市の改革」から「亡命者たちの改革」へと移行していった、経験の産物と見なすべきであると主張する。というのも予定説は信仰者に対する激励であって、不信仰者に対する運命の宣告ではないからである。それは最後まで耐え抜く希望を与えるものであった。この経験から作られた予定説がやがては教義となって市民としての権利にまで変貌していったのである。歴史の文脈に即して考察すると「われわれは、最初に本来のメッセージをその歴史的文脈の中で再創造しなければ、……ドイツにおける改革の始まりも、カルヴァン派によるその完成も正しく判断することができない[10]」とオーバーマンは主張する。

第一〇章「カルヴァンの遺産――その偉大さと限界」

最後に位置するこの大論文ではカルヴァンに対する総合評価がなされる。この総合評価は「彼の遺産についての貸借対照表を作成し、利益と負債を検討し、さらにそれを考慮し天秤にかけ、花崗岩と砂粒とを選り分ける」ことで行われる。そのさいオーバーマンが強調する第一の基本姿勢は歴史家らしく「カルヴァンの論敵や敵対者の発言を新たに聞くことなく一行たりとも論評したり、一つも大胆に判断しない[11]」ということである。そこでは神権政治・予定論・改革派の訓育・聖書主義が争点となる。とりわけオランダにおける激しいカルヴァン批判が採り上げられる。例えば有名なカルヴァン学者カイパーの好敵手である『ジャン・カルヴァン研究』の著者アラード・ピアソンの見解が詳しく紹介される。次に第二の基本姿勢として「問題の核心と考えられる点に直接向かう」ことが挙げられる。伝統的な解釈はカルヴァンが書いたことに焦点を合わせるが、現代の社会歴史学的研究はカルヴァンの動機・状況・聴衆について詳細に検証する。確かに予定説はこの社会心理学的な根源を見ないと把握できない格好の主題である。しかしこの教義は追放された亡命の体験によって理解できる信仰に属している。こうしてオーバーマンはカルヴァンの批判者たちの「実存的地平」を捉えてから、「私の出発点はカルヴァンのうちなる本質的な体験である」と明言する。

これに続いて「カルヴァンの生涯における主要な出来事」の略年譜が示される。なお、本論において討論される四つの主題についてそれを逐一説明するとあまりに長くなるので、ここではその主要点だけを紹介する。

(1) 公同教会の教父、世界全体のための包括的真理　「カルヴァンの遺産」について現代では二度ほど話題になった。カール・バルトとオランダにおけるカイパーとピアソンとの論争である。バルトはカルヴァンを使って近代神学を批判したが、そこでの解釈はこじつけにすぎない。カイパーはカルヴァンの遺産に忠実であろうとしたが、ピアソンはその遺産に疑念を懐いた。だが遺産に関する議論は決着を見ていない。そこでオーバーマンはその視点を次のように明確に提示する。「カルヴァンの膨大な作品に向かう鍵は、ジュネーヴの改革者自身にあり、彼の時代の特殊な環境の中に進展し、生き抜き、考え抜かれた真理を伝達し、人々を作り上げ、諸制度を立ち上げ、彼の影響下以外のどこにもないプロテスタント的文化を発展させた人の中にある」[12]。ここからカルヴィニズムの歴史の中で保たれた部分をどのように判断すべきかが問われる。

次にカルヴァンの内的な相貌が扱われる。カルヴァンはルターと同じく人文主義の技法である修辞学をもって訴えてくる。だからを修辞学を知らなくては『綱要』は読めない。この書で彼は法廷における検事のように聖書の証言によって告発するが、彼自身はその背後に隠れている。「私は自分を語るのを好まない」と彼は言うが、寡黙な人物像は描きにくい。ストア的に冷静であっても、そこには憐れみが加わっている。彼は学者であり、人生の教科書の作者でもあった。手紙でも聖書の注解でも、何百という説教でも自分のことは語らない。彼は自分自身を語ることを好まないが、教会というすべての信徒の交わりについては語ることを好む人である。またオーバーマンはカルヴァンの好みの言い回しからカルヴァン的なものを取り出そうとする。まず「隠れた」(secret)

と言う言葉が三つの重要な意味をもっている。次には「神の導き」という言葉が検討される。さらに「これからの生き方の省察」についても検討され、この世界と来世は神秘的であり、神の計画と堅く結ばれているので、「日々の成長」に対する楽観的な考えが認められる。

(2) 教会と訓育　カルヴァンは『綱要』の中で、真の教会が福音宣教とサクラメントの執行との二つのしるしによって認識されると語ったのに、多くの著作家たちは第三のしるしとして教会訓練を加えている。だがこれは教会のしるしではない。そこには深く根付いた誤ったカルヴァン観が認められ、これが事実を歪曲したと見なされる。カルヴァンはジュネーブにおける教会の形態は人々の行動を規制する規律を含んでいる、とよく言われるが、オーバーマンはそれによって「かろうじてよりよい教会の形態が現れるようになった」にすぎないと見なす。だが後にカルヴァンは教会の一目瞭然たる特質を求める要望に屈した。それゆえ、この教会訓練の問題はカルヴァンを受容するときに重大な誤りを生むことになった。

カルヴァンを嫌った理由としてピアソンはその保守的な性格を指摘したが、オーバーマンは教会の回復をめざすという意味で保守的なのであって、古い教会をそのまま維持するという意味ではない、と反論する。そこでカルヴァンの思想を決定し、かつ限界付けている四つの要因を挙げている。①第一の要因として彼の性格の特質が検討され、遺伝による性格の傾向では確かなことが言えないし、彼が短気となったのは、胃と胆嚢を患ってからである。ところがセルヴェトゥスに対する不安、ルターに対する愛好、アウグスティヌスに対する自己同一視、第二テモテ書に対する考えなどはどうしても説明がつかない。②第二の要因は少年カルヴァンの性格形成期であって、一四歳から一〇年に及ぶパリにおける学寮での生活である。同じ学寮で学んだエラスムスにスコトゥスの影響が認められるのと同じことがカルヴァンでも言える。というのはスコトゥスの議論を前提しないと、予定・義認・聖化の見解を統一的に理解できないからである。③第三の要因は特異な歴史的形態であって、それは「デモクラシーと専制政治の狭間に立つカルヴァン」として論じられる。カルヴァンは教会と都市を秩序付けるために一連の原則を立てたが、それはジュネーヴの状況を反映しており、当時の社会事情から考察される。④第四の要因は亡命者の宗教改革であって、これがカルヴァンと共に宗教改革の新しい段階ではじまった。その移行のプロセスの特質が考察され、予定の問題がこの視点から解明される。

(3)**カルヴァン——栄誉と忘却と中傷と**　ここではロッテルダムではない「アムステルダムのエラスムス」と称されたピアソンのカルヴァン攻撃がアムステルダム自由大学の観点から行われていた点が指摘され、この種の道徳主義が遠くオランダに栄えた「新しい敬虔」に由来することが指摘される。この道徳主義から歴史上有名なドナティストのように人間的欠陥のゆえにカルヴァンは信用できない男とみなすと説かれた点が摘出される。それに続いて「セルヴェトゥス事件」が「傷と汚名」の観点から考察される。そのさいシュテファン・ツヴァイクの著作『カステリョ対カルヴァン』に付けられた「権力とたたかう良心」という副題の視点からこの事件の意義が解明される。ここには宗教的寛容という問題が同時代の他の事件と比較して論じられており、注目すべき結論に達している。中でもパリの殉教者であったユグノーの法学者アンヌ・デュ・プールの裁判記録と比較してセルヴェトゥスの裁判が考察され、亡命の神学者カルヴァンの思想に忠実なデュ・プールの人間の権利をもとめる叫びと都市型の宗教改革者カルヴァンの異端者を癌腫瘍のように排除する態度とが結びつける「前代未聞の支離滅裂さ」を提示している事が結論として詳細に示される。ここにはオーバーマンの歴史家としての面目が見事に示されている。

(4)**選び——未来への途上にある信仰**　カルヴィニズムの核心部には予定説が認められる。しかし現代神学はこれをカルヴィニズムにおける欠陥と見なし、そこからカルヴィニズム全体が古臭いキリスト教の遺産であり、対話をしても意味のない相手と見なすようになった。オランダでもその教理は「神学上のがらくた」となった。だが宗教改革の第三期に当たる亡命者の宗教改革では予定説が特別な意味をもつようになった。それは彼らの存在を証しする身分証明書となった。その意義がまず亡命者が残した記録、すなわちストウムス・メイエスのオランダ語書籍『ジャン・ミゴーの日記――ルイ一四世治世下における宗教迫害』から明らかにされ、さらにカルヴァンの『第二テモテ書注解』から説き明かされた後、その教義の意義が(a)証としての選び、(b)教会の礎としての選び、(c)慰めとしての選び、(d)カルヴァンの聖書主義という四点から「信仰の遺産」として評価される。

最後にカルヴァンの神学的遺産の限界がピアソンが指摘する「聖書の神格化」として提示される。カルヴァンから今日の改革派に至るまでの思想の流れが聖書主義的であり、かつ、それが原理主義的であることは否定できない事実である。それゆえ現代の聖書学から批判されたが、そこには法学者でもありユマニストでもあったカルヴァンが「遺言書」を扱うように聖書を解釈し、「故人の意志」、つまり遺言書を作成した人物に決定的な権威を認め、聖書の書き手は神自身であるとし、一字一句も取り消してはならないとした基本姿勢がある。こうして聖書は不可謬であるとの逐語霊感説も出てくる。だがカルヴァン自身は第二テモテ書三章一五節の注解で「キリストこそ聖書の総てである」と説き、キリストに対する信仰は聖書の中心であるが、それは聖霊によって選ばれた者のみが知ることができると言う。これに対しオーバーマンは、ルターがすべての信徒を「聖徒」と呼んだのに対しカルヴァンは、すべての信徒を「選ばれた者」と呼ぶが、もし「選ばれた者」をすべて「信徒」と解釈し直さないならば、現代人にとって彼は躓きとなるだろう、と言明する。このように語った後で彼は最後にルターの臨終の言葉「私たちは物乞いだ。それは確かだ」を挙げて、カルヴァンも同じ信仰姿勢を堅持していたことを印象深く語る。

終わりに

オーバーマンはオックスフォードとハーヴァードで精神史家として準備した後に、テュービンゲンの「後期中世・宗教改革研究所」という資料の宝庫に辿り着いた。そこにある原資料を広く渉猟して宗教改革がいかに中世後期の状況に負っていたかを彼は歴史的な事実に基づいて解明した。こうして神学的に固定化されたルター像は悪魔との闘争から成る終末論的見地から再考され、カルヴァンでは都市を追放された亡命者としての実像に迫って研究された。したがってこの書物はルターとカルヴァンの新しい全体像を提示するというよりも、むしろその思想の根底にある土台の真実な姿を歴史的にはっきりと示しているところに意義があると思われる。

また予定説と関連して示されたオランダでの黄金時代の繁栄が、キリスト教の信仰を衰微させ、進歩的な傾向が逆に宗教経験の豊かな源泉を枯らしてしまった点が印象深く説かれた。事実、カルヴァンの選びの教理は、神の熱情と大きな恵みを説く聖書の教えに基づいたものである。それは苦悩と迫害の時代に再発見されたが、神による（選ばれなかった者の）拒絶という古臭い教理と一緒に論じられたがゆえに、神学者たちの穿鑿の的となり、信仰者たちの躓きの石となってしまった。だがオーバーマンが提示した結論は、マックス・ヴェーバーが『プロテスタンティズムの倫理と資本主義の精神』でイギリス社会における信仰の世俗化現象を捉えた思想と酷似しており、興味深い研究ともなっている。

私たちと同世代に属するオーバーマンのこの最後の論文集は、これまで積み重ねられた宗教改革の研究よりも歴史をいっそう深く掘り下げ、注目すべき考察を導き出している。それは私たちが今日研究を進めるのにあたって考慮すべき成果を収めている。この意味で本書は疑いの余地なく必読の書であるといえよう。

注

（1）E. Vogelsang, Luther und Mystik in: Luther-Jahrbuch, 1937.

（2）H. A. Oberman, The Harvest of Medieval Theology. Gabriel Biel and Late Medieval Nominalism, 1962; Die Bedeutung der Mystik von Meister Eckhart bis Martin Luther, in: Die Reformation. Von Wittenberg nach Genf, 1986, S. 32-04.

（3）例えばラインホルト・ゼーベルクは「まず最初に明らかなことは、ノミナリズムと神秘主義とが鋭く対立していたことである」と語る（Reinhold Seeberg, Lehrbuch der Dogmengeschichte, Bd. III, S. 675）。

（4）H. A. Oberman, Simul gemitus et raptus: Luther und die Mystik, in: "Kirche, Mystik, Heiligung und das Naturliche bei Luther," 1966, S. 20-59.

（5）「編者序文」本書六頁を参照。

（6）本書二三頁。

（7）その際、ガンスフォルトが贖宥の再検討に際してヘブライ語学者であったため聖書の語学的説明から議論を展開できたのに、ヴェーゼルは教会法と教皇の教令に逆らって議論したために、異端の宣告を受けた。だが両者とも「新しい方法」のノミナリストとして歴史に対する神の不思議な介入を主張したことはルターへの道を準備するものであった。

（8）本書一五九頁。

（9）本書一七九頁。

（10）本書二〇四頁。

（11）本書二〇七頁。

（12）本書二一七頁。

訳者あとがき

宗教改革五〇〇年記念に、日本ルター学会と日本カルヴァン研究会の協働で、両領域にわたる著名な研究者ハイコ・オーバーマンの本邦初訳書を出すことになった。彼が最後の力をふりしぼって取り組んだ遺作であり、内容的に当学会・研究会の共訳書にふさわしいものである。当今、宗教改革関係の研究者はそれぞれの課題を抱えていて、なかなか共同作業の足並みが揃わなかったが、共訳者として新たに加わってもらったり、若手研究者の竹下和亮氏、鈴木昇司氏に、それぞれ二人分担してもらったり、オーバーマンのかつての活躍の地（テュービンゲン）に留学中の木村あすか氏に、生き証人からの情報を手掛かりに、謎多い著者序文を訳してもらうなどして、完訳にたどり着くことができた。木村氏は全体の校正にも貢献した。解説は、早くよりオーバーマンを研究に取り入れてこられた金子晴勇先生にお願いした。このすぐれた解説によって、寄せ集められた訳稿全体が有機的に結びつけられ、本書が生命づけられたように思う。全体の翻訳担当者および担当箇所は、巻末の一覧に示されたとおりである。複数の訳稿の整理に、ルター関係では竹原創一が、カルヴァン関係では野村信氏があたった。訳語統一と索引作成に尽力くださった教文館出版部の髙木誠一氏に感謝いたします。

竹原創一

本書の第七章から第一〇章まで日本カルヴァン研究会が翻訳を担当した。この研究会の構成員は、アジア・カルヴァン学会日本支部の会員と重複しており、形式的には二つの会が合同して翻訳したことになるが、表記上、「日本カルヴァン研究会」の担当とする。

下訳の担当者を紹介しておこう。第七章「歴史的カルヴァンの回復を目指して」は久米あつみ（東京女子大学、帝京大学、元教授）、第八章「ヨーロッパ宗教改革の新たな見取り図」と第九章「最前線——亡命者たちの宗教改革」は竹下和亮（国際基督教大学アジア文化研究所研究員）、第一〇章の長論文「カルヴァンの遺産——その偉大さと限界」は野村信（東北学院大学教授）、田上雅徳（慶応義塾大学教授）、鈴木昇司（立教大学、早稲田大学非常勤講師）の三人で担当した。この下訳を基にして第七章から第一〇章までの全体をドイツ語版を参照して野村が校正した。注も野村が担当した。

さて内容について少し触れておきたい。本書の後半部のカルヴァンに関する諸論文は歴史学者・神学者オーバーマンの最晩年のものであり、その知識量と視野の広さは刮目に値する。既出の学説を言外に含みつつ論点を絞り、「亡命者カルヴァン」を浮き上がらせる。ルターとカルヴァンの神学的視点、社会学的地平の相違や、カルヴァンの国際性など、示唆に富んだ考察が随所に見られる。ドイツでもフランスでもなく、オランダという著者の立ち位置がまた絶妙と言えよう。ともあれ一文一文、吟味しながら読まざるを得ない濃い内容をもっており、英語版をぜひ脇に置いていただきたいが、同年に出版されたドイツ語版（かなりかみ砕いて訳している）を参照すると意味深長で、時に婉曲な表現がより明瞭になるであろう。

本年は、ルターによる宗教改革の五〇〇周年にあたるが、これを記念するにふさわしい一冊が邦訳されたと言えよう。日本における宗教改革研究がさらに前進することを願っている。

野村　信

事項索引

あ行

アウグスティヌス隠修修道会（Augustinian Hermits） 62, 162
アウグスティヌス厳修修道会（Augustinian Observants） 96, 106
アウグスティヌス主義者（Augustinian） 94
アウクスブルク仮信条協定（Augsburg Interim） 199
アウクスブルク宗教和議（Peace of Augusburg） 46, 150, 183, 200
アウクスブルク信仰告白（Confessio Augustana） 228, 276
新しい信心（*Devotio Moderna*） 34-39, 40, 43, 93, 250, 283, 285
新しい方法（*via moderna*） 30, 31, 43, 53-91, 124, 130-138, 282, 285, 286-287, 289, 302
『阿呆船』（*Ship of Fools*） 133
アムステルダム自由大学（Free University in Amsterdam） 248, 249, 299
アメリカン・ドリーム（American dream） 152
イエズス会 （Jesuits） 11, 40, 46, 149, 185, 186, 191
異端審問（Inquisition） 11, 24, 67-73, 119, 141, 252
印刷機の発明（Printing press, invention of） 42
ヴァイマール共和国（Weimar Republic） 135, 137, 138
ヴォルムスの勅令（Edict of Worms） 193, 195
栄光の神学（*theologia gloriae*） 65
英国教会（Anglican Church/English Church） 33, 34, 292
『黄金伝説』（*Legenda Aurea*） 107, 122
黄金の鎖（golden chain） 261
オランダ改革派教会（Dutch Reformed Church） 215, 267
オランダ後期宗教改革（Nadere Reformatie） 250, 264

か行

改革派宗教改革（Reformed Reformation） 135
隠れた働き（*arcana operatio*） 223, 224, 225, 226, 229
カトリック主義（Catholicism） 136, 145
神の義（*iustitia Dei*） 96, 287, 288, 292
ガリア教会（ecclesia Gallica） 193-194
ガリカニスム（Gallicanism） 193-194
カルヴァン学会（Calvin Research Congress） 180
カルヴァン・ルネサンス（Calvin renaissance） 180, 294
カルヴァン主義／カルヴィニズム（Calvinism） 46, 136, 147, 149, 150, 151, 177, 178, 181, 182, 183, 184, 185-186, 199, 201, 202, 214, 215, 216, 217, 228, 230, 231, 237, 242, 244, 245, 246, 247, 249, 250, 251, 255, 256, 261, 268, 269, 294, 297, 299
　都市型～（civic Calvinism） 182
観念論者（idealist） 131
義認（justification） 64, 66, 78, 96, 101, 125, 172, 234, 287, 298
教養（paideia） 55, 75, 102, 113, 137, 141
『ギリシア語新約聖書』（*Novum Instrumentum*） 95
『キリスト教綱要』（*Institutes*） 136, 203, 211-213, 215, 218, 219, 228, 238, 239, 242, 245, 258, 259, 296, 297, 298
『キリスト者の自由』（*De libertate Christiana*） 98

「キリストの教えを進めるもの」(Was Christum treibet) 268, 270
キリストの義 (iustitia Christi) 96
キリストの哲学 (philosophia Christi) 141
近代的敬虔 (Modern Devotion) 141
グレゴリウス的方法 (*via Gregorii*) 94, 115
啓蒙主義の哲学者たち (フィロゾーフ) (philosophes) 255
檄文事件 (Affair of the Placards) 194
公会議主義者 (conciliarists) 32, 75, 193, 195, 295
降臨 (Advent) 146
後近代 (postmodern) 139
国際的プロテスタンティズム (international Protestantism) 10, 101, 136
黒死病 (ペスト) 27, 28-31, 42, 43
心を高く上げて (sursum corda) 225
コンクラーヴェ (conclave) 148
コンスタンツ公会議 (Councils of Constance) 31, 32, 33, 36, 193, 295

さ行

再洗礼派 (Anabaptists) 11, 229, 255
再臨 (Parousia) 129, 146
サクラメント (Sacrament) 37, 66, 71, 78, 82, 108, 116, 148, 221, 226, 228, 231, 253, 298
「サドレへの返書」(*Reply to Sadoleto*) 212
三〇年戦争 (Thirty Years War) 136, 183
サン・バルテルミの大虐殺 (the Saint Bartholomew's Day Massacre) 178, 196, 244, 255
実在論者 (realist) 62, 131
自由意志 (free will) 147, 209, 234, 259
宗教改革的転回 (Reformation Breakthrough) 53-91, 92-96, 98, 109, 287, 288
「十字架の下の教会」(churches under the Cross) 201
『修道士の生涯』(*Liber Vitasfratrum*) 107, 122
『修道誓願についての判断』(*De votis monasticis iudicium*) 36, 72, 87, 88, 89, 90, 91, 97, 100, 101, 103, 107, 109, 111, 120, 128, 129, 167
宗派主義 (Confessionalization) 136
ジュネーヴ・アカデミー (Genevan Academy) 182, 213, 245
ジュネーヴの古文書 (Geneva archives) 181, 294
シュマルカルデン戦争 (Schmalkaldic War) 180
純正カルヴィニスト (gnesio-Calvinist) 229
『神学大全』(*Summa Theologiae*) 62, 66, 91
神学の侍女 (handmaiden of theology) 53, 286
信仰義認論 (Solifidianism) 96, 109, 169, 295
信条間アプローチ (interconfessional approach) 183
信条主義 (confessionalization) 182, 183, 185, 189, 190
神政政治 (theocracy) 207, 223, 224, 225
新プラトン主義 (Neoplatonism) 58
人文主義者 (Humanist) 67, 70, 108, 121, 142, 147, 155, 161, 211, 218, 233, 250, 288
真理の証人たち (*testes veritatis*) 92
スコラ神学 (scholastic theology) 94, 102, 111, 283
スコラ学 (Scholasticism) 63, 65, 69, 94, 112, 288
聖化 (sanctification) 141, 202, 235, 296, 298
聖餐 (Eucharist) 37, 38, 78, 96, 116, 148, 149, 150, 172, 195, 288, 292
聖書的ユマニスム (biblical humanism) 194
聖書のみ (*sola scriptura*) 73, 78, 80, 95, 109-114, 238, 262
『聖人の生涯』(*Vitas Patrum*) 107, 122
「生の飛躍」(élan vital) 251
絶対的権能 (*potentia absoluta*) 56, 66, 70, 72, 287
摂理 (providence) 127, 138, 151, 179, 246,

247
一般的な～（*providential generalis*）223
崇高な～（*providentia specialissima*）224, 226, 257
特別な～（*providential specialis*） 223
存在の類比（*analogia entis*） 286

た行

「第一回詩編講義」（*Dictata super Psalterium*, 1513-1516） 93, 288
対抗宗教改革（Counter Reformation） 11, 53, 130, 185, 186, 187, 184, 257, 262
「第二回詩編講義」（*Operationes in Psalmos*, 1519-1521） 81, 93, 98, 288
第二バチカン公会議（Second Vatican Council） 32, 266
地域的分割性（itio in partes） 183
「小さき人々」（little people） 250
『痴愚神礼讃』（*Stultitiae Laus*） 133
秩序的権能（*potentia ordinata*） 56, 66, 70, 72
「中間の道」（via madia） 194
テレビ伝道師（televangelist, television preacher） 269
天使教皇（an angelic papacy） 193
ドイツ観念論（German idealism） 135, 136, 289
ドイツ的人間性（Deutsche Humanität） 138
ドイツ農民虐殺（slaughter of the German peasants） 178
ドイツ農民戦争（the Peasants' Revolt） 196
ドイツの教師（Praeceptor Germaniae） 136
ドイツ歴史文献学（German historiography） 182
ドナティスト（Donatist） 250, 299
トマス主義（Thomism） 57, 67, 68, 74, 132
ドミニコ会（Dominican Order） 53, 74, 76
トリエント公会議（Council of Trent） 11, 33, 73, 113, 136, 185, 186, 193, 194, 199, 262, 265, 295
ドルトレヒト会議（Synod of Dordt） 14, 235, 237, 257, 277
ドレアンシ（Doleantie） 215, 216

な行

嘆きの運動（Doleantie） 215, 216, 249, 267
ナチス（Nazis） 12, 13, 55, 157, 158, 178, 293
ナント勅令廃止（revocation of the Edict of Nantes） 255, 258
ニコデモ派／ニコデモの徒（Nicodemites） 33, 183, 194
人間性（humanitas） 141, 147, 159
人間の全的堕落（total human depravity） 201, 202
農民戦争（Peasants' War） 25, 196, 197
ノミナリスト（nominalist） 29, 30, 62, 64, 67, 68, 72, 76, 93, 94, 134, 288, 302
ノミナリズム（Nominalism） 29, 30, 31, 55, 56, 57, 61, 65, 67, 68, 69, 78, 80, 81, 82, 83, 94, 115, 282, 283, 285, 286, 287, 288, 302

は行

バーゼル公会議（Councils of Basel） 31, 34, 43, 75, 193, 285
ハプスブルク家（Hapsburg） 9, 46, 180
反キリスト（Antichrist） 105, 118, 119, 142, 144, 145, 148, 149, 150, 168, 169-173, 292
反ユダヤ主義（Anti-Semitism） 3, 154, 155, 156, 157, 159, 246, 290
福音主義（Evangelicalism） 199
不動の動者（Unmoved Mover） 59, 79
フランシスコ会（Order of Friars Minor） 36, 57, 59, 64, 65, 75, 82, 90, 107, 108, 123, 125
古い方法（via antiqua） 57, 62, 67, 75, 77, 130-138, 286, 287, 289
プレモントレ会（*Praemonstratensian*） 106, 122
「ヘック・サンクタ」（Haec Sancta） 193
ペラギウス主義（Pelagianism） 56, 64, 261
ホイッグ党（Whig historians） 178

ホロコースト（Holocaust） 10, 154, 155, 290

ま行

マールブルク会談（Marburg Colloquy） 96
民族性（Volkstum） 135
モンテーギュ学寮（Collège Montaigu） 234

や行

ユグノー（Huguenots） 11, 33, 46, 185, 197, 200, 204, 213, 254, 258, 295, 299
ユグノー研究（Huguenot research） 181
よき文芸（bonae literae） 147
予定（predestination） 66, 201, 202, 203, 207, 209, 210, 234, 244, 245, 246, 247, 256-268, 271, 277, 296, 297, 298, 299, 301

ら行

ライプツィヒ論争（Disputation of Leipzig） 111
ラ＝マルシュ学寮（Collège de la Marche） 210, 234
ルターの事件（*causa Lutheri*） 93
ルター派的狭隘性（Lutherische Engführung） 180
リベルタン（libertine） 213, 240, 241, 253
歴史主義（Historismus） 179, 293
レモンストラント教会（Remonstrant church） 216
レモンストラント主義（Remonstrantism） 217

人名索引

ア行

アウグスティヌス（Augustine） 58, 98, 107, 116, 122, 155, 203, 233, 246, 261, 265, 286, 298
アリストテレス（Aristole） 30, 64, 77, 78, 81, 91, 94, 95, 102, 114, 235, 288
アルベルトゥス・マグヌス（Albertus Magnus） 62
アルノルディ，バルトロメウス（Arnoldi, Bartholomäus） 115
アンセルムス（聖）（Anselm, Saint） 58, 286
アントニオス（聖）（Anthony, Saint） 106-109
アントニヌス，フィレンツェの（Antoninus of Firence） 118
アンリ 4世（Henry IV） 184, 190
イェディン，フーベルト（Jedin, Hubert） 56
イグナティウス，ロヨラの（Ignatius of Loyola） 38, 234
ヒグマン，フランシス（Higman, Francis） 50, 181, 188
イザロー，エルヴィン（Iserloh, Erwin） 198
ヴァッラ，ロレンツォ（Valla, Lorenzo） 44, 118, 168, 174, 175, 292
ヴァンデル，フランソワ（Wendel, François） 235
ヴィンプフェリング，ヤコブ（Wimpfeling, Jacob） 75, 76, 77, 85
ヴェーバー，オットー （Weber, Otto） 180, 221, 265, 274, 278
ヴェーバー，マックス （Weber, Max） 301
ヴォルフ，エルンスト（Wolf, Ernst） 180
ウルバン，ヴォルフガング（Urban, Wolfgang） 114
エウゲニウス 4 世（Eugenius IV） 32
エーコ，ウンベルト（Eco, Umberto） 235, 236, 237
エコランパディウス，ヨハネス（Oecolampadius, Johannes） 115, 244
エック，ヨハン（Eck, Johannes） 156, 291
エーベリング，ゲルハルト（Ebeling, Gerhard） 92
エラスムス，デジデリウス（Erasmus, Desiderius） 36, 38, 44, 45, 55, 58, 77, 79, 95, 125, 133, 140, 141, 142, 143, 144, 147, 155, 156, 160, 161, 162, 165, 166, 167, 172, 187, 196, 197, 198, 209, 234, 235, 288, 289, 290, 291, 292, 298
エラート，ヴェルナー（Elert, Werner） 14, 24
エルム，カスパー（Elm, Kasper） 35, 40, 41
オズメント，スティーヴン（Ozment, Steven） 37, 93, 282
オッカム，ウィリアム（Occam, William） 53, 57, 60, 61, 63, 65, 66, 82, 93, 283, 286, 287
オットー，ルドルフ（Otto, Rudolf） 221

カ行

カイパー，アブラハム（Kuyper, Abraham） 6, 208, 209, 215, 216, 217, 250, 251, 271, 275, 296, 297
カステリョ，セバスティアヌス（Castellio, Sebastian） 178, 187, 212, 213, 251, 254, 276, 299
カピト，ヴォルフガング（Capito, Wolfgang） 104, 105, 128, 149, 239
カプレオルス，ヨハネス（Capreolus, Johannes） 62
カルヴァン，ジャン（Calvin, John） 3, 4,

6, 14, 33, 38, 79, 135, 136, 139, 140, 141, 142, 143, 144, 147, 148, 149, 150, 151, 171, 172, 177-279, 284, 289, 290, 292, 293-301
カール五世（Charles V） 34, 126, 180, 194
ガンスフォルト，ヴェッセル（Gansfort, Wessel） 30, 38, 44, 67, 68, 69, 70, 76, 77, 119, 287, 302
キュング，ハンス（Küng, Hans） 32, 56
ギュンター，ヴォルフガング（Günter, Wolfgang） 119
キングドン，ロバート（Kingdom, Robert） 181, 275
クザーヌス，ニコラウス（Cusanus, Nicolaus） 32, 118
グラウス，フランチェク（Graus, Frantisek） 179
グラティウス，オルトヴィン（Gratius, Ortwin） 74, 75, 76, 89
キルケゴール，ゼーレン（Kierkegaard, Søren） 132, 289
クルーツィガー，カスパー（Cruciger, Kaspar） 128
グレゴリウス，リミニの（Gregory of Rimini） 53, 61, 66, 93, 94, 115
クレンコック，ヨハネス（Klenkok, Johannes） 115
グロティウス，フーゴ（Grotius, Hugo） 209
コップ，ニコラ（Cop, Nicolas） 211
コッホレウス，ヨハネス（Cochlaeus, Johannes） 74, 76, 77
ゴマルス，フランシスクス（Gomarus, Franciscus） 237
ゴールドハーゲン，ダニエル（Goldhagen, Daniel） 155, 290
コールブルッヘ，ヘルマン・フリードリヒ（Kohlbrugge, Hermann Friedrich） 271
コールンヘルト，ディルク（Coornhert, Dirck） 213, 254

サ行

サムエル（Samuel） 249
ジェルソン，ジャン（Gerson, Jan） 36, 63, 93, 282, 283
シャッツガイアー，カスパー（Schatzgeyer, Caspar） 119
シュタインメッツ，デイヴィッド（Steinmetz, David） 92
シュタウピッツ，ヨハネス・フォン（Staupitz, Johannes von） 63, 80, 107, 119, 122
シュパラティン，ゲオルク（Spalatin, Georg） 118, 128, 129, 168
シュライアマハー，フリードリヒ（Schleiermacher, Friedrich） 57
シュルツ，マンフレート（Schulze, Manfred） 195
ジョヴァンニ，カペストラーノの（Giovanni da Capistrano） 40, 41, 42
シリング，ハインツ（Schilling, Heinz） 25, 26, 47, 48, 136, 182, 189, 190
セルヴェトゥス，ミカエル（Servetus, Michael） 178, 233, 249, 251-256, 293, 299

タ行

ダイイ，ピエール（d'Ailly, Pierre） 31, 53, 61, 66, 86, 93
ツヴァイク，シュテファン（Zweig, Stefan） 178, 187, 207, 251, 252, 254, 293, 299
ツヴィングリ，フルドリヒ（Zwingli, Huldreich） 38, 44, 78, 96, 167, 170, 171, 172, 173, 244, 246, 247, 257, 274, 288
ツムケラー，アドラー（Zumkeller, Adolar） 114
ディオニュシオス・ホ・アレオパギテース（Dionysios ho Areopagites） 58, 174
デニフレ，ハインリヒ（Denifle, Heinrich） 55, 56, 78, 82, 116
デュ・ティイエ，ルイ（du Tillet, Louis） 211
デュ・ブール，アン（Du Bourg, Anne） 254, 255
ドゥンス・スコトゥス（Duns Scotus） 30, 59, 60, 62, 63, 64, 66, 234, 235, 236, 237,

257, 261, 271, 278, 286, 287, 298
トマス・アクィナス（Thomas Aquinas）
29, 30, 47, 54, 57-65, 66, 67, 69, 77, 91, 235, 236, 237, 257, 261, 271, 283, 285, 286
トマス・ア・ケンピス（Thomas à Kempis）
37, 38
トルトフェッター，ヨドクス（Trutfetter, Jodocus） 78, 94, 95, 96

ナ行

ニーチェ，フリードリヒ・ヴィルヘルム（Nietzsche, Friedrich Wilhelm） 132, 289
ノイザー，ヴィルヘルム（Neuser, Wilhelm） 252
ノックス，ジョン（Knox, John） 251

ハ行

ハイデガー，マルティン（Heidegger, Martin） 134, 135, 158, 159, 291
バイヤー，オスヴァルト（Bayer, Oswald）
115
パウロ（Paul） 79, 101, 102, 110, 111, 112, 143, 144, 166, 173, 215, 252, 259, 260, 261, 262, 263, 264, 266, 270, 292
ハム，ベルント（Hamm, Berndt） 24, 63, 78, 82, 93, 116, 171
ハーリー，デイヴィッド（Herlihy, David）
28, 29, 30, 49
バルト，カール（Barth, Karl） 57, 132, 180, 214, 265, 278, 289, 297
ハンマー，ゲルハルト（Hammer, Gerhard）
123
ピアソン，アラード（Pierson, Allard）
208, 209, 216, 217, 230, 248, 249, 250, 251, 267, 268, 296, 297, 298, 299, 300
ピウス2世（Pius II） 32
ピウス9世（Pius IX） 155
ビスマルク，オットー・フォン（Bismarck, Otto von） 45, 46
ヒトラー，アドルフ（Hitler, Adolf） 13, 24, 127, 135, 138, 152, 154-160, 180, 241, 251, 290-291
ビール，ガブリエル（Biel, Gabriel） 53, 64, 93, 282, 283
ビュデ，ギヨーム（Budé, Guillaume） 140
ビュール，イドレット・ド（Bure, Idelette de） 212
ヒルシュ，エマヌエル（Hirsch, Emanuel）
14, 24, 127, 128, 138, 159, 291
ファソルト，コンスタンティン（Fasolt, Constantin） 63, 64
ファレル，ギヨーム（Farel, Guillaume）
181, 187, 204, 211, 233
フェーヴル，リュシアン（Febvre, Lucien）
178
フェルクルイッセ，ヨース（Vercruysse, Jos） 56
フッテン，ウルリヒ・フォン（Hutten, Ulrich von） 118, 168, 175
ランケ，レオポルト・フォン（Ranke, Leopord von） 23, 284
ブツァー，マルティン（Bucer, Martin）
104, 105, 145, 149, 172, 203, 239, 244, 245, 275
フライマイアー，ジョン（Frymire, John）
126
フラッシュ，クルト（Flasch, Kurt） 56
フランチェスコ，アッシジの（聖）
（Francis of Assisi, Saint） 59, 65-67, 72, 79, 74, 106-109, 123, 286, 287
ブラント，セバスティアン（Brant, Sebastian） 133
プリエリアス，シルヴェステル（Prierias, Silverster） 44, 45, 74
ブリックレ，ペーター（Blickle, Peter）
171, 196
ブリンガー，ハインリヒ（Bullinger, Heinrich） 38, 39, 170, 172, 212, 274, 292
ブルガー，クリストフ（Burger, Christoph）
93
ブルーメンベルク，ハンス（Blumenberg, Hans） 56, 83
ブルンナー，エーミル（Brunner, Emil）
180
ブレイディ，トマス・A.（Brady, Thomas

A.)　7, 25, 45, 46, 180, 181
プレウス，サムエル（Preus, Samuel）　92
ブレヒト，マルティン（Brecht, Martin）　92, 104
ブロック，マルク（Bloch, Marc）　178
フローテ，ヘールト（Groote, Geert）　36, 37, 38
プロプスト，ヤコプ（Propst, Jakob）　90
ベーズ，テオドール（Beza, Theodore）　185, 186, 251
ヘック，ヤコプ（Hoek, Jacob）　44, 67
ペッシュ，オットー・ヘルマン（Pesch, Otto Hermann）　56, 117
ヘップル，ハロー（Höpfl, Harro）　181
ペトロ（Peter）　101, 102, 110, 111, 143, 144, 193
ベネディクト，フィリップ（Benedict, Philip）　181, 202
ヘラー，ヘンリー（Heller, Henry）　181
ペラン，アミ（Perrin, Ami）　207, 240
ベルナルディーノ，シエナの（Bernardino da Siena）　40, 41, 42
ベルナルドゥス，クレルヴォーの（Bernard of Clairvaux）　63, 72, 106, 108, 123
ベンラート，グスタフ・アドルフ（Benrath, Gustav Adolph）　72
ヘンリー 8 世（Henry VIII）　34, 194, 197
ホイジンガ，ヨハン（Huizinga, Johan）　178, 179, 282, 293
ボイマー，レミギウス（Bäumer, Remigius）　56
ボウスマ，ウィリアム・J.（Bouwsma, William J.）　181, 294
ポスト，レグナルス・R.（Post, Regnerus R.）　35
ボナヴェントゥラ（聖）（Bonaventura, Saint）　53, 59, 60, 63, 65, 84, 86, 286
ホーホストラーテン，ヤコプ・ファン（Hoogstraeten, Jakob van）　44, 74
ホル，カール（Holl, Karl）　14, 23, 24
ボルンカム，ハインリヒ（Bornkamm, Heinrich）　92

マ行

マテジウス，ヨハネス（Mathesius, Johannes）　120
マルシリウス，インゲンの（Marsilius of Inghen）　61, 66
マンス，ペーター（Manns, Peter）　56
メランヒトン，フィリップ（Melanchthon, Philipp）　70, 136, 145, 163
モルトマン，ユルゲン（Moltmann, Jürgen）　266
モンター，ウィリアム（Monter, William）　181

ヤ行

ユリウス 2 世（Julius II）　142
ユリウス 3 世（Julius III）　184
ユンゲル，エーバハルト（Jüngel, Eberhard）　57
ヨアネス，パルツの（Johannes of Paltz）　71
ヨーハン，ヴェーゼルの（John of Wesel）　67, 68, 69, 70, 76, 91
ヨルダン，クヴェトリンブルクの（Jordan of Quedlinburg）　107

ラ行

ラブレー，フランソワ（Rabelais, François）　234
ラング，ヨハン（Lang, Johann）　114
ランツベルク，ヨハン・ユストゥス（Landsberg , Johann Jusutus）　125, 126
リッター，ゲアハルト（Ritter, Gerhard）　69, 70, 71
ルイ13世（Louis XIII）　186
ルイ14世（Louis XIV）　185, 186, 258, 300
ルッセル，ベルナール（Roussel, Bernard）　181
ルフェーブル・デタープル，ジャーク（Lefèvre d'Etaples, Jacques）　58, 140
ルーラー，アーノルト・ファン（Ruler, Arnold A. van）　216
ロイヒリン，ヨハネス（Reuchlin, Johannes）　271
ローゼ，ベルンハルト（Lohse, Bernhard）

119
ロッハー，ゴットフリート・W.（Locher, Gottfried W.） 180
ロートフェルス，ハンス（Rothfels, Hans） 158, 159
ロメイン，ヤン（Romein, Jan） 250
ロルツ，ヨーゼフ（Lortz, Joseph） 24, 43, 55, 56, 69, 83, 285
ローレンツ，ルードルフ（Lorenz, Rudolph） 56

翻訳者・執筆者一覧

編者序文 ……………………………………………………………………竹原創一訳
著者序文　読後焼却のこと ……………………………………………木村あすか訳
第１章　嵐が発生する ……………………………………江口再起・湯川郁子訳
第２章　ルターと新しい方法（*via moderna*）………………………竹原創一訳
第３章　マルティン・ルター ……………………………………………村上みか訳
第４章　宗教改革 …………………………………………………………菱刈晃夫訳
第５章　ルターからヒトラーへ …………………………………………宮庄哲夫訳
第６章　宗教改革時代の聖画像をめぐる論争 ……………………………鈴木 浩訳
第７章　歴史的カルヴァンの回復を目指して …………………久米あつみ訳
第８章　ヨーロッパ宗教改革の新たな見取り図 ……………………竹下和亮訳
第９章　最前線 ……………………………………………………………竹下和亮訳
第10章　カルヴァンの遺産 …………………野村 信・田上雅徳・鈴木昇司訳
解説 ……………………………………………………………………………金子晴勇
訳者あとがき ………………………………………………竹原創一・野村 信

菱刈晃夫（ひしかり・てるお）
1967年生まれ。現在，国士舘大学文学部教授。
著訳書　『ルターとメランヒトンの教育思想研究序説』（溪水社，2001年），M. H. ユング『メランヒトンとその時代――ドイツの教師の生涯』（知泉書館，2012年）ほか。

宮庄哲夫（みやしょう・てつお）
1945年生まれ。現在，NCC宗教研究所所長，同志社大学名誉教授。
著訳書　『倫理思想の世界』（共著，晃陽書房，1996年），A. カールシュタット「キリスト教教理の主要条項についての主張」（『宗教改革著作集７』教文館，1984年所収）ほか。

村上みか（むらかみ・みか）
1961年生まれ。現在，同志社大学神学部教授。
著書　『ヨーロッパ宗教改革の連携と断絶』（共著，教文館，2009年），『牧師とは何か』（共著，日本基督教団出版局，2013年）ほか。

湯川郁子（ゆかわ・いくこ）
1947年生まれ。現在，ルーテル学院大学附属ルター研究所研究員。
訳書　M. ルター『慰めと励ましの言葉――マルティン・ルターによる一日一章』（教文館，1998年），S. ポールソン『はじめてのルター』（教文館，2008年）ほか。

[執筆者・訳者略歴]（あいうえお順）

江口再起（えぐち・さいき）

1947年生まれ。現在，ルーテル学院大学および日本ルーテル神学校教授。

著書　『神の仮面――ルターと現代世界』（リトン，2009年）ほか。

金子晴勇（かねこ・はるお）

1932年生まれ。現在，岡山大学名誉教授，聖学院大学総合研究所名誉教授。

著書　『ルターの人間学』（創文社，1975年），『宗教改革者たちの信仰』（教文館，2017年）ほか。

木村あすか（きむら・あすか）

1974年生まれ。現在，テュービンゲン大学プロテスタント神学部博士課程在籍。

訳書　M. H. ユング『宗教改革を生きた人々』（共訳，知泉書館，2017年）。

久米あつみ（くめ・あつみ）

1933年生まれ。現在，ひこばえ幼稚園主事。

著訳書　『カルヴァンとユマニスム』（御茶の水書房，1997年），J. カルヴァン『キリスト教綱要　1536年版』（教文館，2000年）ほか。

鈴木昇司（すずき・しょうじ）

1975年生まれ。現在，立教大学・早稲田大学兼任講師。

著訳書　『新たな一歩を――カルヴァン生誕500年記念論集』（共著，キリスト新聞社，2009年），F. W. グラーフ『キリスト教の主要神学者　上――テルトゥリアヌスからカルヴァンまで』（共訳，教文館，2014年）。

鈴木 浩（すずき・ひろし）

1945年生まれ。現在，ルーテル学院大学非常勤講師，ルター研究所所長。

訳書　J. ペリカン『キリスト教の伝統』（全５巻，教文館，2006－2008年），『ルター著作選集』（共著，教文館，2005年）ほか。

竹下和亮（たけした・かずあき）

1972年生まれ。現在，国際基督教大学アジア文化研究所研究員。

著訳書　「カルヴァンの語彙」『アジア文化研究』（国際基督教大学アジア文化研究所，38号，2012年），J. カルヴァン「サドレへの返書」久米あつみ編『カルヴァン論争文書集』（教文館，2009年）ほか。

竹原創一（たけはら・そういち）

1948年生まれ。現在，立教大学名誉教授。

著訳書　『ルターと詩編――詩編第四編の解釈を中心に』（知泉書館，2011年），M. ルター『第二回詩編講義』（ルター著作集第二集第三巻，リトン，2009年）ほか。

田上雅徳（たのうえ・まさなる）

1963年生まれ。現在，慶應義塾大学法学部教授。

著書　『入門講義　キリスト教と政治』（慶應義塾大学出版会，2015年），「ルターとカルヴァン――近代初期における身体性の政治神学」川出良枝責任編集『岩波講座 政治哲学１ 主権と自由』（岩波書店，2014年）所収ほか。

野村 信（のらむ・しん）

1954年生まれ。現在，東北学院大学教授・宗教部長。

著訳書　『新たな一歩を――カルヴァン生誕500年記念論集』（共著，キリスト新聞社，2009年），J. カルヴァン『霊性の飢饉――まことの充足を求めて』（教文館，2001年）ほか。

Several chapters in this book have appeared elsewhere and may have been revised.

Chapter 1: "The Long Fifteenth Century: In Search of Its Profile," appeared in *Die deutsche Reformation zwischen Mittelalter und Früher Neuzeit*, ed. Thomas A. Brady, Jr., with Elisabeth Müller-Luckner, Schriften des Historischen Kollegs, Kolloquien 50 (Munich: R. Oldenbourg Verlag, 2001).

Chapter 2: "Luther and the Via Moderna: The Philosophical Backdrop of the Reformation Breakthrough," is forthcoming in the *Journal of Ecclesiastical History*.

Chapter 3: "Martin Luther Contra Medieval Monasticism: A Friar in the Lion's Den," appeared in *Ad fontes Lutheri: Toward the Recovery of the Real Luther, Essays in Honor of Kenneth Hagen's Sixty-Fifth Birthday*, ed. Timothy Maschke, Franz Posset, and Joan Skocir, Marquette Studies in Theology 28 (Milwaukee: Marquette University Press, 2001).

Chapters 6, 7, and 8: "Toward the Recovery of the Historical Calvin: Redrawing the Map of Reformation Europe," formed a plenary address presented by Oberman at the International Congress on Calvin Research, in Seoul, South Korea, in August 1998.

Chapter 9: "Calvin: Honored, Forgotten, Maligned," appeared in Oberman's *Calvin's Legacy: Its Greatness and Limitations*, trans. John Vriend (Grand Rapids, Mich.: William B. Eerdmans, 1990).

Originally published by Yale University Press

二つの宗教改革——ルターとカルヴァン

2017年10月31日　初版発行

訳　者　日本ルター学会／日本カルヴァン研究会
発行者　渡部　満
発行所　株式会社　教文館
〒104-0061 東京都中央区銀座4-5-1 電話 03(3561)5549 FAX 03(5250)5107
URL http://www.kyobunkwan.co.jp/publishing/
印刷所　モリモト印刷株式会社

配給元　日キ販　〒162-0814 東京都新宿区新小川町9-1
電話 03(3260)5670 FAX 03(3260)5637

ISBN978-4-7642-7413-6　Printed in Japan